财经应用文写作

（第二版）

李道魁　杨晓丽
贺予新　李　霞　编著

CAIJING
YINGYONGWEN XIEZUO

西南财经大学出版社

图书在版编目(CIP)数据

财经应用文写作/李道魁等编著.—2版.—成都:西南财经大学出版社,
2017.1(2018.7重印)
ISBN 978-7-5504-2730-3

Ⅰ.①财… Ⅱ.①李… Ⅲ.①经济—应用文—写作 Ⅳ.①F

中国版本图书馆CIP数据核字(2016)第284417号

财经应用文写作(第二版)

李道魁 杨晓丽 贺予新 李 霞 编著

责任编辑:高 玲
责任校对:田 园
封面设计:墨创文化
责任印制:朱曼丽

出版发行	西南财经大学出版社(四川省成都市光华村街55号)
网 址	http://www.bookcj.com
电子邮件	bookcj@foxmail.com
邮政编码	610074
电 话	028-87353785 87352368
照 排	四川胜翔数码印务设计有限公司
印 刷	郫县犀浦印刷厂
成品尺寸	170mm×240mm
印 张	19.5
字 数	315千字
版 次	2017年1月第2版
印 次	2018年7月第2次印刷
印 数	3001—5000册
书 号	ISBN 978-7-5504-2730-3
定 价	38.00元

目录

Catalog

第十章　经济合同

第十一章　经济纠纷诉讼文书

第十二章　经济论文

附录

第一章
应用写作知识概述

第一节　应用文与财经应用文概述

一、应用文的含义

（一）应用文的概念

应用文是用于应对生活、工作需要的实用文体。

叶圣陶先生曾说过："大学毕业生不一定能写小说、诗歌，但是一定要能写工作和生活中实用的文章，而且非写得通顺又扎实不可。"叶老所说的"实用的文章"就是应用写作类的文章，一般称"应用文"。应用文是机关团体、企事业单位以及人民群众在日常工作、生产和生活中办理公务以及个人事务时，交流信息、沟通情况、具有实用价值和惯用格式的一种书面交际工具。

（二）应用文与文学作品的联系与区别

当今写作分成两大类，一类是应用写作，一类是文学写作。由此而产生的文章也分为两大类，一类是应用文，一类是文学作品。应用文与文学作品有着密切的联系，有共性，也有个性。共性是它们都是"文"，都是对客观事物的反映，都要谋篇布局，遣词造句，使用标点符号，讲究条理性、逻辑性，同样使用叙述、说明、议论等表达方式，要求有准确、鲜明、生动的文风。但两者也存在着较大的区别：

1. 在基本的思维形式方面，文学写作属于形象思维的范畴，应用写作属于逻辑思维的范畴。

2. 在反映社会生活方面，文学写作可以在生活真实基础上虚构，应用写作必须反映生活的本来面目。

3. 在社会功用方面，文学写作强调艺术性，应用文是为解决实际问题而撰写的，强调实用性。

4. 在表现形式方面，文学写作强调个性化和独创性，应用写作强调的是格式化和规约性。

5. 在语言方面，文学写作追求的是艺术美，应用写作追求的是实用美。

二、财经应用文的含义

财经应用文写作是应用文写作的一个分支，它既具有一般应用文的共性，又有自身独有的特殊性。财经应用文是在经济活动中形成和发展起来的，是为现实经济生活服务的。它记载和反映了国家、企业、个人的经济信息，是经济活动中的重要凭证，是沟通经济信息、分析经济活动状况、提高经济效益的管理工具。它有狭义和广义之分。狭义的财经应用文专指各类只为财经工作所用的财经专业文书，是专门用于经济活动的经济应用文体的统称。广义的财经应用文则是人们在财经工作中所使用的各种反映经济活动的文书的统称，也包括一些在其他社会领域和部门广泛应用的文书。

三、财经应用文的特点

（一）政策性

财经应用文产生于财经业务的需要，受财经业务活动的制约。国家机关、社会团体、企事业单位和其他经济组织等，都必须遵循有关的法律法规和规章制度来组织和实施其业务活动。而法律法规及规章制度都是国家权力机关根据党和国家的方针政策制定的，所以反映财经业务活动的应用文必然具有鲜明的政策性，有的财经应用文本身就是某一政策的体现。因此，财经应用文的写作必须以党和国家的方针政策为指导，严格遵守有关的法律法规，才能充分发挥其服务经济建设的巨大作用；否则，违反政策的财经应用文会给经济工作带来难以估量的损失。

（二）专业性

专业性是财经应用文最突出的特点。从内容上看，财经应用文必须以经济活动为内容，所反映的是特定经济领域里的各种现象，每一种经济领域都对应一个专业领域；从表达形式上看，财经应用文中会大量使用图表和统计分析方法；从语言上看，财经应用文离不开专业术语，像资金、成本、利润、滞纳金、清产核资、增值税、双线运行等都是财经应用文的常用术语。

（三）实用性

实用性是指财经应用文撰写的目的是为了解决经济领域实际工作中和

理论工作中的具体问题。实用性是财经应用文的出发点和归宿，财经应用文是直接用来办实事的。例如，财经制度是财经工作的办事规程；商品广告是向人们介绍商品、报道服务内容、传递各种信息；经济活动分析报告是报送上级领导机关，使领导及时掌握情况，指导工作，作为制订计划和政策的科学依据，并对改善经营管理、挖掘内部潜力、不断提高劳动生产率和工作效率、争取最大经济效益具有很大作用。

（四）严肃性

财经应用文实用性很强，无论是内容还是形式都必须高度准确，必须真实可靠，做到文实相符，才能作为经济活动的依据。这就要求应用文写作者的态度必须严肃。“一字千金”就在某种程度上反映了应用文写作者的严肃态度。应用文成文以后，不允许随便更改。譬如经济合同，一经订立，就对签订各方具有约束力。如果经济合同的某些条款与现行政策、法令有抵触，权利和义务规定得不够明确，引文、标点或签名有误，就会给今后的工作带来很大的麻烦，影响到发生纠纷时是非曲直的辨别，损害国家和当事人的利益。所以，写财经应用文必须严肃、审慎，认真对待，绝不能粗心大意、疏忽遗漏。

四、财经应用文的作用

（一）财经应用文是做好经济工作，提高经济管理水平的重要手段和工具

在市场经济体制的建立和完善过程中，离不开财经应用文写作这个工具。从宏观经济控制方面讲，政府为了健全宏观调控经济体系，运用政策、法律和行政手段管理国民经济，要编制国民经济长期、中期和短期计划，要制订各种实施方案，要发布各种经济方针、政策和法规等。从微观经济方面看，每个企业要搞好管理，调动员工的工作积极性，提高经济管理水平和经济效益等，都需要以财经应用文为工具。

（二）财经应用文是联络公务、交流经验、传播信息的桥梁和纽带

在一切经济活动中，任何一个经济部门和单位，要实现一定的经济目的，都要通过各种财经应用文体负载经济信息来实现。财经应用文可以通过时间和空间的限制，把各地区、各部门、各单位联系起来，共同完成各种经济工作。

（三）财经应用文是解决经济纠纷的依据

随着市场经济体制改革的深入，经济纠纷也不断出现，如经济合同中的违法行为，企业之间的债务纠纷，经营合作中权利和义务的冲突等。这些问题的解决，需要依据法律和事实，这些事实就是经济往来中的各种经济文书。财经应用文记载了国家、地区、各单位的种种经济活动，为解决经济矛盾提供了凭证和依据。

第二节　应用写作的发展历史

一、应用写作的渊源

把人的思想用恰当的语言符号艺术地表达出来的就是文章，它是一种可以超越作者生命和被人们重复品读的思想产品。人类对这种思想产品的最初需求和对衣服的最初需求一样，是先遮羞御寒而后求美逐艳。所以，在人类文字史上是先有应用写作，而后才有文学创作。我国应用写作历史悠久，源远流长，可以说伴随着文字的创造过程，应用写作就已经开始了，应用文是与文字结伴而产生的。

我国最古老的文字是距今 3 500 多年前殷商时期的甲骨文，也叫契文、龟甲文字、殷墟文字，所以应用文的起源最迟可以追溯到殷商社会晚期，我国有初步定型文字的最初年代也就有了应用文的使用。殷墟出土的甲骨卜辞，商周时期的钟鼎文，《周易》中的卦、爻辞等，都是应用文的原始形态。如果说神话是中国文学的“祖先”，那么甲骨文则是应用文的“祖先”了。殷商王室的日常活动，都必须问天行事，进行占卜，然后把占卜的时间、事件和结果等刻在龟甲或兽骨上，这就是所谓的“甲骨卜辞”。“甲骨”是“卜用甲骨”的简称，其中绝大多数记载的都是占卜的事由和结果，故称“卜辞”。这些卜辞，最多的一百多字，最短的只有几个字。虽然文字简短，但已经有了较为固定的内部结构，一般包括前辞、命辞和占辞。如“庚戌卜，贞帝降其堇（馑）”，意思是庚戌这天占卜，卜得天帝将要使灾荒降。

自光绪二十五年至今，在殷商王朝后期政治中心的遗址——河南省安阳市小屯村，已出土了15万片之多的、距今已有3 500多年历史的这类“甲骨卜辞”。据郭沫若《卜辞通纂》分类，甲骨卜辞的内容除干支数字外，还有世系、天象、食货、征伐、畋游等事项，这些都可视为殷商王室的档案资料，有的可称为公务文书，这是我们今天所能看到的最古老的应用文了。

我国自从有了成熟的文字，就有了对应用文的记载。《尚书序》中说：“古者伏羲氏之王天下也，始画八卦，造书契，以代结绳之政，由是文籍生焉。”这里的“书契”即文字，“文籍生焉”即应用文产生了。《尚书》是我国第一部以应用文为主体的文章总集，它是殷周时期的历史文告汇编，记载了从尧舜至春秋时代一些君主和大臣的训话、誓词和政令等，分为典、谟、诰、誓、训、命六类，初步形成了篇章，较之甲骨文和钟鼎文，从内容到形式都有了很大的发展。《周易·系辞》中又记载：“上古结绳而治，后世圣人易之以书契，百官以治，万民以察，盖取诸夬。”这些都是有文字以来就有应用文的证据，也说明它一产生就同“应用”紧密相连，如这里的“夬”就是决断，就是解决问题，也就是“应用”的意思。

“应用文”一词，最早见于南宋张侃的《拙轩集跋陈后山再任教官谢启》一文“骈四俪六，特应用文耳”。正式将应用文作为一种文体提出的是清代学者刘熙载，他在《艺概·文概》中说：“辞命体，推之即可为一切应用之文。应用文有上行，有平行，有下行。重其辞乃所以重其实也。”

二、应用写作的演变过程

（一）原始社会是应用文的孕育期

人类的生产、战争等活动是应用文产生的温床，原始社会没有文字，但由于人们生产、生活的各种实际需要，出现了口头及各种物象的应用文（典型的有“结绳记事”，还有诸如实物记事、图画记事等），也就是原始形态的“应用文”。传说神农氏“耕而作陶”。陶器的制作是新石器时代的重要标志，我国原始的符号文字，就是因实际的需要而刻画在陶器上的。宗教活动中产生了各种口头的祭辞；经济活动中出现了“质”“剂”等契约、合同的形式。

（二）从奴隶社会到战国时期是应用文的萌芽期

应用文是伴随着文字的产生而出现的，最初是人们记载生产、征战和生活中的某些事项，后来随着阶级和国家的产生，应用文（主要是公文）成为统治阶级治理国家的一种工具。我国历史上第一个奴隶制国家，是建于公元前21世纪的夏朝。那时已经有了记载有关生产、历法、占卜以及军事活动等的早期应用文。殷墟甲骨文是我们能见到的应用文的“祖先”，是有实物可考的最早的文书。这些甲骨卜辞，都可视为殷王室的档案，可称为公务文书。在公牍文书中，除了政治、经济、军事、宗教文书以外，随后出现了稽、察、纠、诘、禁、诛、警戒等司法文书，经济活动中也出现了各种“约剂之法”，一些重要刑书也被铸在青铜器上。

公牍文书在统治者的支持下有了新的发展，其他应用文也随着社会的需要而出现，比如契约。《列子·说符》中记载了这样一个故事：“宋人有游于道，得人遗契者，归而藏之，密数其齿，告邻人曰：‘吾富可待矣’”。当时的“契”，可能就是一块竹木，从中剖开，双方各执一半，需要验证时，合在一起即可证明。私人书信在奴隶社会后期也广泛使用，如范蠡的《遗文种书》就为人们所熟知。战国时期，封建制度取代了奴隶制度后，社会生产力得以蓬勃发展。这时知识分子形成了特殊的阶层——士，他们发展了公牍文书和私人文书。“士”撰写应用文的态度十分严肃。“一字千金”在某种程度上反映了应用文写作者的严肃态度。春秋战国时期的各种应用文，如盟书、上书、檄、祝、颂、诔、吊、赋和司法文书、经济契券等，都初具应用文的严肃性和实用性的特点。

（三）秦汉时期是应用文的发展期

秦朝统一的封建专制主义中央集权国家建立后，对政治、经济、文化进行了一系列的变革，如“书同文，车同轨”等，这在客观上使得公牍文书必然进一步地规范化。1975年在湖北省云梦县出土了1 100余枚竹简。从这些竹简可以看到，秦时的律令文书和公文体制趋于统一，内容丰富，条理清楚，结构完整。云梦秦简的内容包括秦律十八种、为吏之道、语书、日书等，反映了秦时应用写作的原貌。

1. 明确了公文文种的使用范围。一是皇帝要用制、诏等号令天下、训诫臣子。制、诏是皇帝的命令，如司马迁《史记·秦始皇本纪》中说“命为制令为诏”，后发展为规章制度。二是官员要用章、表等向皇帝奏事。

2. 首次规定了行文方向，格式上有了种种限制。当时公文分下行和上行两种。下行文有制、诏、策、戒等，供皇帝专用；上行文有章、表、奏、议等，开头多用“臣某言”等语，结尾用“臣某诚惶诚恐”或“顿首”等字样，以示对皇帝的敬畏。

3. 公文中有避讳制度。秦时只有皇帝才能自称“朕”，表示至尊无二；文首遇到“皇帝”字样时要顶格书写，谓之“抬头”；文中遇到皇帝之名，甚至连同音字都必须回避，否则就是对皇帝不敬。

汉承秦制，基本上沿用了秦的公文制度，虽然在形式上没有根本性的变化，但在内容上有了一些新的发展。如百官称皇帝为“陛下”，史官记事称皇帝为“上”。同时出现了一些应用文佳作，文辞缜密严谨，如贾谊的《论积贮疏》、晁错的《论贵粟疏》、桓宽的《盐铁论》、司马迁的《报任安书》等。东汉蔡邕的《独断》对汉代公文的种类、功用、写法和格式等作了较为详细的论述，是一部总结汉代公文文体的著作，有了对应用写作进行研究的意识。他把当时的公文分为两类：一是天子言群臣之文，二是群臣上天子之文。从这个分类看，两汉公文文种与秦代区别不大。

（四）魏晋南北朝时期是应用文的成熟期

魏晋南北朝时期的应用文，无论是写作实践还是理论研究，都有了明显的进步和发展，促使应用写作进入了成熟阶段。

1. 出现了许多脍炙人口的名篇佳作。如诸葛亮的《出师表》、曹操的《让县自明本志令》、陶渊明的《与子俨等疏》、李密的《陈情表》、王羲之的《与桓温笺》、沈约的《答陆厥书》等，有些作品已成为我国文化宝库中的艺术珍品。

2. 有了研究的理论文章和专著。首先是曹丕的《典论·论文》。“典”有“常或法”的意思，“典论”就是讨论各种问题的法则。《论文》是其中的一篇，就文学的有关问题进行讨论，是我国文学批评史上专篇论文的开始。它将文体分为8类，其中奏、议、书、论、铭、诔都是应用文。其次是陆机的《文赋》。它针对创作中出现的“意不称物，文不逮意”的现象，全面系统地探讨了文学创作过程中一系列具有根本性的问题，成为我国文学批评史上第一篇完整的文学理论作品。它将文体分为10类，其中8类是应用文。再次是刘勰的《文心雕龙》。这是我国第一部完整而系统的文学理论著作，具有里程碑的意义。作者将文体分为33类，应用文占21类；其文体论部分的20篇文章就有12篇谈到了应用文，可见当时应用文使用的广泛与地位之重要。刘勰明确肯定了应用文的社会价值和作用，并对各种应用文体，从定义、演变、特征、写法等方面逐一作了精辟的阐述，说明当时人们对应用文文体的内涵、源流、特点、写作要求和规律有了全面而深入的认识。

（五）隋、唐、宋是应用文发展的高峰期

这个阶段是我国封建社会的繁盛时期，国家统一，政治稳定，文化活跃，经济繁荣，礼制完备，从而促进了应用文写作的进一步发展，使应用写作进入了高峰期。

1. 应用文撰写更加规范，文书制度更加严格。不管是官府公文还是通用文书，都有严格的体式要求，形成了一整套文书工作制度，如一文一事制度。另外，公文的折叠、批制、誊写、签押、用印、编号、收发、登记、催办等都有严格规定，基本完善了公文的处理程序。

2. 细化行文方向，创造了许多新文种。唐朝在上行文和下行文的基础上，又分出了平行文。当时下行文包括册、制、敕、令、教、符、帖等，其中“敕”始于唐代，是皇帝专门用来勉励公卿、训诫朝臣的一种公文；上行文包括表、牒、申状等，其中“牒”始于唐代，是官府中通用的一种简单公文；平行文有关、移、咨报等，其中“咨报”也始于唐代，是官府的常用文书之一。此外，在官府中还通用一种荐文，分荐章和荐剡两种。前者是荐举人才的奏章，属于上行文；后者是荐举人才的公牍，一般用于平行文。

3. 应用文类别繁多，分类更加精细。宋代姚铉的《唐文粹》和南宋吕祖谦的《宋文鉴》就可说明这一点。

4. 文学家丰富和发展了应用写作。唐代韩愈等人掀起的“古文运动”，对应用文的内容、形式和文风都产生了巨大的影响。宋代文坛盟主欧阳修提出了“信事言文”的主张，并以自己的写作实践倡导人们把应用文写得真实、平易、自然而有文采。许多文学大家都有文质兼优的应用文传世。唐宋时期，应用文无论是数量还是质量，都达到了历史最高峰，锦章佳篇大量涌现。如骆宾王的《为徐敬业讨武曌檄》、韩愈的《论佛骨表》、白居易的《论和籴状》、欧阳修的《通商茶法诏》、王安石的《乞制置三司条例》等。

（六）元、明、清时期是应用文的稳定期

元明清时的应用文，总体上是在唐宋应用文的基础上变化和发展的，处于相对稳定状态。元代应用文水平不高。明代应用文没有达到唐宋的水平，但较之元代有所发展。海瑞的《治安疏》、归有光的《寒花葬志》、宗臣的《报刘一丈书》、张溥的《五人墓碑记》等都各具特色，从各方面反映了明代应用文的水平。清承明制，应用文发展迟缓，由于专制统治达到顶峰，下行公牍文书的制作也紧紧掌握在皇帝手中。

这个时期的写作理论有了一定的发展。如明朝徐师曾的《文体明辨》和清代姚鼐的《古文辞类纂》等，对应用文的各种体式有了更深入细致的研究。特别是到了清代，第一次提出了“应用文”的概念：“辞命体，推之即可为一切应用之文。应用文有上行，有平行，有下行。重其辞乃所以重其实也。”这个时期的突出特点是应用文文体的分类更加详细，以至于十分繁琐。如明代的上行文就有题、奏、启、表、笺、讲章、书状、揭帖、制队等，经常使用的也就是题、奏、启、揭帖等几种。

总之，应用写作产生后，经过历朝历代的演化、沿革和发展，到封建社会末期，已是文种繁多，体制完备，内容丰富，涉及社会政治经济文化生活的各个领域和各个方面。但同时也积累了一些弊病，如文体繁芜、八股味浓、套语较多、晦涩难懂等，已不能适应社会经济发展的需要，也严重影响了应用写作自身的发展，改革势在必行。

三、应用写作的变革

清末太平天国时期的文书改革，对绵延 2 000 多年的封建社会文书是一次很大的冲击。这次改革主要是从语言和体制两个方面进行，如要求公牍文书免去繁文浮言，直陈其事。太平天国曾发布过一些文告，要求“一体知悉”。太平天国关于应用写作的主张，对后世有较大影响。

辛亥革命后，南京临时政府颁布了新的公文程式条例，规定国家公文为 7 种，废除了几千年封建王朝所使用的旧式公文，是公文制度上一次历史性的根本变革。从此，公文文体开始朝着现代应用文的方向发展，其他一些应用文文体也随之发生了变革，如“简札”之类的文书就开始叫书信或“函”了。北洋政府沿用南京临时政府制定的公文程式，不同的是把公文文种改为大总统令等 13 种。1927 年中华民国政府把公文改为令、委状、咨呈、公函和批等10种；1928年取消咨呈和委状，改通告为布告，开始使用白话文和新式标点符号，使应用写作逐步朝着科学化的方向发展。

社会在发展，时代在更迭，为适应新的社会、新的时代的需要而产生了新的应用文，原有的某些应用文也随之变革。新中国成立后，我国公文制度不断完善，历经1951年、1981年、1987年、1993年、2000年、2012年的六次修订，各种公文日益规范化。随着市场经济体制改革的不断深入，出现了众多的财经应用文，如商品广告、经济合同、市场调查报告和经济纠纷诉讼文书等。这些都是因现实需要而产生的，并随着社会发展不断演进。

总之，纵观我国应用文发展的历史，可清晰地看到，一类文体，经历了数千年，能历久不衰，是因为它适应了社会发展的需要，才有了顽强的生命力。应用文正是由于其实用性，而被历代统治者、权臣谋士及广大人民所重视，较少受改朝换代、社会变革的影响。为了达到实用目的，人们不断地研究其文体形式和表达方式。这不仅提高了应用写作的水平，还让那些艺术性很强的作品在失去现实意义以后，又以其艺术性流传下来，成为欣赏价值很高的不朽之作。

第三节 应用写作基础知识

一、主题

（一）主题的含义

主题是文章所表达的中心思想，是事物的客观意义与作者对事物的主观评价在文章中的高度统一。

“主题”一词源于德语，最初是一个音乐术语，指乐曲中最具特征并处于优越地位的那一段旋律——主旋律。它表现了一个完整的音乐思想，是乐曲的核心。后来这个术语被广泛用于一切文学艺术的创作之中。日本将这个概念译为“主题”，我国就借用过来了。我国古代对主题的称呼是“意”“立意”“旨”“主旨”等。主题是作者对现实的观察、体验、分析、研究以及对材料的处理、提炼而得出的思想结晶。它既包含所反映的现实生活本身所蕴含的客观意义，又集中体现了作者对客观事物的主观认识、理解和评价。

不同的文体对主题有不同的称谓：在文学作品中一般称为主题、中心思想或主题思想；在应用文中称为主旨；在议论文中称为中心论点。所以，主题、主旨和论点这三者的内涵基本上是一样的，只是因为文体不同，其表达方式有所不同。

（二）主题的作用

主题是文章不可缺少的核心要素，是文章的生命，具有控制全篇、决定文章成败的重要作用。

1. 主题是文章的核心。它把有关的内容聚合在一起，并运用与之相适应的结构、语言、表达方式表现出来。“譬如北辰，居其所而众星共之。”（《论语·为政》）主题就好像北极星那样，安居在自己的位置上，而别的星辰都环绕着它。没有主题的文章就会显得松散凌乱，让人不知所云。

2. 主题是文章的灵魂。所谓灵魂就是指人的思想意识，它支配着人的一切言论和行动。“意者，一身之主也。”（黄子肃《诗法》）主题犹如文章的灵魂，在其中发挥着主导作用。没有主题，文章就会黯然失色；有了主题，文章才能神采流动。

3. 主题是文章的统帅。在军队中，统帅是制定决策、调遣军队、威慑敌军的核心人物，居于重要地位。“意犹帅也，无帅之兵，谓之乌合。”（王夫之《姜斋诗话》）文章没有主题，就像军队没有统帅一样，就会失去主导力量。

4. 主题决定材料的提炼取舍。社会生活中存在着丰富多样的材料，这些材料往往是零碎的、分散的、不系统的、彼此孤立的，不能把这些材料不分青红皂白地统统塞到文章中去。只有根据主题表达的需要，经过精心的鉴别取舍，才能从中提炼出典型的、富有生命力的、互相联系的材料，使这些材料成为表现主题的有机组成部分。如果材料不听从主题的统帅、调遣，那么材料就是再具体、再生动也不会有多大的意义，甚至还可能喧宾夺主、淹没文章的主题。

5. 主题支配文章的谋篇布局。文章的结构布局是文章思想内容的骨架，是主题表达的外部形式。任何一篇文章的主题，都要求有与之相适应的结构和布局。文章主题的任何变化都将引起文章结构的相应调整。如果偏离了主题，盲目地铺陈，就不可能形成严密统一完整的文章结构。

6. 主题制约文章表达手法的运用。文章的表达手法是文章从不同角度来反映社会生活的特定方式。不同性质的文章主题，其表达手法也往往不同。就是性质相同的主题，由于其具体内容上的差异，所采用的表达手法也会同中有异。

7. 主题影响文章的遣词造句。古人强调“言授于意”，就是说语言的运用必须由思想内容决定，语言必须为表达思想服务。文章如果没有正确的、鲜明的主题，词汇就是再丰富多彩也会显得矫揉造作，毫无意义。一旦有了明晰而深刻的思想、强烈而真挚的感情，即使语言质朴无华也会从字里行间透露出思想的光辉。

8. 主题不仅是文章写作的基本依据，而且也是决定文章价值的最重要因素。衡量一篇文章价值的大小，主要看它的主题是否有意义，即是否提供了正确深刻的思想、科学有效的方法、积极健康的情感，是否有利于社会主义物质文明、政治文明和精神文明建设。任何文章都是作者的政治理想、思想意识和审美情趣的体现，是作者对社会生活认识的能动反映，而主题则是这种反映的集中概括和思想结晶。它直接作用于读者的思想或情感，并影响人们改造客观世界的实践活动。

（三）确立应用文主题的要求

财经应用文写作常常是被动的，如工作中遇到实际问题需要询问、反映或答复，领导部署的写作任务要完成等，大多不是作者个人对生活、工作有感而发，而是一种被动的行为过程，有很强的针对性、实用性，是为“事”而写，为“行”而写。所以，财经应用文写作十分强调“主题先行”“意在笔先”。

财经应用文主题的确立过程既是作者主观思想和客观实际在一定高度或一定深度相融合的过程，也是对领导、决策人的意图与要求的准确领会、深入分析的过程，是从个别到一般，从具体到抽象的过程。所以，确立应用文主题的要求是：

1. 主题正确。主题正确是指要准确地概括和揭示事物的本质特征，符合客观世界的真实情况，符合客观规律。财经应用文主题所要求的正确是指必须符合国家政策和法律法规，符合实际情况，在此基础上反映事物的本质规律，力求合理、真实，对工作能起到积极的指导作用。

正确的主题有助于人们增长知识、陶冶情操；而错误的或不健康的主题不仅会使人的精神受到污染，也会使经济遭受严重损失。主题的正确与否，往往是与作者的世界观、方法论相联系的。正如鲁迅所说："从喷泉出来的都是水，从血管出来的都是血。"只有深入实际，认真学习，提高理论水平，才可能写出主题正确的文章来，才能发挥文章应有的作用。

2. 主题鲜明。主题鲜明是指作者的基本态度、文章的基本思想要明确且具体，毫不含糊。对问题的认识，对事物的评价，主张什么，反对什么，应该怎样做，不应该怎样做，解决什么问题，达到什么目的，都要旗帜鲜明地表达出来，不能含糊其辞、模棱两可，要用"直笔"，避免用"曲笔"。文章主题不鲜明的原因主要是作者构思时思想不明确，对材料的理解不全面，对中心的表达不清晰。写作时一定要注意这些问题。

3. 主题深刻。主题深刻是指在主题正确的基础上，要有思想深度，要反映和揭示客观事物的深层含义，揭示事物的本质规律，阐明事物之间的必然联系，具有深刻的思想意义和丰富的内涵。深刻是对主题提炼的更高要求，是衡量文章价值的基本尺度。一篇文章如果不能"见别人之所未见，发别人之所未发"，思想平庸、肤浅，就不可能给读者以启发和帮助，其存在也毫无意义。

4. 主题集中。主题集中是指一篇文章只有一个主题，它要求突出一个中心目标，阐述透彻，不添枝加叶、枝蔓横生。切忌主题分散、中心过多。要让材料的使用、谋篇布局和遣词造句都为突出这个主题服务。财经应用文往往围绕一件事、一个问题提出一个基本观点，即一文一事。

（四）表现应用文主题的方法

1. 显现法。显现法又叫"直接法"，它是在文章的某一部分，用明确而简练的语言直截了当地把主题表述出来。这是财经应用文常用的显现主题的方法。常见的有以下四种方式：

（1）标题显旨，就是在标题中直接点明主旨。标题的位置使其最易给读者留下鲜明的印象。如果直接用标题给文章主题以有效的表达，自然就可以使主题得到更突出的表现。

（2）开门见山，就是在开头部分亮出观点、点明主旨，给人以鲜明深刻的印象，然后再逐步展开阐述。

（3）文中点意，就是片言居要，在行文中自然而然地引出主要论点或中心思想。陆机在《文赋》中说“立片言以居要”，意思是说写文章要用一两句精炼的话语概括出文章的主要内容，形成主题句。刘熙载在《艺概》中说：“凡作一篇文，其用意俱要一言蔽之。扩之则为千万言，约之则为一言，所谓主脑者是也。”文中点意可使读者得其要领，准确把握文章主题。

（4）篇末结意，就是在文章结尾处，用简明扼要的文字归纳主题，加深读者的印象，或者前提后点，开头揭示文章的内容重点或方向，结尾点明主题。

表明主题有时需要几种方法的综合运用，在大多数应用文中，常常是开头点题，结尾重复强调，做到上下呼应、首尾呼应。

2. 比较法。比较法又叫“对比法”，是通过文章不同侧面或不同性质内容的对比来揭示主题。

（1）抑扬法：指对于要表现的人、事、物采用有扬有抑的方法，形成鲜明的对比，以表现主题。

（2）疏密法：疏，指疏笔，即略写；密，指密笔，即详写。通过详写和略写的鲜明对比，使文章主次分明，中心突出。凡与主题关系密切的内容就详写，与主题关系不大的内容就略写。

二、材料

（一）材料的含义

材料即客观事实和理论依据，是文章的血肉，是观点形成的支柱。材料不仅包括写作者最终写入文章之中、用以表现主题的事实和观念，也包括那些在提炼主题时起过一定作用、最终没有写进文章的有关事实和理论依据。一般文章所需的材料可分为五个类组，即事实材料和理论材料，个别材料和综合材料，历史材料和现实材料，正面材料和反面材料，直接材料和间接材料。在文学作品中使用“素材”“题材”的概念。“素材”是指写作者从现实生活中收集的那些未经加工整理的原始材料，“题材”是指写作者对生活素材集中、提炼、加工并写入作品的材料；在学术论文中，一般将材料称为“资料”，在一般文章中称为“材料”。

（二）材料的作用

我们常说："摆事实，讲道理。"事实就是客观材料，道理就是观点。不以事实来证明观点，观点就没有说服力；没有事实作为依据的文章，则言之无物，而空洞的文章是缺乏表现力和感染力的，是没有生命力的。材料作为文章的第一要素，其作用具体表现在以下两个方面：

1. 材料是提炼和形成主题的基础。财经应用文的主题不是写作者主观臆想出来的，而是以材料为基础提炼的。写作者只有在占有全面、丰富材料的基础上，才能提炼出正确、鲜明和深刻的主题。章学诚在《文史通义·文理》中说："夫立言之要在于有物。"这个"物"就是指的材料。

2. 材料同时还起着证明观点、表现主题的作用。写作者在确定了文章的观点之后，要围绕着它对大量的材料进行鉴别，选择出典型的、新颖的材料作为构成文章内容的主要部分。南宋朱熹说：作文字须是靠实，不可架空细巧。大率七分实，只二三分文。这里的"实"就是材料。

（三）应用文材料的收集

1. 应用文材料收集的要求。首先是全面，着眼于一个"博"字。其次是深入，着眼于一个"透"字。然后是细致，着眼于一个"细"字。

2. 应用文材料收集的方法有以下五种：

（1）观察，是作者凭借自己的感觉对对象进行有目的、有计划、比较持久的感知，记录所得的材料。这是取得第一手材料的主要途径。

（2）体验，即置身于对象所处的环境之中，用整个身心去感受。其价值在于它的"亲历性"。通过体验，获得切身感受，以积累素材。

（3）调查访问，即通过向知情人、有经验的人询问以了解真实情况，获得材料。通过综合运用观察、体验、查询、阅读等手段，采用开座谈会、个别访问、现场了解、蹲点调查等形式以获得材料。

（4）文献资料法，就是从各种文献、音像资料中获取材料。通过广泛的阅读，可以掌握大量的知识与信息，然后进行比较、分析、归纳，提炼出正确的决策或论题。此外，也可以通过报刊剪贴、复印、录音、录像等手段来获取资料。

（5）计算机检索，是当今最便利、最普遍的收集材料的方法。通过计算机网络，可以在很短的时间内比较容易地调用所需材料，而且保存也极为方便。

（四）应用文材料的选择

1. 围绕主题选择材料。就全文来讲，材料要为主题服务。也就是说材料与观点要统一，写进文章的材料必须能够有力地表现、说明、烘托主题，与主题无关或关系不大的材料要舍弃。主题是选材的依据，切合主题的需要是选材的基本原则。

2. 选择真实可靠的材料，即写进应用文里的材料必须准确无误，从大的事件到具体细节，甚至一句引语、一个数据都不允许有丝毫的虚假。虚假材料是不能反映事物本来面目的，也不能揭示自然规律；错误的材料不经一驳，更经不起实践的检验。

3. 选择典型材料，即尽量选取那些能深刻揭示事物本质、有代表性、能说明问题的材料。要通过个性，反映其共性；要通过特殊，揭示出一般的社会现象。典型材料可能是一个突出事例或一个有说服力的数据。

4. 选择新颖生动的材料，即写进应用文中的材料一定要有时代感：一是能够表现客观事物的发展变化趋势，反映客观事物的最新面貌，以及现实生活中人们最关心的新人、新事、新思路、新成果和新问题的材料等；二是虽为人所知却因变换角度而具有新意的材料。

总之，大多数应用文，是选择若干材料，从不同角度、不同层次，阐明主题。在写作过程中，将同类型的材料结合使用，可以优势互补，提高整体表达效果。常用的结合方式有理论材料与事实材料结合、具体材料与概括材料结合、文字材料与数字材料结合等。

（五）应用文材料的使用

材料选取之后，要正确使用，还应注意以下三点：

1. 量体裁衣，决定取舍。这里的取舍，针对的是一些法规性、指令性文书，多数材料只是作为写作的依据，不进入正文，虽然通过了挑选，但在实际写作过程中还是要舍的。“量体裁衣”，是根据文章体裁不同，对选定的材料进行不同的剪裁加工。

2. 主次分明，详略得当。使用材料时，能直接说明和表现主题的，应置于主要核心地位；配合或间接说明、表现主题的，应置于次要地位。两者是“红花”与“绿叶”的关系。骨干核心材料，要注意详尽；过渡材料、交代性材料，要相应从略；读者感到生疏或难以把握的材料应详，读者所了解或容易接受的材料可从略。

3. 条理清晰，排好顺序。对已选定的材料，应根据事物发展的过程、人们的认识规律或材料之间的逻辑关系排好顺序，将各种不同类型的材料合理搭配，有条不紊地写出来。

三、结构

（一）结构的含义

“结构”一词，原是建筑学上的一个术语，指的是建筑物的内部构造和整体布局。应用文的结构是指应用文内部的组织和构造，是作者按照主题的需要，对材料所进行的有机组合和编排，又称谋篇布局。

文章结构的实质是作者的思维和规律性活动与客观事物的形态和规律性活动同步的产物，是作者根据客观事物的固有规律和内在联系，经过思维器官的思索加工形成的思路在文章中的反映和体现。所谓思路，就是作者观察事物、思考问题、构成文章、表达内容时思维运行的路线。它体现着作者观察、认识、表现生活的主观能动作用。叶圣陶先生曾说：“思想是有一条路的，一句一句，一段一段，都是有路的，好文章的作者是绝不乱走的。”结构是思路的物化形态和外在表现。所以，文章结构是客观事物固有的逻辑、条理与作者认识和表现客观事物的独特思路的辩证统一、密切结合。

（二）结构的作用

结构的任务就在于寻求最佳的叙事明理、表情达意的表现形式，使这种思维传递形式成为沟通主题与材料、论点与论据的内在联系，成为沟通读者与作者心灵的最佳形式。具体地说，像如何开头，怎样收尾，分多少层次，划多少段落，怎样过渡等，都是结构要完成的任务。结构的使命是通过“匠心组合”，把各个部分连接成为一个和谐有序的整体，使内容的表达真实而鲜明。

如果说主题是文章的“灵魂”，材料是文章的“血肉”，那么结构就是文章的“骨骼”。如果说主题是解决“言之有理”的问题，材料是解决“言之有物”的问题，那么结构就是解决成“形”备“体”、言之有序的问题。因此，只有精心谋篇布局，才能把各自游离、互不联系的内容统一起来，组成一篇完整的文章；否则，“血肉”无所依，“灵魂”无所寄，既不成“形”，又不“备”体，将不能成为文章。

（三）安排结构的基本原则

1．结构要正确地反映客观事物的发展规律和内在联系。任何事物的发生、发展都有其内在的联系，文章的结构正是反映了这些内在联系和固有规律，反映了事物发生、发展和结束的全过程。例如写一篇通讯，就要按事件的发生、发展和结束的顺序来构建全篇；而写一篇情况报告，则要按照问题的产生、发展变化，直至最后解决问题的全过程去安排层次段落。

2．结构要为表现主题服务。主题是文章的“纲”，一篇文章不论由这个“纲”演绎出多少层次，形成多么复杂的格局，都必须“以纲统目”。主题不同，结构安排也不同，结构必须服从主题的需要，为表现主题、突出主题服务。只有“务总纲领”，依照主题的要求去安排结构，才能收到“驱万途于同归，贞百虑于一致，使众理虽繁，而无倒置之乖，群言虽多，而无棼丝之乱”（刘勰《文心雕龙·附会》）的良好效果。

3．结构要适应应用文文种的特征。应用文的文种不同，它们的结构安排也不尽相同。例如新闻类文书，其结构一般由标题、导语、正文和结尾等构成；总结的结构由概况、经验和教训、安排和打算等构成。即使同一文种，由于情况各异，其结构也不尽相同。

（四）安排结构的基本要求

1．完整。文章要反映客观事物，而客观事物是纷繁复杂的，各种事物之间又有着千丝万缕的联系，因此，在安排文章结构时，就要注意有头有尾、首尾圆合、文脉相通，构成一个有机的整体。

2．严谨。文章的结构布局要严谨精细、无懈可击，符合事物发展的客观逻辑。从标题到篇章，到层次、段落，彼此之间都应该是紧密联系的，而不应该是彼此游离的。

3．自然。自然是指结构顺理成章，没有人工雕琢的痕迹，更没有牵强附会的拼凑。它要像清水出芙蓉，天然去雕饰；要如行云流水，“常行于所当行，常止于不可不止”（苏轼《答谢民师书》）。

4．统一。统一是指结构布局形式上的和谐和体例上的一致。结构布局要前后一致，决不能相互抵触、自相矛盾。

（五）应用文结构的基本内容

1．开头。高尔基在《我怎样学习写作》中说：“最难的是开头，也就是第一句。就像在音乐中一样，第一句可以给整篇作品定一个调子，通常要费很长时间去寻找它。”财经应用文的开头宜采用开门见山的方式。常见的开头方式有以下几种：

（1）概述式。在开头部分对文章的背景、基本情况、主要内容加以概述。采用这一方式，能起到提纲挈领的作用。

（2）根据式。在开头阐明撰文的根据，或引用政策法令和规定指示，或引述下级来文、上级指示精神，或引据事实和道理，常用“根据”“按照”“遵照”等引起下文。

（3）结论式。在文章的开头将结论、结果先做交代，然后由果溯因分别加以叙述。这种开头多见于总结、报告等。

（4）目的式。文章以简明的语言说明写作的目的和意义，常用介词“为”“为了”等引起下文。一些公文常用这些开头，如通知等。

（5）原因式。以交代行文的缘由作为开头，常用“由于”“因”“鉴于”等引出原因或简述某种情况作为原因，再引出写作目的。

（6）提问式。先提出问题，然后引出下文。这种开头方式能引起读者的注意和思考。这种开头方式常见于调查报告、经济论文等。

2. 结尾。俗话说“编篓编筐，重在收口”。结尾是文章的终结，是内容的自然延伸和发展的必然结果，要像“豹尾”那样强健有力。常用的应用文结尾方式有以下几种：

（1）总结归纳式。在主体写完之后对全文的主旨进行简要概括，总结全文，使读者有一个总的完整概念。

（2）强调说明式。在结尾处对全文的主旨意义进行强调说明，或者交代一些与文章内容有关的问题，以引起读者的注意和重视，以利于贯彻执行。

（3）希望号召式。在结尾部分提出希望、发出号召和展望未来，以鼓舞斗志。

（4）专门结尾用语式。采用特定的结尾语结束全文。例如证明用“特此证明”作结束语。

除了上述几种结尾方式，还有请求式、责令式、表态式等，这里就不一一列举了。有的则没有结尾，在主体部分写完之后，事尽言止，自然收尾。

3. 层次。层次又称部分，是应用文思想内容的表现程序，体现着应用文内容的内在逻辑联系。层次又称意义段或结构段。安排层次时，要从事物内部联系着眼，体现出作者的思想。安排层次有如下两种模式：

（1）总分式（分总式）。层次之间是总述与分述或分述与总述的关系。采用总分式还是分总式，由内容决定。

（2）纵向式。即各层次之间先后有序，主次分明。具体来说，有时间顺序式和逻辑顺序式两种类型。

①时间顺序式是按照事物的时间流程、事情或事件的发展过程安排层次。如反映事物发展变化的市场调查报告、总结和经济新闻等，常按此法安排层次。需要注意的是，采用这种结构方式，不能事无巨细地记流水账，而要抓住事物发展的关键环节。

②逻辑顺序式是按照事理内在的逻辑关系安排层次，这种逻辑关系表现为现象和本质、原因和结果、宏观和微观、个别和一般等，环环相扣、层层递进地安排层次。

4. 段落。段落又称自然段，是构成文章的基本单位，是文章内容在表达时由于转折、强调和间歇等情况所造成的文字停顿，它具有换行的明显标志。正确划分段落能有逻辑地表现思维进程中的转折、间歇，清楚地反映文章的层次，使文章眉目清楚，便于阅读和理解。文章除占多数的普通段落外，还有开篇段、过渡段、结尾段；特殊的段落有对话段，多见于文学作品。特殊的段落还有助于强调重点，加深印象。

层次和段落有联系，又有区别。层次着眼于思想内容的划分，靠内在的逻辑性来显示区别；段落侧重于文字表达和读者理解的需要，是话语中相对独立的意思的外在表现。层次总是借助于一定的段落展现出来。一般来说，层次大于段落，可以包含几个甚至几十个段落；有时层次与段落是一致的，即一个自然段为一层；有时段落大于层次，即一大段中包含几个层次的内容，如新闻消息一般不分段。

层次和段落不是孤立存在的，而是相互关联的。前后上下要承接，就要求有过渡和照应。过渡和照应的作用在于能使应用文前后关联、脉络相通、内容完整。

5. 过渡。过渡是指应用文的层次、段落及上下文之间的衔接和转换。其作用是使文章的内容上下自然连贯，使读者的思想能顺利地由前转入后，获得较好的阅读效果。一般情况下，当内容由总到分或由分到总时，意思转换及表达方式发生变化时，需要安排过渡。常用的过渡方式有：

（1）段落过渡。若上下文空隙较大，转折也很大，常用过渡段联结。

（2）句子过渡。若上下文空隙较小，多用提示性或设问性的句子过渡。例如在公文中，常用“特此通告如下”“现将有关事项通知如下”等作为过渡。

（3）词语过渡。在意思转折不大的情况下，多用关联词或关联词组过渡，如用“因为”“所以”“但是”“综上”等作为过渡。

6. 照应。照应是指在应用文中，同一或相关的内容分别在前后不同的地方进行关照和呼应。其作用是使所写的事物或问题相互补充和得以深化，使全文线索明晰、严密周至，而且能不时唤起读者的联想和回味，有助于文章主题的表达。常见的照应方式主要有：

（1）首尾照应。开头提出一个问题，结尾要对这个问题做出圆满的回答，或者开头交代的事情，结尾进一步加以概括、归纳和补充，如经济论文、总结和调查报告等。

（2）文题照应。在行文中时时照应标题，对主题加以强调、提示。

（3）文中照应。在行文过程中，文章自身前后内容间的照应。

四、语言

（一）应用文语言运用的基本要求

语言是文章的第一要素，在文章中有极重要的作用。讲究语言的艺术效果，不仅能正确反映客观事物，准确表达思想，还能增强应用文的感染力，提高应用文的质量。要写文章就必须使用语言这一工具，要写好文章就必须正确地运用语言。应用文语言运用的基本要求如下：

1. 准确得体。用词准确就是精心选择最确切、最恰当的词汇，正确反映客观事物，准确地表达作者的思想感情。这是运用语言最基本的要求。要从浩瀚的词汇海洋里，选择出最精确的词语，把复杂的思想和客观事物反映出来，需要作者付出大量的心血。正如马雅可夫斯基所说：“要像从几百吨矿石里提炼出一克镭那样，提炼出精辟的词语。”福楼拜曾说：“我们不论摹写什么事物，要表现它，唯有一个名词；要赋予它动作，唯有一个动词；要得到它的性质，唯有一个形容词。我们须继续不断地苦心思索，去找这个唯一的名词、动词和形容词。仅仅发现与这些名词、形容词类似的词句是不行的，也不能因思索困难，用类似的词敷衍了事。”

应用文讲究语言得体是指一方面要适合特定的文体，按文体要求遣词造句，保持该文体的语言特色。例如公文宜庄重，学术论文宜严谨，合同则要精确等。另一方面要考虑创作主体、接收对象等的特定身份。例如需要登报或张贴的，语言要通俗易懂；需要宣读或广播的，语言应简明流畅、便于朗读。公文的写作要根据不同文体和行文关系而使用相应的语言。总之，作者应针对性地运用得体的语言取得最佳的表达效果。

2. 朴素平实。应用文的语言应以朴素为贵，在分析事实的基础上讲清道理，务求做到言简意赅。行文要掌握要点，主要让事实说话，再据以分析，提出相应的意见、措施和办法。

应用文是为解决实际问题而撰写的，它的语言重在实用。为了便于读者理解，应用文的语言应力求平实，行文时多用平直的叙述、恰当的议论和简洁明了的说明。例如，公文具有行政约束力和法定权威性，其语言要求朴素平实，不能浮华失实，不能乱用形容词和俚俗口语。

3. 简洁明了。要做到简洁明了，首先要精简文章，突出主干，把无关或关系不大的内容删去。其次要反复锤炼，提高概括能力，杜绝堆砌修饰语，适当使用缩略语。再次要推敲词语，锤炼句子，恰当地运用成语、文言词语等。最后要注意用词通俗，不用生僻晦涩的字句。用极少的文字表达丰富的思想内容，这需要有高超的驾驭语言的能力。同时，对客观事物的了解要全面，理解要透彻。

4. 数字书写要规范、清晰、准确。具体见《出版物上数字用法的规定》。在日常运用中一般要注意以下几点：

（1）在同一篇文章中序数数字的体例要统一，不能体例混杂。如“农历初一至初7放假”一句，前后数字体例书写不规范，须统一。同时，分数与小数的体例也必须统一。如“该县企业所得税收入完成95.6万元，比去年增长百分之十三”也出现了混写的错误。

（2）表示公元世纪、年代、年、月、日、时刻均须使用阿拉伯数字，而星期则用汉字，如“21世纪”“90年代”“星期五”等。

（3）临近两个数字表示概数时，应该用汉字书写，数字与数字之间不能用顿号隔开，如“3、4天”应写成“三四天”。

（4）结构层次的数字依次为：一、（一）、1、（1）。

（二）提高应用文语言素养的方法途径

1. 深入生活，向人民群众学习。人民群众是创造历史的主力军，同时也是语言的创造者。群众的语言是最鲜活的、最生动的、最给力的，它是群众的一种创造，也是群众智慧的反映。毛泽东同志说：“人民的词汇是很丰富的，生动活泼的，表现实际生活的。”我们应吸取人民群众富有表现力的语言，丰富我们的语言储备，并对这些语言进行加工、提炼。

2. 从古今中外的经典、优秀作品中学习。古今中外的经典著作，是书面语言的宝库，是语言的典范和精华。我们学习语言要多熟读经典、名著名作，要熟读诵记、勤抄勤录；同时要认真思考、分析研究，看作者是如何遣词的。久而久之，就能不自觉地“于无法之中求得法，有法之后求其化了”。

3. 在写作实践中，提高驾驭语言的能力。语言运用能力的培养和提高，在很大程度上依赖于写作实践。毛泽东在《反对党八股》一文中说：“语言这东西，不是随便可以学好的，非下一番苦功不可。”只有勤学苦练、锲而不舍，才能将所学的知识转化为技能技巧。这就要求我们平时要有目的地加强训练，提高驾驭语言文字的能力，然后说话、写文章也就得心应手了。

思考与练习

1. 应用文与文学作品的区别是什么？什么是财经应用文？
2. 简述应用文这种文体的发展演变过程。
3. 什么是主题？应用文怎样表现主题？
4. 写作材料是什么？如何选择写作材料？
5. 请选择一篇财经应用文尝试分析其结构。

第二章
党政公文

第一节　党政公文基础知识

一、概念

党政公文（以下简称公文）是党政机关实施领导、履行职能、处理公务的具有特定效力和规范体式的文书，是传达贯彻党和国家的方针政策，公布法规和规章，指导、布置和商洽工作，请示和答复问题，报告和交流情况等的重要工具。广义的公文泛指一切公务文书，即所有的在公务活动中使用的书面文字；狭义的公文特指2012年4月16日由中共中央办公厅和国务院办公厅联合印发的《党政机关公文处理工作条例》（以下简称《条例》）中规定的15种公文。

公文不同于文件和文书。文书包括公文、私人书信以及其他应用性文字材料等。有时，人们把格式完备、现实效用很强的公文称为“文件”。所以，文书的外延较大，公文次之，文件较小。

二、特点

（一）政策性

公文担负着传达党和国家政策、处理行政公务的重要职能，它的内容代表了国家和人民的根本利益，必然同党和国家的各项方针、政策密切联系，因此公文在内容上具有鲜明的政策性。各级机关使用公文，必须坚持贯彻党和国家的路线、方针、政策，维护人民的利益，最终为巩固和发展社会主义事业服务。

（二）权威性

公文由依法成立的具有一定权威和独立活动能力的国家机关和社会组织制发，反映和传达了法定作者的决策和意图，体现了法定作者的意志和权力，并受到国家法律的保护，因而具有法定的权威性和行政约束力。

（三）规范性

公文必须具备国家统一规定的规范的体式。公文文种须按《条例》中规定的要求选用，不能任意使用，更不能生编硬造。公文的规格形式，如用纸尺寸，书写格式，每个项目的名称、写法、位置，以及公文处理的程序等都有严格的规定。公文的拟制遵循规范化的体式，其目的是为了维护公文的法定效力和机关的权威性，也是为了实现公文工作的标准化，提高工作效率。任何单位或个人不得违背统一规定的原则和要求，另搞一套，自行其是。随着经济和科技的发展，公文的规范性必将有更严格的要求。

（四）特定性

公文有特定的作者，不是任何人都可以随便制作和发布公文。公文的法定作者，是指依法成立并能以自己名义行使职权和承担义务的组织或该组织的行政首长。需要注意的是，在单位中起草公文的人或组织不是公文的法定作者，由于工作的关系，这些人或组织成为公文的实际作者，但他们并非以私人身份行事，这一点与报纸杂志上发表个人署名文章相比，作者的概念是不同的。这也是应用性文章与文学性文章不同的地方之一。公文的读者往往是特定范围内的。公文一般有严格的发送单位和读者对象。

三、作用

公文的基本作用是能够逾越时间与空间，有效地记载、传递与贮存公务活动的相关信息，是机关、团体、企事业单位行使职能的重要工具。具体表现在以下几个方面：

（一）法规约束作用

公文用于发布法律法规，在国家行政管理与维护社会主义建设秩序方面发挥行为规范的作用。还有一些制度类应用文书，如“中学生守则”“某集团仓库管理办法”等，也有一定的约束性质。它使国家各项管理活动有法可依，有规可循，从而逐步实现法规化、规范化。

（二）领导和指导作用

公文用于传达贯彻党和国家的方针政策和各项指令，在机关公务活动中发挥领导与指导作用，是加强集中领导、维护政令统一、保证工作步伐整齐一致的有效形式。

（三）宣传教育作用

公文具有较强的政策性、理论性，在国家建设与管理中发挥着阐明事理、启发觉悟和提高认识水平的宣传教育作用。它既是做好工作的重要依据，又是进行宣传教育的好教材。

（四）知照联系作用

公文是机关之间协商与联系工作，协调行动的重要手段。在不同机关之间，公文可以起到交流信息，沟通情况，商洽事务，在工作上取得协调与配合的知照联系作用。

（五）凭证依据作用

公文是机关管理活动的真实记录。机关处理公务的各种信息通过公文得以固定并存贮，它印证了公文作者的合法身份，记录了各项管理活动的性质、状态和过程，保留了公文在运转处理过程中的各种原始痕迹，具有重要的凭证与依据功能。

四、种类

在公文的运行实践中，为了准确地使用公文这一管理工具，最大限度地达到“事文统一”，人们对其进行了不同的分类。

（一）根据不同的适用范围，《条例》将我国党政机关通用公文种类规定为15种

1. 决议。适用于会议讨论通过的重大决策事项。

2. 决定。适用于对重要事项做出决策和部署、奖惩有关单位和人员、变更或者撤销下级机关不适当的决定事项。

3. 命令（令）。适用于公布行政法规和规章、宣布施行重大强制性措施、批准授予和晋升衔级、嘉奖有关单位和人员。

4. 公报。适用于公布重要决定或者重大事项。

5. 公告。适用于向国内外宣布重要事项或者法定事项。

6. 通告。适用于在一定范围内公布应当遵守或者周知的事项。

7. 意见。适用于对重要问题提出见解和处理办法。

8. 通知。适用于发布、传达要求下级机关执行和有关单位周知或者执行的事项，批转、转发公文。

9. 通报。适用于表彰先进、批评错误、传达重要精神和告知重要情况。

10. 报告。适用于向上级机关汇报工作、反映情况，回复上级机关的询问请示。

11. 请示。适用于向上级机关请求指示、批准。

12. 批复。适用于答复下级机关的请示事项。

13. 议案。适用于各级人民政府按照法律程序向同级人民代表大会或者人民代表大会常务委员会提请审议事项。

14. 函。适用于不相隶属机关之间商洽工作、询问和答复问题、请求批准和答复审批事项。

15. 纪要。适用于记载会议主要情况和议定事项。

(二) 按照基本使用范围，公文可分为通用公文和专用公文

通用公文，是党政军各级机关和人民团体、企事业单位等社会组织在公务活动中普遍使用的公文。

专用公文，是财政、金融、外交、司法等单位根据其部门的特殊需要和业务特点而使用的公文。

(三) 按照行文方向，可分为上行文、下行文、平行文、泛行文

上行文，是指下级机关向所属的上级领导机关汇报工作、请求审批、提出建议等时使用的公文，如报告、请示、意见等。

下行文，是指领导机关向所属机关指导工作、回答问题、通知有关事项等时使用的公文，如通知、决定、意见、批复等。

平行文，是指平级单位之间或者不相隶属单位之间互相商洽工作、询问或答复有关事情、请求批准等时使用的公文，如函。

泛行文，是指收文对象常为一类人或不确定时使用的公文，如公告、通告等。

(四) 按照性质和作用划分，可分为指挥性公文、报请性公文、知照性公文、记录性公文

指挥性公文，指能够体现领导机关的决策精神，需要下级机关领会、贯彻、落实的公文，如决定、意见、批复等。

报请性公文，指下级机关向上级机关汇报工作、请示问题等时使用的公文，如报告、请示等。

知照性公文，指向有关方面发布需要周知、遵守等事项的公文，如公告、通告等。

记录性公文，指记录、传达会议情况和议定事项的公文，如纪要。

（五）按照公文的办理时限要求，可分为特急公文、加急公文和常规公文

特急公文，指在办理时间上特别紧急，要求随到随办的公文。

加急公文，指在办理时间上较为紧急，必须在规定时间内办理完毕的公文。

常规公文，指按照正常程序办理的公文。

（六）按照公文的秘密程度划分，可分为绝密公文、机密公文、秘密公文和普通公文

绝密公文、机密公文、秘密公文，指根据国家相关保密法规，内容涉及保密事项的公文。这类公文一般限定阅读范围，有的还规定“用后收回”。

普通公文，指不需要保密的公文，如公告、通告、通知等。

（七）按照公文来源划分，可分为收文、发文和内部公文

收文，指其他单位向本单位发送来的公文。

发文，指本单位向其他单位发送去的公文。

内部公文，指在本单位内部运转的公文。

（八）按照公文制发者划分，可分为党政公文、人大公文、军事公文

党政公文，指根据《条例》规定，在党政各级系统使用的公文。

人大公文，指根据全国人大常委会办公厅 2000 年 1 月 15 日修改并印发的《人大机关公文处理办法》，在人大各级系统内使用的公文。

军事公文，指根据中央军委 2005 年发布的《中国人民解放军机关公文处理条例》（修订），在军队各级系统使用的公文。

五、格式

公文格式，指公文的数据构成，以及对各数据项目的编排。它是保证公文完整、正确的重要手段，是公文合法性、有效性的标志，也是公文管理和使用的必要条件。它具有相对稳定性和规范性的特点。为配合《条例》的实施，国家标准化管理委员会组织有关单位组成起草组，对原国家标准 GB/T 9704—1999《国家行政机关公文格式》进行修订，形成了新版国家标准 GB/T 9704—2012《党政机关公文格式》，并于 2012 年 7 月 1 日发布实施。公文格式通过国家标准予以规范，这是公文法定权威和法定效

力在形式上的体现。任何格式方面的错误，都有可能导致公文无效。

根据《条例》和公文运行实践，公文格式中有些数据项目是必须具备的，有些则是供选择使用的。

（一）基本数据项目

基本数据项目是指所有公文必须具备的项目。它包括：

1. 发文机关标志。发文机关标志一般由发文机关全称或者规范化简称加“文件”二字组成，也可以使用发文机关全称或者规范化简称。联合行文时，发文机关标志可以并用联合发文机关名称，也可以单独用主办机关名称。

发文机关标志用以表明公文的责任者，展示公文的法定权威性。

2. 标题。标题是公文内容的集中体现和高度浓缩，应当准确简要地概括公文主要内容并标明公文的种类。标题一般由发文机关名称、发文事由和文种三部分组成。有版头的公文，在标题中可省略发文机关名称；公布性、知照性公文可只标明文种。

标题位于版头横隔线之下正中位置。

3. 正文。正文是公文的主体，用于阐述公文内容，表达发文意图，使受文者对公文所表达的信息有具体、明确的认识。正文一般要求一文一事。

正文写作的总体要求是：符合国家政策法规，观点明确，条理清楚，表达准确，标点正确，篇幅力求简短。

4. 印章或签署。印章，指作为机关权力象征的图章；签署，指签发公文的领导人在公文正本的落款处签注姓名（或代以签名章）。在公文上盖印或签署，用以证实公文作者的合法性与公文的法定效力。有特定发文机关标志的普发性公文和电报可以不加盖印章。

联合上报的公文，由主办机关加盖印章；联合下发的公文，所有发文机关均应加盖印章。盖印应端正、清晰，做到上不压正文，下压成文日期（骑年盖月）。

5. 成文日期。成文日期指形成公文的确切日期，用于表明公文开始发挥效用的时间。成文日期以发文机关负责人签发的日期为准，联合行文以最后签发机关负责人的签发日期为准。经会议正式讨论通过方能生效的公文，以会议通过的日期为准。电报以发出日期为准。

6. 发文机关署名。署发文机关全称或者规范化简称。

7. 页码。公文页数顺序号。

（二）选择数据项目

选择数据项目是指根据文种、行文目的、阅读对象以及版面编排的需要而特别填制的项目。

1. 发文字号。发文字号又称文号，是制发机关按同一年度公文排列顺序编列的公文代号，主要作用是便于统计、查询和引用。发文字号由机关代字、年份、（文件）序号三部分组成。年份位于中间，以六角括号括入。

一份公文只有一个发文字号，联合行文时，只标注主办单位的发文字号。没有版头的公文的发文字号，一般标在公文标题右下方。

2. 签发人。签发人是指审阅核准并签发公文的机关负责人。只有上行文才需要注明签发人。其作用在于表明机关发文的具体责任者，督促各级领导认真履行职责，提高公文质量，并为直接联系与查询有关事宜提供方便。

3. 主送机关。主送机关指公文的主要受理机关，即对公文负有主办或答复责任的单位，俗称“抬头”或“上款”。主送机关名称应使用全称、规范化简称或统称。

主送机关应顶格写在标题之下、正文之上，末尾加冒号，字体与正文相同。当主送机关不止一个时，应按其性质、级别或惯例依次排列，中间用顿号（类间用逗号）断开。

4. 附件说明。公文如有附件，应在正文之后下一行左空两字标示“附件”，后标全角冒号和名称。附件名称后不加标点符号。附件如有序号，应使用阿拉伯数字。

5. 附注。附注指需要说明的其他事项，是对文件传达范围、使用方法的规定，如“此件发至县团级”“此件可自行翻印”等。对公文中名词术语的注释，一般采用句内括注或句外括注的方法解决，不作为附注。附注当有则有。

附注应加上圆括号，标示在成文日期的左下方。请示和上行的意见应在附注处标明联系人的姓名和电话。

6. 附件。附件是指随正文发送的其他文件、报表及有关材料等，与正文共同构成一份完整的文件。

7. 抄送机关。除主送机关外需要执行或知晓公文内容的其他机关。抄送机关一般对公文不负责答复与办理。抄送机关应当使用全称或规范化简称、统称。确定抄送机关时，要从工作需要出发，不能乱抄乱送，以免给自己和对方增加不必要的工作负担。

8. 印发说明。用于标识公文印发部门名称、印发日期与印发数量等。印发机关指制发或翻印文件的机关或部门，一般是发文机关的办公部门。印发日期以付印日期为准，用阿拉伯数字写明具体的年月日。其目的在于明确公文的印制质量、时间的责任归属，并便于受文者与公文印发部门直接联系。

9. 份号。为了便于保密公文的登记、查询和归档，须将印制若干份的同一公文依次编号，即份数序号，简称份号。按照规定，涉密公文应当标注份号。

10. 密级和保密期限。即公文内容涉及秘密程度的等级和保密的期限。涉密公文应当根据涉密程度分别标注“绝密”“机密”“秘密”和保密期限。

11. 紧急程度。即表明对公文送达和办理时限要求的标识符号。适用于“特急”“加急”公文和“特提”“特急”“加急”“平急”的电报。

12. 题注。即对标题的注解和说明。法规性公文或经会议讨论通过的文件，其产生的法定程序和产生日期用圆括号括入，标注在标题下方正中处，通常称之为“题注”。

（三）数据项目的编排

1. 公文用纸幅面尺寸与区域划分。公文用纸一般采用国际标准 A4 型（210mm × 297mm），左侧装订。张贴的公文用纸大小，根据实际需要确定。

公文用纸划分为图文区与白边区。眉边留空要恰当，一般是上空白宽于下空白，左空白宽于右空白。

2. 文字符号的书写与排版。公文一律从左至右书写和排版，少数民族可按其习惯进行。字距、行距自定，正文一般每面排 22 行，每行排 28 个字。

公文的标点符号应当根据《标点符号用法》（中华人民共和国国家标

准 GB/T 15834—1995）的规定使用。

3．主要数据项目的编排。编排的次序为：发文机关、份号、密级和保密期限、紧急程度、发文字号、签发人、标题、主送机关、正文、附件说明、发文机关署名、印章（签署）、成文日期、附注、附件、抄送机关、印发机关和印发日期。

六、写作要求

（一）符合政策，切合实际

公文的生命在于正确体现党和国家的现行政策，切合当前工作的实际需要。制发公文的过程实际上是一个研究政策、了解情况、分析问题、寻求办法，以求促进社会主义事业和我们当前的具体工作的过程。这就要求我们的公文一方面能够正确贯彻与体现党和国家的方针、政策；另一方面要切合现实生活，对具体工作有指导作用，也就是俗话说的“吃透两头”。要做到这一点，公文撰稿者应有较高的政策水平，能洞察形势的发展变化，深刻领会领导意图和问题实质；同时，应是本机关本行业的专家，熟悉本机关职权范围内的工作，深入实际，了解下情。这样，我们的公文就能在政治上和中央保持一致，在实际工作中切实可行，发挥作用。

（二）行文得当，文种正确

公文体现着党和国家的方针政策，关系着党和国家、企事业单位及人民群众的各项工作和活动，涉及面极其广泛，所以，公文的运行非常复杂。写作时，首先要弄清楚本部门的隶属关系和职权范围，注意按行文规则办事。其次，每一种公文的适用范围和内容也大不一样，要注意各文种之间的差别，正确合理地选用公文文种。另外，行文时要注意分清主次，如分清主送机关和抄送机关。还要注意实效，一切从实际出发，严格控制公文的数量和范围。

（三）主题明确，结构完整，格式规范

主题，是指作者通过公文表达的意图与主张。每件公文都要求能够集中、鲜明而直接地表述主题。一文一事，中心明确，令人一目了然。应围绕主题，合理安排正文结构，做到层次清晰，条理分明，紧凑有序，过渡自然；应当具备的数据项目准确齐备，格式规范，符合国家统一规定。

（四）用语庄重严谨，简明通顺，平实得体

公文的语言表述，必须符合公文的性质、适用范围与行文目的，以及作者的职权地位。

1. 庄重严谨。庄重，指用语端庄持重，格调严肃，用以维护公文的权威性与有效性，表明作者的严正立场与严肃态度。严谨，指用语周密确切，无虚假错漏，语意明确，不生歧义，是非界限清楚，褒贬得当，符合实际，用以维护公文的准确性，保证公文直接应用的效用与强制性的影响。因此，一般都要使用规范化的书面语言，少用或不用口语、方言、土俗俚语，禁止使用生造的词语及滥用简称。要选用含意明确、范围限定的词语，准确地表达概念的内涵与外延，正确揭示事物真相及其本质；认真辨析词语的含义及其感情色彩，使之符合实际，准确地表明作者的立场观点。

2. 简明通顺。简明，指用语精炼不繁，以简洁、明确的文字表述出丰富的内容，做到“言简意明”或“言简意赅”。因此，首先要做到直接表述，开门见山，简洁明了地表述发文意图，获得准确、快捷的阅文办事效果。忌用一切套语空话，更不必刻意渲染。其次，应尽量选用含义丰富的概括性词语，并在不生歧义的前提下使用无主句与省略句；也可利用附件，压缩公文正文的篇幅；利用图表或其他表格简化文字表述。最后，还应字斟句酌，反复修改，果断删除重复或可要可不要的段落与字句，使公文简洁凝练，流利畅达，符合语法和逻辑。要求合理地组织语句，避免语病；要求句子成分完整，词语的搭配符合事理和语言习惯；语序安排得当，准确地反映出事物间的逻辑关系。根据公文的特点，善于使用介宾词组、联合词组、“的”字词组。词语的运用符合事理和逻辑规则，避免同义反复、自相矛盾、因果关系不当、种属概念交叉等错误，做到文理通畅。

3. 平实得体。平实，指公文的语言平和、朴实、自然，通俗易懂，无形象描写，不堆砌华丽辞藻，不滥用修辞格，强调直接而鲜明地表达作者的意图。得体，指公文的语言、语气必须符合作者的职权范围、行文目的和特定文体表达的需要。公文撰写要从本机关职责范围出发，根据本机关与受文机关之间的行文关系，选用恰当的词语。对上行文，应用语尊重，恭而不卑；对下行文，宜用语郑重、准确，虽可适当使用告诫词语，但应做到威而不凶；平行文则更应使用谦敬性词语，创造出相互协商与合作的良好氛围；面向广大群众的公布性公文则强调通俗明白。公文用语还要符合各种文体的特殊要求。在一般情况下，规范性公文要求词义高度精确，风格庄重平实；指令性公文要求词义明确、周密、概括、简要；呈请性公文则应用语平和、得体；商洽性公文则讲究礼貌谦和，忌用命令性、告诫性词语。

第二节　决议 决定 命令(令)

一、决议

（一）适用范围

根据《条例》规定，决议适用于经会议讨论通过的重大决策事项。决议具有较强的指导性和规范性。凡是党政机关、社会团体等通过会议制定法规、作出规划、批准文件、部署重大工作或者对某一重大工作做出决策，都可以使用决议这个文种来行文。

（二）特点

1. 集体性。决议是由会议集体讨论做出，而不是由某个人所做出的。

2. 权威性。决议体现的是与会人员的意志，必须认真贯彻执行。如要更改，须由相应的会议重新议定。

3. 指导性。决议所涉及事项一般为重大事项，其行文往往是在宏观上做出指导。

4. 公开性。决议内容一般须公开告知群众，以统一思想认识。如《中共中央关于加强社会主义精神文明建设若干重要问题的决议》。

（三）种类

1. 部署重要工作的决议。这类决议多由高层领导机关的会议讨论做出。如《关于深入开展法制宣传教育的决议》。

2. 专门事项决议。这类决议主要针对某一事件或者某项具体工作而做出，其结论一般是论断性的，以统一人们的思想认识。如《中共中央关于加强社会主义精神文明建设若干重要问题的决议》。

3．审议文件的决议。这类决议是对审议事项或者文件表示赞同、认可而做出的，关键是在表明发文机关的态度。

（四）写法

1．标题。决议的标题通常由发文机关（或者某次会议）全称或规范化简称、事由和文种组成，标题下面须标明时间和某次会议通过。

2．正文。不同类型的决议正文的内容不尽相同。具体介绍如下：

（1）部署重要工作的决议。这类决议一般内容比较多，其重点是对有关工作或事件进行实事求是的回顾和分析，从战略和理论的高度得出结论，事项部分常采取分条列项的方式写作。

（2）专门事项决议。这类决议由于涉及的内容十分重要，通常采用条块结合的方式写作，篇幅也比较长。

（3）审议文件的决议。这类决议内容往往较短，简单的话，只要写明批准依据和决议内容就可以了；复杂一些的，再写上会议情况概述和希望号召即可。

二、决定

（一）适用范围

根据《条例》规定，决定适用于对重要事项做出决策和部署、奖惩有关单位和人员、变更或者撤销下级机关不适当的决定事项。

决定是下行文，具有一定的法规性和约束力。决定的用途很广，只要是对重要事项或重大行动进行安排部署，都可以使用这个文种。

（二）特点

1．指挥性。决定属于指挥性公文，其强制性和约束力很大。对于决定的内容，相关单位与人员必须严格遵守，坚决执行。

2．稳定性。决定的内容不能任意更改，它一般在较长时期内发挥作用；有些决定本身就是行政法规或规章。

（三）种类

1．指挥性决定。这类决定主要是针对某一重要事项或重大行动所做出的安排。

2．宣告性决定。这类决定的内容主要包括奖惩有关单位及人员、机构设置、人事安排、召开会议等。

（四）写法

一般包括标题、主送机关、正文、署名、日期等部分。

1. 标题。由发文机关加事由再加文种构成，或由事由加文种构成。

2. 主送机关。有些决定要写明受文单位的名称，有些决定的受文群体很大，可以不写主送机关。

3. 正文。一般先写明决定的依据、意义、目的、背景、原因等。这些信息并不一定都要写上，应根据具体情况灵活选择。

然后要写决定的事项。这是正文的主体部分，要注意合理地安排结构。在实际运用中，有的采用篇段合一式，有的采用小标题式，有的采用序号式，有的采用条款式。措辞一定要完整、周密、准确，决不能模棱两可，影响执行，否则也有损发文机关的权威。

最后以希望或号召作结，有的决定可不写这部分内容，自然结束即可。

4. 署名。要写上发文单位的名称。如果标题处已经有了发文单位的名称，此处也可不写。

5. 日期。有两种写法，一种是写在文章最后，要写全年月日；还有一种是写在标题之下，用小括号括起来。

三、命令（令）

（一）适用范围

根据《条例》的规定，命令（令）适用于依照有关法律公布行政法规和规章，宣布施行重大强制性行政措施，嘉奖有关单位及人员。

“令”和“命令”的性质效力相同。一般来说，凡是标题需要揭示事由的，用“命令”，否则用“令”。

（二）特点

1. 权威性。命令的发布权限有严格的规定。根据我国宪法及地方各级人民代表大会和地方各级人民政府组织法的规定，只有国家主席、全国人大常委会及其委员长、国务院、国务院总理、国务院各部（委）、国务院各部部长、国务院各委员会主任、地方人民代表大会常务委员会、地方各级人民政府，才可以在法定权限内发布命令。其他任何单位和个人均无权发布命令。命令（令）具有极强的权威性。

2. 强制性。命令具有极大的强制性，一经发出，受令方必须无条件执行，没有任何商量的余地；否则，相关责任人员要受到严厉的纪律处分，情节严重的还要受到法律的制裁。

3. 严肃性。命令一经发出，就不能随意更改或变通处理，在语气上果断干脆，措辞严肃，非常明确坚定。

（三）种类

1. 按作者分，有以法定机关名义和以法定机关代表人名义发布的命令两种。

2. 按内容分，有发布令、行政令、嘉奖令、任免令。

（四）写法

命令的结构，一般由标题、发文字号（令号）、主送机关、正文、署名、日期五部分组成。

1. 标题。由发文机关加文种构成，或发文机关加事由再加文种构成。

2. 发文字号（令号）。令号一般以领导人任期为界编流水号，前面加“第”字。发文字号的编法与其他公文相同。

3. 主送机关。即受令的单位。根据具体情况，有的命令需要写明主送机关，有的则不需要写。

4. 正文。发布令一般采用篇段合一式，要写明发布依据、发布对象、发布决定和施行日期等重要信息。嘉奖令一般包括事迹介绍、性质评价、如何嘉奖及希望号召等部分。任免令由任免依据和被任免的名单组成。行政令由缘由、主要内容和执行要求等部分组成。

5. 署名。一般写上发令机关最高领导人的名字，前面要注明其职务；也有的命令只写发令机关名称。

6. 日期。即正式签发日期，一般要把年月日写全。

第三节 公报 公告 通告

一、公报

（一）适用范围

根据《条例》规定，公报适用于公布重要决定或重大事项。党和国家领导机关、社会团体向国内外发布重大决定事项或重大事件，可以使用公报来行文。公报常通过报纸、电视台、广播电台发布。

（二）特点

1. 政治性。公报是官方正式文件，涉及的是一些人们普遍注意的重大事件或者重要会议内容，其政治性极强。

2. 公开性。公报应当及时将国内外瞩目的重大事情或者重要决议公之于众，以告知天下，让国内外都有所了解。

3. 新闻性。公报内容由于事关重大，所以一经发布，即成为具有很高传播价值的重大新闻。

（三）种类

1. 会议公报。这类公报是党和国家领导机关、社会团体关于某一重要会议及决议的正式报道，多见于以会议名义发表的公报，如《中国共产党第十七届中央委员会第二次全体会议公报》。

2. 事项公报。这类公报是政府机关向人民群众公布某项重大决策或者重大措施的文件。

3. 联合公报。这类公报是两个或者两个以上的国家、政府、政党、社会团体之间，就会谈达成的某种协议而共同签署和发布的外交文件，常称为“公报”“联合公报”“新闻公报”。

（四）写法

1. 标题。公报标题有三种写法：一是由会议名称和文种组成，如《中国共产党第十七届中央委员会第二次全体会议公报》；二是由会谈双方或者会谈各方名称和文种组成，如《中美联合公报》；三是由发布机关名称、事由和文种组成，如《国家统计局关于2010年国民经济和社会发展公报》。

2．正文。会议公报通常由会议概况和议定事项组成。会议概况部分一般要写明会议名称、时间、地点、出席人、列席人、主持人、报告人和会议议程等；议定事项是全文的重点部分，要逐一按次序进行阐述，直至讲清楚会议各项主要问题。

事项公报的正文由公报原因和事项组成。往往采用条文式，写明需要公布的事项或者数据。

联合公报的正文除了写清楚双方（或各方）会谈的一般情况外，还要着重写明各方共同关心的问题、彼此的原则立场、取得的共识或达成的协议。条约性联合公报由于具有法律的约束力，应当写明各方的权利和义务。新闻性联合公报由于没有法律效力，只需要摘要报道会议（会谈）情况和结果就可以了。

二、公告

（一）适用范围

根据《条例》的规定，公告适用于向国内外宣布重要事项或法定事项。

公告是泛行文。公告多通过广播、电视、报刊等媒体发出。

（二）特点

1．广泛周知性。公告是泛行文，受文者是国内外有关单位及人员，而且往往通过报刊、电台、电视等媒体发布，具有广泛的周知性。

2．郑重严肃性。公告所发布的或者是国家重要事项，或者是法定事项，而且发布者或者是国家高级机关，或者是有发布权限的有关职能部门，这就决定了公告具有相当的郑重严肃性。

（三）种类

1．重要事项公告。这类公告的内容往往涉及国家政治、经济、军事、外交等方面的重大事情。如国家领导人的选举结果、国家领导人的出访、外国领导人的来访、国家重要的统计数据、国家重要的科技成果等。

2．法定事项公告。这类公告主要指有关法律、法规中所规定的应该用公告形式发布的事项。如关于企业法人登记注册的公告、关于企业破产事项的公告、专利公告等。

（四）写法

公告一般由标题、正文、署名和日期等部分组成。

1. 标题。由发文机关加事由再加文种构成；由发文机关加文种构成；直接用文种。有的公告在标题之下写有编号，如“第×号”，并用圆括号括住。

2. 正文。一般由公告缘由、公告事项和常用尾语组成。

先写公告缘由，主要写明发布的政策依据或发布的背景意义等内容。这一部分一般篇幅极短，有的甚至也可不写。

再写公告事项，主要写所发布公告的内容。如果事项较多，可以分条列项写。

最后是常用尾语，如“特此公告”“现予公告”等，有时也可不写。

3. 署名。在正文的右下方写上发文单位的名称。如果标题已有发文机关的名称，也可不写。

4. 日期。在署名下方写上年月日。

三、通告

（一）适用范围

根据《条例》的规定，通告适用于公布社会各有关方面应当遵守或周知的事项。

通告的受文者是社会有关群体。通告是泛行文。

（二）特点

1. 一定的约束性。通告一般是针对某些事项做出规定或者限制，告知有关群众一些需要了解的事情，或者是不应该做的某些事情。通告虽然没有法律法规等严格，但也有一定的约束性。

2. 使用的广泛性。通告的使用者相当广泛，各级机关政府和企事业单位均可使用，并且其内容也很丰富。它的重要程度比不上公告，但社会生活的很多方面都可以使用。

（三）种类

1. 知照性通告。这类通告主要用于在一定范围内公布有关群众应该知晓的某些事情。如关于停电的通告、关于停水或减压供水的通告、关于对建筑企业进行资格年审的通告等。

2. 约束性通告。这类通告主要是公布某些需要共同遵守的事项。对于受文对象来说，具有一定的约束性。如关于严禁燃放烟花爆竹的通告、关于道路交通管制的通告等。

（四）写法

通告一般由标题、正文、署名和日期组成。

1. 标题。由发文机关加事由再加文种构成；由发文机关加文种构成；由事由加文种构成；直接写文种。

2. 正文。一般由通告缘由、通告事项和结尾组成。

先写通告缘由，主要是发布通告的背景、意义、依据、目的等。不过，并不一定要把以上信息全部写上，而要根据具体情况灵活选择。

然后再写通告事项，这是公文的主要内容。如果内容较少，写成段落式即可；如果内容较多，可分条列项写。

最后是结尾部分，有的写希望要求；有的写常用尾语，如“特此通告”“现予通告”等；有的一字不写，写完事项部分即自然结束。

3. 署名。在正文的右下方写上发文单位的名称。如果标题中已有发文机关的名称，此处也可不写。

4. 日期。在署名下方写上年月日。

第四节 意见 通知 通报

一、意见

（一）适用范围

根据《条例》的规定，意见适用于对重要问题提出见解和处理方法。

意见有下行文、平行文、上行文三种形式。

如何理解“重要问题”的含义？意见中的“重要问题”是指党政工作中有疑难性质的问题。具体包括：

1. 现行国家法律法规或单位原有规定有不完善之处。如果要解决问题，必须用意见文种行文，而不能用其他文种行文，如《铁道部关于鼓励和引导民间资本投资铁路的实施意见》。

2. 部门提供政策参考以释疑。如何理解“提出见解和处理方法”？意见的行文方向不同，理解也不一样。

（1）上行性意见。下级向上级机关递交的意见具有参考性的特点，一般呈请上级机关批转执行文件时作为参考依据。

（2）平行性意见。向同级机关或不相隶属的机关递交的意见具有参考性的特点，一般是请求相关部门审批或答复有关政策时作为参考。

（3）下行性意见。上级发给下级机关的意见，一般具有通知的性质，要求下级机关遵照执行。这种类型的意见与通知的区别在于，有无法律、法规或规定，如《国务院关于进一步支持小型微型企业健康发展的意见》。

（二）特点

1. 指导性。意见是指导性很强的一种文体。意见对受文机关来说，仍然有较强的约束性，下级机关要遵照执行。

2. 针对性。意见是根据现实需要，针对某一重要问题提出见解或处理方法，对于解决目前存在的问题，可起到积极的作用。

3. 原则性。意见通常不是具体的工作安排，是从宏观上提出见解或处理方法，要求受文单位结合具体情况，参照文件中提出的精神来办理。下级机关在落实意见精神时，比起执行指示有更大的灵活处理的余地。

（三）种类

从内容上分，意见分为指导性意见、请准性意见、解答性意见。

1. 指导性意见。上级机关向下级传达的带有工作指导性质的意见（下行文），如《国务院办公厅关于做好国庆节期间有关工作的意见》。

2. 请准性意见。请求上级批准有关事项或措施的意见（上行文），

3. 解答性意见。解答有关单位政策上的疑问（平行文）。

（四）写法

1. 标题。上行文或平行文的意见标题可不写发文机关；下行文的意见标题一般要求三要素齐全。

2. 主送机关。分为两种情况：

（1）需要转发的意见，没有主送机关这一项，但转发该意见的通知，要把主送机关写清楚。

（2）直接发布的意见，要有主送机关，主送机关的排列方法和一般公文相同。

3．正文

指导性意见或解答性意见正文写作的结构，可分为两部分：先概述问题，再提出各项见解或措施、方法。

请准性意见正文写作的结构，可分为三部分：先说明承办的上级公文的意义，再提出请准事项的具体做法，结束语一般写“以上意见如无不妥，批转本单位执行”。

意见的主体结构由标题、主送机关、正文、落款和成文日期组成。

二、通知

（一）适用范围

根据《条例》的规定，通知适用于发布、传达要求下级机关执行和有关单位周知或者执行的事项，批转、转发公文。

（二）特点

1．使用频率高。通知是使用频率很高的一种公文，不论任何单位，其所发公文的一半左右，均以通知行文。通知素有“公文轻骑兵”之称。

2．时效性较强。通知的事项一般有很强的时效性，大多要求受文对象立即办理或者了解该事项。如果过了通知要求的时间再去办理，那就没有什么意义了。

3．文种功能多。从通知的适用范围我们可以看出这个文种的功能极多，可以安排布置工作、知照事情、批转转发公文等。

（三）种类

1．发布性通知。主要用于发布一些法规规章及事务性文章，如计划类、总结类、会议记录、领导讲话等。

2．指示性通知。即向所属下级机关下达指示或布置工作的通知。

3．批转、转发通知。批转通知是批转下级机关的公文时所使用的通知。转发通知是转发上级机关或不相隶属机关的公文时所使用的通知。

4．知照性通知。即告知需要了解的情况或要求下级办理某一事项的通知，如迁居新址、举行会议、更换印章等。

（四）写法

常见的通知有以下几种，其写法虽不太复杂，但也各有特点。

1．发布性通知。其结构一般包括标题、主送机关、正文、署名、日期等部分。

（1）标题。由主送机关加事由再加文种构成；由事由加文种构成。发布法规规章等规范性文章时常用“发布”“颁布”“颁发”等，发布一些事务性文章时常用“印发”。

（2）主送机关。即收文单位，常不止一个，要注意正确使用逗号和顿号来排列顺序。

（3）正文。这类通知的正文往往篇幅较短，结构简单，一般写明发布对象名称和执行要求即可。

（4）署名。在正文的右下方写上发文单位的名称。

（5）日期。在署名下方写上年月日。

2. 指示性通知。其结构与发布性通知相同，许多部分的写法也同发布性通知一样，只有正文的写法不同。以下各类通知也是如此。

指示性通知的正文一般分三部分：一是通知的缘由，即简要写出发通知的原因、目的、依据、背景、意义等。二是通知事项，即向下级机关做出的具体指示或布置的工作。一般情况下，要写出工作任务、基本措施、注意事项等，内容要明确具体，可操作性强。三是执行要求或希望号召。要写得简短，有针对性。

3. 批转、转发通知。批转通知的正文应写明三点：一是表明对被批转公文的基本态度，如“同意”“很重要”“很及时”等，也可做出具体的评价；二是指出贯彻执行的原则要求，如“认真执行”“遵照执行”等；三是根据要求，可对被批转公文的基本精神加以强调或对其内容加以补充，或提出执行的要求和希望。

4. 知照性通知。这类通知的篇章结构往往不固定，有的由通知原因、通知事项、办理要求三部分构成；有的由前两部分或后两部分构成；有的只写通知事项。

三、通报

（一）适用范围

根据《条例》的规定，通报适用于表彰先进、批评错误、传达重要精神和告知重要情况。

（二）特点

1．内容典型性。通报的内容应当具有代表性，并且真实可信，有教育意义，这样才能对受文者起到教育和感召影响的作用。缺乏典型意义的事件一般不宜作为通报的内容。

2．写作及时性。对于工作中好的苗头和不良的倾向，要能及时发现，予以表彰或批评；对于某些有代表性的情况，也要及时加以传达。这就要求我们有见微知著的能力，有及时成文的能力。

（三）种类

1．表彰性通报。用于在一定范围内表扬先进事迹或介绍先进经验，为广大干部群众树立好的榜样，发挥引导和示范的作用。

2．批评性通报。用于在一定范围内批评某种不良倾向，处理某些犯有错误的人和事，使责任者从中吸取教训，同时还能使其他人有所警惕，不再犯类似错误。

3．情况通报。用于将全局或某一方面的动态传达给下级机关或有关单位。

（四）写法

通报的结构一般包括标题、主送机关、正文、署名、日期等部分，标题、主送机关、署名、日期的写法同通知类似。下面介绍正文的写法。

表彰性通报和批评性通报的正文，一般写四个部分：

1．通报原由。写明通报的理由、依据和通报事项摘要。

2．通报事项。应阐明事实经过，一般陈述该事件发生的时间、地点、大致过程、主要情节，接着对事件进行分析评论，揭示问题的实质，说明意义，指出应该学习或吸取教训之处。

3．处理意见或结果。即对有关人员进行表彰与处理的意见和结果。

4．有针对性地提出经验与教训，或要求与希望。情况通报的正文要求说明两点：一是具体说明通报的情况或事项，二是说明通报的目的与要求。

第五节 报告 请示 批复

一、报告

（一）适用范围

报告适用于向上级机关汇报工作、反映情况，或回复上级机关的询问。

报告是上行文，是向上级机关陈述事项的公文。从报告的含义中我们可以看出，报告的使用背景主要有三种情况：

1. 汇报工作。这种报告是向上级机关汇报工作：一是按规定和制度要求，下级机关要定期或不定期上交工作报告，汇报工作动态，如年度工作报告；二是超出本机关职权范围的新问题或新情况，必须向上级机关汇报，交由上级机关处理，也可提建议让上级机关定夺。

2. 反映情况。这里反映的情况，一是发生突发性或灾难性事件时，按上级机关的要求必须写出情况报告，如重大事故报告；二是单位出现新形势、新风气，必要时也要向上级机关报告；三是重大失误情况报告。

3. 回复上级机关的询问。这种报告是回复上级机关询问的公文，针对性较强，有问必答即可。

除上述使用背景外，在实际行政工作中，会议报告和递交材料的报告也经常用到。报告这种公文主要是为了反映情况，以便上级机关更好指导下级机关开展工作。作为党政机关公文的报告，与专业部门从事业务工作时所用的行业报告是不同的，如审计报告、评估报告、调查报告，这些都属于事务性文书，我们在本章所讲的报告是公务文书。

（二）特点

1. 单向性。报告是单向性行文，不需要上级机关给予批复。报告和请示有较大的不同，请示具有双向性特点，必须有批复与之相对应。要注意：类似“以上报告当否，请批示”的说法是不妥当的。

2. 陈述性。报告最大的特点是具有陈述性，把基本情况讲清楚即可。如汇报工作时——向上级陈述所做工作、经验教训、工作打算。反映情况时，把事件的来龙去脉叙述清楚。

3．事后性。在机关工作中，有“事前请示，事后报告”的说法。多数报告，都是在开展了一段时间的工作之后，或是在某种情况发生之后向上级做出的汇报。

（三）种类

1．工作报告。工作报告又可分为综合工作报告和专题工作报告两种。

（1）综合工作报告涉及面宽，涉及工作的方方面面，大到国务院提供给人民代表大会的政府工作报告，小到某单位向上级提供的年度、季度、月份工作报告。

（2）专题工作报告的涉及面窄，只针对某一方面的工作或者某一项具体工作进行汇报，如党政机关关于“三讲”工作的报告、行政机关关于技术革新工作的报告等。

2．情况报告。情况报告可分为安全事故报告和新动态报告。

作为下级机关，有责任做到“下情上达”，保证上级机关“耳聪目明”，对下面的情况始终了如指掌。这就是情况报告的意义。如果隐情不报，则是一种失职的表现。

3．回复报告。上文已有阐述，可参考。

（四）写法

1．标题。报告的标题，有两种写法：

（1）发文机关加发文事由加文种。如《中共中央纪律检查委员会关于清理党政干部违纪违法建私房和用公款超标准装修住房的报告》。

（2）主要内容加文种。如《关于进一步加强我市公共场所禁烟工作的报告》。

2．主送机关。报告一般只送一个上级机关即可，但行政机关受双重领导的情况比较多见，只报送其中一个上级机关显然不妥，因此，有时主送机关可以不止一个。报告应报送自己的直接上级机关，一般情况下不要越级行文。

3．正文。不同种类的报告有不同的写法，现具体介绍以下两种报告的写法：

（1）工作报告。工作报告的内容以做法成绩、经验教训、打算安排为主，在叙述基本情况的同时，有所分析、归纳，找出规律性认识，类似于工作总结。

这种写法最需要注意的是结构的设计安排。按照总结出来的几条规律性认识来组织材料、安排层次，是最常用的结构方式。例如朱镕基总理所做的政府工作报告，全文分为十个部分：① 1999 年国内工作回顾；②坚持实行扩大内需的方针……⑩关于外交工作。

（2）事故报告。事故报告正文的写作结构多采用“情况－原因－教训－措施”四步写法，先将情况叙述清楚，然后分析情况产生的原因，接着总结经验教训，最后提出下一步的行动措施。

需要注意的是，如果国家或各级政府、各地区各行业制定的“安全事故报告制度”中有规定的，必须按制度要求的内容写作。如果是重特大事故，还要说明事故发生后第一时间，有关领导的批示，以及抢救应对措施。

报告的眉首部分要有签发人姓名。

报告的主体结构由标题、主送机关、正文、落款和成文日期组成。

二、请示

（一）适用范围

请示适用于向上级机关请示指示、请求批准事项。请示是典型的上行文。

要正确使用请示，需从以下两个方面着手：

1. 请求指示。这种请示的背景往往是下级机关在实际工作中遇到了新问题、新情况，这些问题和情况往往涉及有关政策法规，下级机关在执行时对政策法规的理解上不太明确，这时就需要上级机关给予指导、明示，做出明确的政策界定。这一类请示，基本属于政策性请示。

2. 请求批准。这类请示的背景往往是下级机关针对某个具体事项，请求上级机关批准，这时只需要上级机关表明态度，即同意与否即可。这一类请示，基本属于事项性请示。

无论哪一类请示，都必须是事先请示，得到上级机关批复后才能执行请示内容。例如，国家发展改革委员会制定《“十二五”国家政务信息化工程建设规划》（以下简称《规划》），要想执行该文件，需向国务院报批。2012 年 4 月 18 日国务院做出批复，原则上同意执行该《规划》。国家发展改革委员会在得到国务院的批复后，于2012年5月5日根据《国务院关于“十二五”国家政务信息化工程建设规划的批复》（国函〔2012〕36号），将《“十二五”国家政务信息化工程建设规划》印发各级机关遵照执行。

（二）特点

1. 针对性。只有本机关单位权限范围内无法决定的重大事项，如机构设置、人事安排、重要决定、重大决策、项目安排等问题以及在工作中遇到新问题、新情况或克服不了的困难时，才可以用“请示”行文，请示上级机关给予指示、决断或答复、批准。所以，请示的行文具有很强的针对性。

2. 呈批性。请示是有针对性的上行文，上级机关对呈报的请示事项，无论同意与否，都必须给予明确的“批复”回文。

3. 单一性。请示应一文一事，一般只写一个主送机关，即使需要同时发送其他机关，也只能用抄送形式。

4. 时效性。请示是针对本单位当前工作中出现的情况和问题，求得上级机关指示、批准的公文，如能够及时发出，就会使问题得到及时解决。

根据上述特点，使用请示行文，必须具备以下四个条件：

1. 必须是下级机关向上级机关行文。

2. 请示的问题必须是本机关无权做出决定和处理的事项，并不是凡事必请。

3. 必须是为本机关事项向上级请求指示，不能越级请示。

4. 需要上级机关对行文内容予以答复、批准。

（三）种类

1. 政策性请示。此类请示是下级机关需要上级机关对原有政策规定做出明确解释，对变通处理的问题进行审查认定，对如何处理突发事件或新情况、新问题做出明确指示等请示。

2. 事项性请示。此类请示是下级机关针对某些具体事宜向上级机关请求批准的请示，主要目的是为了解决某些实际困难和具体问题。

（四）写法

1. 申批性请示。这类请示属于程序性文件。它的写作背景主要是依照国家或部门规定，需要写出请示予以报批。这种请示的写作重点，在于明确请示的具体项目，说明相关情况。

2. 批准性请示。这类请示的写作要点在于提出充分的请示理由，而且要注意请示事项的具体明确。

请示公文的眉首部分需要有签发人，主体部分还要有联系人电话。

请示主体部分的写作结构：标题、主送机关、正文、落款、成文日期。请示正文部分的结构一般包括请示缘由、请示事项、结束语。

三、批复

（一）适用范围

批复适用于答复下级机关的请示事项。批复是典型的下行文，是针对下级机关的请示而制发的，任何有下级机关的部门都可以使用批复。

一般情况下，批复只针对请示机关下发，请示的主送机关原则上是一个，那么批复的主送机关一般也是一个。此外，如果批复的问题具有普遍性，需要其他机关执行或学习，那么批复还有两种特殊的行文方式：

1. 泛行文形式的批复。上级机关也可用泛行文的形式发给各下级机关。

2. 批转形式的批复。用批转性通知的形式发给各下级机关，这种批转请示的通知与批复的行政效力一样。

（二）特点

1. 行文具有被动性。批复的写作是以下级的请示为前提，是专门用于答复下级机关请示事项的公文，所以先有上报的请示，后有下发的批复，一来一往，被动行文。这一点与其他公文有所不同。

2. 内容具有针对性。批复要针对请示事项表明是否同意或是否可行的态度，必须针对请示的内容进行答复。

3. 效用的权威性。批复是上级机关的结论性意见，下级机关对于上级机关的答复无论满意与否，必须按照批复意见执行，不能违背。批复的这种行政效力相当于决定，带有很强的权威性和强制性。

4. 态度的明确性。批复的内容必须明确、简洁，以利于下级机关的理解执行，态度不能模棱两可，似是而非。

（三）种类

1．指示性批复。对下级机关请求指示事项请示的批复，一般是对下级机关请示涉及政策上、认识上的问题做出指示性的答复。

2．审批性批复。对下级机关请示涉及人事、财物、机构等方面的具体问题，做出批准、不批准或不完全批准等审批性答复的批复。

3．解答性批复。对下级机关请求指示的请示所做的批复。由于下级机关对工作中所遇到的问题无法处理，因此这类批复必须给出解决问题的具体方案。

（四）写法

批复写作的重点在于标题、发文字号、批复引语、批复内容。

1．标题。批复是针对请示而行文的，但是批复的标题不能直接引用请示标题。如北京市交通委、市发展改革委、市财政局向北京市人民政府联合上报《关于京平高速公路收取车辆通行费有关问题的请示》，北京市政府批复文件的标题不能写成《北京市人民政府关于京平高速公路收取车辆通行费有关问题的请示的批复》。

批复标题常见的两种结构形式如下：

（1）关于×××××问题的批复。关于后面的内容是请示标题中的请示事项，将原请示标题中的内容以“问题”二字反映。例如上述例子中北京市人民政府的批复标题应为《北京市人民政府关于京平高速公路收取车辆通行费有关问题的批复》，批复标题中是不显示“请示”二字的。例如《发展改革委关于报送东北振兴“十二五”规划的请示》，国务院批复文件的标题为《国务院关于东北振兴“十二五”规划的批复》。

（2）关于同意（或批准）××××的批复。同意或批准后面的内容是请示事项。例如《新疆维吾尔自治区人民政府关于将新疆维吾尔自治区库车县列为国家历史文化名城的请示》，其批复标题为《国务院关于同意将新疆维吾尔自治区库车县列为国家历史文化名城的批复》。

2．发文字号。批复是下行文，是上下级之间行文，发文字号有两种方式：

（1）使用“发”字号。这种批复的发文字号用于上级主管部门对下级职能部门的请示。

（2）使用“函”字号。这是批复经常使用的发文字号，这种函件式发文字号一般用于上下级政府之间或答复不相隶属的下级机关的请示。例如《国务院关于同意将新疆维吾尔自治区库车县列为国家历史文化名城的批复》，所用的发文字号为“国函〔2012〕22号”。再如《民政部关于中国林业生态发展促进会成立登记的批复》，所用的发文字号为“民函〔2012〕147号”。

3. 批复引语。批复引语是批复正文写作的开头部分，“引语”指的是引用请示原件的规范化语言。引语的目的是表明批复是针对哪份请示做出的答复。

一般来说，规范的批复引语的格式为：

你部（或校、局、厅等）《关于×××××的请示》（××〔××〕×号）已收悉。

从以上批复引语的格式可以总结出批复引语的写作思路：

请示单位、请示文件名、请示文件的发文字号、表明收到。

在批复引语的写作中，需要注意以下几点：

（1）请示单位一般不直接写上单位全称，而是用“你”加上该请示单位的级别或属性，例如你部（或校、局、厅等）。

（2）请示文件名只写“关于”后面的内容，把请示机关放在书名号外面。在正文里，请示文件名要加书名号。

（3）请示文件的发文字号要加上圆括号。

（4）表明收到下级机关的请示时用“已收悉”表述，不能用“已收到”的说法。

4. 批复内容。根据请示的类型，批复一般分为指示性和批准性两种类型。这两种类型的批复引语的写作都是一样的，而且都要明确地表明同意的态度，区别在于批复内容的侧重点不同。

（1）指示性的批复。除了表明同意态度外，还要提出下级机关在具体执行请示事项时各方面的要求和希望。

（2）批准性的批复。即表态类的批复，只表明上级机关是否同意即可。

批复主体部分的写作结构由标题、主送机关、正文、落款和成文日期组成。

批复正文部分的写作结构由批复引语、批复意见和结束语组成。

第六节　议案 函 纪要

一、议案

（一）适用范围

议案适用于各级人民政府按照法律程序向同级人民代表大会常务委员会提请审议事项。

正确理解议案的含义，要注意以下两个方面：

1. 提案权。谁有权提请议案？

从上文可以知道，行政议案的行文主体只有政府，适用范围单一，人民代表大会主席团、常务委员会和本级人民政府可以直接提出议案，人民代表大会代表也可以提出议案。议案提出后，由人民代表大会主席团提请人民代表大会讨论，或交付议案审查委员会审查后提请人民代表大会讨论。

在全国或地方政府人代会上，代表、委员以个人名义向大会提交的文书叫提案，而不是议案。

2. 法定程序。国务院及各级政府的有关法律法规或重大事项的出台、执行，按照宪法规定必须以议案形式报请全国或地方人大通过。提交议案时必须先请同级政府讨论通过，再提交人大审议。

（二）特点

1. 法定性。议案的制发机关只能是各级人民政府，省级以下政府部门无权制发。

2. 重大性。议案提请的事项是同级政府无权决定，而必须报请人大审议通过。

3. 定向性。议案提交的对象只能是同级人大，主送机关只能有一个。

4. 时限性。议案只在人大会议期间提出，超过期限提交的议案一般作为“建议”处理。

（三）种类

1．立法性议案。立法性议案主要在两种情况下使用：一是政府机构制定了某项法律或法规之后提请人大审议通过时，二是建议、请求某行政机构制定某项法规时。

2．决策性议案。关于财政预算决算、城乡发展规划、重大工程上马，以及政治、经济、文化、教育、科技、卫生等领域中的重大事项的决策，需要提请人民代表大会审议批准时使用的议案，就属于重大事项的决策性议案。

3．任免性议案。行政机关向权力机关提请任命、免去或撤销行政机关工作人员职务，请求人民代表大会审议批准的议案，就是任免性议案。如“国务院关于提请××等同志职务任免的议案”。

4．建议性议案。以行政部门的身份向权力部门提出建议，也可以使用议案。这种议案有些像建议报告，供人民代表大会审议、采纳。

（四）写法

1．议案的标题。议案的标题采用常规公文标题模式，有两种写法：一是发文机关加案由加文种；二是省略发文机关，案由加文种。前者如《××市人民政府关于提请审议〈××市乡镇企业条例〉的议案》；后者如《关于提请审议修改后的国务院机构改革方案的议案》。议案标题一般不能采用发文机关加文种或者只有文种的写法。

2．议案的主送机关。议案的主送机关只能是同级人民代表大会及其常务委员会，不能有其他并列机关。要采用全称或规范化简称，不得随意简化。

3．正文。包括以下几个方面：

（1）案据。议案的第一部分叫作案据，和常规的根据、目的、意义式的公文开头很接近。

（2）方案。方案部分，就是对提请审议的事项或问题提出解决的途径、方法。如果是提请审议已制定的法律法规的，解决问题的方案就在法律法规之中，这部分只需写明提请审议的法律法规的名称即可，但要把法律或法规的文本作为附件。如果是任免性议案，要将被任免人的姓名和拟担任的职务写明。如果是提请审议重大决策事项的，要把决策的内容一一列出，供大会审阅。如果是建议采取行政手段解决某方面问题的，要把实施这一行政手段的方案详细列出，以便于审议。不能只指出问题，而没有解决问题的方案。

(3) 结语。结语是议案的结尾部分，主要用于提出审议请求。一般都采用模式化写法，言简意赅，如“该草案经市政府同意，现提请审议”。

4. 签署和日期。一般行政公文最后签署的都是发文机关的名称，而议案有所不同，要由政府首长签署。国务院提交给全国人大的议案，要由总理签署；各省、市、自治区提交给同级人民代表大会的议案，要由省长、市长或自治区主席签署。

议案主体部分的结构：标题、主送机关、正文、落款、成文日期。主送机关只能有一个，即同级人大会。落款通常为政府首长签署职务和姓名。

二、函

(一) 适用范围

函适用于不相隶属的机关之间商洽工作、询问和答复问题、请示批准和答复审批事项。

首先我们要理解什么是“不相隶属的机关”。通俗地说，“不相隶属的机关”指的是两个机关之间没有上下级关系，不存在领导与被领导的关系。这种行政关系一般分为两种情况：

1. 同一行政系统的平级单位。例如同级政府之间：河南省人民政府与河北省人民政府之间是平级关系，都隶属于国务院。

再如同一政府下的同级部门之间：湖南省财政厅与湖南省教育厅之间是平级关系，是同一政府的不同职能部门。

2. 不在同一行政系统的各级单位。如铁道部与天津市人民政府之间隶属于不同的行政系统，它们之间宜用“函”行文。这种行文不限于同级关系，只要是各自隶属于不同的行政系统，无论各自的级别高低都适用于“函”件。例如国务院办公厅与广东省人民政府办公厅，前者是部级单位，后者是厅级单位，但是它们之间要以“函”行文。

理解了“函”的使用条件，可以总结出一句话：函是不相隶属的机关之间使用的公文。

（二）特点

1. 内容短小。使用“函”件的机关之间没有上下级的领导关系，一般情况下没有行政管理业务，只有在遇到某事需要与对方沟通时才使用，偶然性和事务性的特点比较突出，所以行文简洁，制作灵活多样，即要按公文的正式格式制作，同时又应根据实际情况有所变通。

2. 语言谦逊有礼。“函”的使用者是不相隶属的机关，所以用语要平等、尊重，多使用敬语，如贵校、贵单位、贵公司等，函的结束语也要用敬语，如“特此函达，务希研究见复”。

（三）种类

1. 按发文目的分，可以分为发函和复函两种。发函是主动提出公务事项的函；复函是回复对方来函的函。

2. 按用途分，可以分为商洽事宜函、询问事宜函、答复事宜函、请示批准函四种。

这两种分类方法有交叉的地方，一般来说商洽函、询问函、请示函属于发函，而答复函、批准函属于复函。

（四）写法

1. 首部。主要包括标题、主送机关两个项目。

（1）标题。公函的标题一般有两种形式：一种是由发文机关名称、事由和文种构成，另一种是由事由和文种构成。

（2）主送机关。即受文并办理来函事项的机关单位，于文首顶格写明全称或者规范化简称，其后用冒号。

2. 正文。其结构一般由开头、主体、结尾、结语、落款等部分组成。

（1）开头。主要说明发函的缘由。一般要求概括交代发函的目的、根据、原因等，然后用“现将有关问题说明如下：”或“现将有关事项函复如下：”等过渡语转入下文。复函的缘由部分，一般首先引叙来文的标题、发文字号，然后再交代根据，以说明发文的缘由。

（2）主体。这是函的核心内容，主要说明致函事项。函的事项部分内容单一，一函一事，行文要直陈其事。无论是商洽工作、询问或答复问题，还是向有关主管部门请求批准事项等，都要用简洁得体的语言把需要告诉对方的问题、意见叙写清楚。如果属于复函，还要注意答复事项的针对性和明确性。

3. 结尾。一般用礼貌性语言向对方提出希望。或请对方协助解决某一问题，或请对方及时复函，或请对方提出意见，或请主管部门批准等。

4. 结语。通常应根据函询、函告、函商或函复的事项，选择运用不同的结束语。如“特此函询（商）”“请即复函”“特此函告”“特此函复”等。有的函也可以不用结束语，如属便函，可以像普通信件一样，使用“此致”“敬礼”。

5. 落款。一般包括署名和成文时间两项。署明机关单位名称，写明成文年、月、日，并加盖公章。

三、纪要

（一）适用范围

纪要适用于记载会议主要情况和议定事项。会议情况一般是知照性质的，只需要有关人员了解和知晓会议的基本情况，不需要处理或受理有关内容；议定事项一般是指令性质的，需要有关人员执行和受理有关事项内容。从纪要的使用情况不难看出，其主要作用是交流会议情况，传达要贯彻执行的事项，记载重要谈话内容，以便统一认识或统一行动。

在使用纪要这种公文时，要特别注意它在行文方面的特殊性。纪要在使用上的特殊性体现在两个方面：

1. 纪要不需要加盖公章。我们知道公章是公文的生效标志，不加盖公章的公文没有行政效力。但是纪要不是直接执行的文件，它的发文背景是根据会议或会谈记录整理要点，再以此为依据发文，是一种间接执行的行政公文，所以不需要加盖公章。具体来说，它不能单独传送：如果发给上级机关，那么是作为呈送报告的附件；如果发给下级机关，那么是作为印发性通知的附件。

2. 在格式方面，纪要不需要眉首、版记部分。主体部分也只需要标题和正文，不需要主送机关、落款和成文日期。

（二）特点

1. 内容的纪实性。纪要是根据会议或会谈记录整理而成，必须如实反映，不能离开实际人为地创作，不能发挥，否则就违反了纪实的要求。

2. 表达的要点性。纪要是反映会议或会谈的综合情况，撰写会议性的纪要应围绕主旨及主要成果来整理、提炼和概括。其重点应放在介绍会议的成果上，而不是叙述会议的过程，要与会议记录这种文体区别开来。会议记录是凡言必记，凡言必录，会议纪要是择其要点，重点反映；会议性的纪要围绕会议的主要议题、主要精神、有关决定或决议而写。

3. 称谓的特殊性。纪要一般采用第三人称写法，因为纪要反映的是集体意志和意向，常以“会议”作为表述主体，“会议认为”“会议指出”“会议决定”“会议要求”“会议号召”等就是其称谓特殊性的表现。

（三）种类

1. 记载会议主要情况的纪要。它把会议讨论的情况、主要精神提供给相关单位，供相关单位参阅，主要起传递信息的作用，一般没有贯彻执行的要求。

2. 记载议定事项的纪要。它将领导机关召开的、研究某方面或某项工作的会议所形成的研究成果、处理意见传达给下级机关，并要求相关单位贯彻执行，有一定的行政约束力。

（四）写法

纪要的写作主要指标题和正文的写作。

1. 标题的写作。标题的写法灵活多样。

（1）会议名称加文种构成，如《全国高新技术交流与洽谈会议纪要》。

（2）会议单位加会议名称和文种构成，如《河南省财政厅关于加强财务工作监管工作会议纪要》。

（3）新闻标题式（正副标题式），如《反腐才能倡廉——全国公安系统反腐工作座谈会纪要》。政府工作的会议纪要，一般不使用新闻标题式。

2. 正文的写作。纪要的正文通常由会议的基本情况、会议的主要内容、结尾三部分组成。

（1）会议的基本情况。首段用于介绍会议的主办方、时间、地点、主持人、参会人员、会议主题、领导讲话等，其中会议时间、地点、主持人和会议主题是必要内容，其他内容可视情况而定。会议基本情况的介绍可以使阅读会议纪要的人先对会议有一个基本的了解，从而为理解会议精神或决议提供必要的认知基础。

（2）会议的主要内容。会议性质不同，其重点反映的内容也有所侧重，在写法上可采用以下结构：

①条款式。这种方法适宜于传达议定事项的会议纪要。如“会议就有关问题决定如下：一、……”。

②综合式。这种方法适用于概述会议内容的纪要。如按会议进程顺序或会议内容的不同方面归纳写作。如“会议就如下六个专题进行了讨论：一、……”。

③摘记式。这种方法适用于对未来工作发表看法或意见的纪要。如按发言者的发言范围、发言性质归类。如“李某某（公关部经理）：……”。

（3）结尾。一般是写提出的希望、要求，发出号召；也可以对大会作概括性的总结。

思考与练习

1．公文的组成要素有哪些？

2．简述公报的种类和特点。

3．公告和通告的异同是什么？

4．报告与请示的区别是什么？

5．复函和批复都是针对性的回复文件，在使用上，它们有什么异同？

6．下行性意见与下行文的通知有什么不同？

7．纪要的特点是什么？

8．某市中级人民法院要重建办公楼，向该市规划局请求批准划拨土地，请代该法院拟写一份公文。

9．北京市人民政府收到江苏省人民政府《关于商洽商贸协作关系事宜的函》（苏政发〔××××〕×号），经研究同意合作。请代拟这篇复函。

10. 改错题

关于申请拨给灾区贷款专项指标的报告

省行：

×月×日，××地区遭受了一场历史上罕见的洪水袭击，×江两岸乡、村同时发生洪水，灾情严重。经初步不完全统计，农田受灾总面积达38 000多亩（1亩≈666.67平方米），各种农作物损失达100多万元，农民个人损失也很大。灾后，我们立即深入灾区了解灾情，并发动干部群众积极开展生产自救。同时，为了帮助受灾农民及时恢复生产，我们采取了下列措施：

一、对恢复生产所需的资金，以自筹为主；确有困难的，先从现有农贷指标中贷款支持。

二、对受灾严重的困难户，优先适当贷款，先帮助他们解决生活问题。到×月×日止，此项贷款已达××万元。

由于这次灾情过于严重，集体和个人的损失都很大，短期内恢复生产有一定的困难，仅靠正常农贷指标难以解决问题。为此，请省行下达专项救灾贷款指标××万元，以便支持灾区迅速恢复生产。

以上报告当否，请批示。

××银行××市支行

××年×月×日

【例文一】

国务院关于加快发展民族教育的决定

国发〔2015〕46号

各省、自治区、直辖市人民政府，国务院各部委、各直属机构：

党和国家历来高度重视民族教育工作。经过各地和有关部门的共同努力，民族教育事业快速发展，取得了显著成绩，教育规模不断扩大，办学条件明显改善，教师队伍素质稳步提升，学校民族团结教育广泛开展，双语教育积极稳步推进，教育教学质量不断提高，培养了一大批少数民族人才，为加快民族地区经济社会发展、维护祖国统一、促进民族团结做出了重要贡献。由于历史、自然等原因，民族教育发展仍面临一些特殊困难和突出问题，整体发展水平与全国平均水平相比差距仍然较大。为了加快推进少数民族和民族地区教育发展，实现国家长治久安和中华民族繁荣昌盛，现就加快发展民族教育做出以下决定。

一、准确把握新时期民族教育的指导思想、基本原则和发展目标

（一）指导思想。高举中国特色社会主义伟大旗帜，以邓小平理论、“三个代表”重要思想、科学发展观为指导，全面贯彻党的十八大、十八届二中、三中、四中全会精神和习近平总书记系列重要讲话精神，按照“四个全面”战略布局，认真贯彻党的教育方针和民族政策，深入落实党中央、国务院决策部署，以立德树人为根本，以服务改善民生、凝聚民心为导向，保障少数民族和民族地区群众受教育权利，提高各民族群众科学文化素质，传承中华民族优秀传统文化，大力培育和弘扬社会主义核心价值观，维护民族团结和社会稳定，为实现“两个一百年”奋斗目标和中华民族伟大复兴的中国梦，培养造就德智体美全面发展的社会主义合格建设者和可靠接班人。

（二）基本原则。坚持中国共产党的领导。坚定不移地把党的政治领导、思想领导、组织领导贯穿到民族教育工作的全过程和各方面，坚持社会主义办学方向，坚持中国特色社会主义道路，坚持维护祖国统一，坚持各民族一律平等，打牢中华民族共同体思想基础，巩固和发展平等团结互助和谐的社会主义民族关系。

坚持缩小发展差距。坚持民族因素和区域因素相结合，完善差别化区域政策，分区规划，分类指导，夯实发展基础，缩小发展差距，促进教育公平，决不让一个少数民族、一个地区掉队，推进民族教育全面发展。

坚持结构质量并重。适应区域发展总体战略和“一带一路”建设需要，优化教育结构，科学配置资源，提高教育质量，提升少数民族和民族地区学生就业创业能力和创造幸福生活能力，促进民族教育与经济社会协调发展。

坚持普特政策并举。发挥中央统筹支持作用，加大中东部地区对口支援力度，激发民族地区内生潜力，系统谋划、突出重点，普惠性政策向民族教育倾斜，制定特殊政策重点支持国家通用语言文字教育基础薄弱地区教育快速发展。

坚持依法治教。依据国家法律法规，运用法治思维和法治方式深化民族教育综合改革，扎实推进教育行政部门依法行政、学校依法治校，加强法治教育，增强各民族师生法律意识。坚持教育与宗教相分离。全面贯彻党的宗教工作基本方针和有关宗教法律法规，任何组织和个人不得利用宗教进行妨碍国家教育制度的活动，不得在学校传播宗教、发展教徒、设立宗教活动场所、开展宗教活动、建立宗教组织。

（三）发展目标。到2020年，民族地区教育整体发展水平及主要指标接近或达到全国平均水平，逐步实现基本公共教育服务均等化。民族地区学前两年、三年毛入园率分别达到80%、70%。义务教育学校办学条件基本实现标准化，九年义务教育巩固率达到95%，努力消除辍学现象，基本实现县域内均衡发展。高中阶段教育全面普及，普职比大体相当，中职免费教育基本实现。高等教育入学机会不断增加，高考录取率不断提高，学科专业结构基本合理，应用型、复合型、技术技能型人才培养能力显著提升。国家通用语言文字教育基础薄弱地区学前教育阶段基本普及两年双语教育，义务教育阶段全面普及双语教育。新增劳动力平均受教育年限接近或达到全国平均水平，主要劳动年龄人口平均受教育年限明显提高，从业人员继续教育年参与率达到50%。各级各类教育质量显著提高，服务民族地区全面建成小康社会的能力显著增强。

二、打牢各族师生中华民族共同体思想基础

（四）积极培育和践行社会主义核心价值观。坚持不懈开展中国特色社会主义和中国梦宣传教育，引导各族学生增强中国特色社会主义道路自信、理论自信、制度自信，树立正确的国家观、民族观、宗教观、历史观、文化观，深刻认识中国是全国各族人民共同缔造的国家，中华文化是包括56个民族的文化，中华文明是各民族共同创造的文明，中华民族是各民族共有的大家庭。坚持不懈开展法治教育和公民意识教育，把法治教育纳入国民教育体系，引导各族学生牢固树立维护民族团结和国家统一的法律意识。创新教育载体和方式，开展形式多样的体现社会主义核心价值观要求的主题教育实践活动，提高思想政治教育针对性实效性。试点开展马克思主义宗教观、党的宗教工作方针政策和有关宗教法律法规教育，引导各族师生正确认识和看待宗教问题。加强心理健康教育。

（五）建立民族团结教育常态化机制。坚持不懈开展爱国主义教育和民族团结教育，引导各族学生牢固树立“三个离不开”思想，不断增强对伟大祖国、中华民族、中华文化、中国共产党、中国特色社会主义的认同。深入推进民族团结教育进学校、进课堂、进头脑，在全国小学高年级、初中开设民族团结教育专题课，在普通高中思想政治课程中强化民族团结教育内容，在普通高校、职业院校（含高等职业学校和中等职业学校，下同）开设党的民族理论与政策课程。国务院教育行政部门指导编写中学、小学各一册民族团结教育教材，其中农村义务教育阶段纳入免费教科书范围，各地可结合实际编写地方补充教材。推动马克思主义理论研究和建设工程民族学类教材在全国高校相关专业统一使用，巩固党的民族理论和民族政策在民族学教学研究领域的指导地位。利用现代信息技术等多种手段，开发、编译民族团结教育教学资源。在师范院校和民族院校设立马克思主义民族理论与政策师范专业，培养培训民族团结教育课教师。将民族团结教育纳入督导评估工作。

（六）促进各族学生交往交流交融。在有条件的民族地区积极稳妥推进民汉合校，积极开展各族学生体育、文艺、联谊等活动，促进不同民族学生共学共进。在民族地区与支援省市之间，建立各族学生交流交往平台，通过开展“手拉手心连心”、主题夏令营以及互相考察学习等活动，增进相互了解，相互学习，相互帮助。在内地民族班开展走班制等多种教学管理模式试点，探索推进混班教学、混合住宿，鼓励少数民族学生积极参加学校社团组织和文体活动，组织开展当地学生与内地民族班学生之间互帮互学、友好班级等活动，促进内地民族班学生尽快融入当地学习、生活。

（七）促进各民族文化交融创新。坚持以社会主义先进文化为引领，传承建设各民族共享的中华文化，继承和弘扬少数民族优秀传统文化，建设各民族共有精神家园。充分发挥教育在各民族文化交融创新中的基础性作用，把中华优秀传统文化融入中小学教材和课堂教学，在民族地区学校开设民族艺术和民族体育选修课程，开展民族优秀传统文化传承活动。鼓励支持普通高校、职业院校加强与文化企事业单位合作，将民族优秀文化列入学科专业，开展教学和研究，挖掘民族优秀文化资源，抢救保护和传承非物质文化遗产。科学保护各民族语言文字。

三、全面提升各级各类教育办学水平

（八）加快普及学前教育。科学规划、合理布局民族地区学前教育机构，支持乡村两级公办和普惠性民办幼儿园建设，新建、改扩建安全适用的幼儿园，开发配备必要的教育资源，改善保教条件，满足适龄幼儿入园需求。规范办园行为，强化安全监管，加强保教管理。合理配置幼儿园保教人员。重点支持民族地区实施学前教育三年行动计划。

（九）均衡发展义务教育。民族地区义务教育发展规划、资源布局应主动适应扶贫开发、生态移民、城镇化建设等需要。大力推进民族地区义务教育学校标准化建设，全面改善贫困地区义务教育薄弱学校基本办学条件，缩小城乡差距和校际差距。因地制宜保留并办好必要的村小学和教学点。以提高教学质量为重点，实施民族地区中小学理科教学质量提升计划，深化课程和教学改革，开齐开足国家课程，开设具有民族特色的地方课程和学校课程。依法保障农业转移人口和其他进城务工人员随迁子女平等接受义务教育的权利。切实解决“大班额”“大校额”问题。依法履行控辍保学职责，降低辍学率。建立健全农村留守儿童关爱服务机制。保障女童入学。

（十）提高普通高中教学质量。继续支持民族地区教育基础薄弱县普通高中建设，扩大优质教学资源，按国家规定标准配齐图书、实验室、教学仪器设备。全面深化课程改革，落实国家课程方案，加强选修课程建设，推行选课走班。强化基础知识和基本技能训练，加强理科课程和实验课教学，开展研究性学习、社区服务和社会实践，促进学生全面而有个性发展。全面实施普通高中学业水平考试和综合素质评价。推动普通高中多样化特色化发展，鼓励举办综合高中。

（十一）加快发展中等职业教育。适应培养创新创业人才和培育新型职业农牧民要求，合理布局民族地区中等职业学校，保障并改善基本办学条件。现代职业教育质量提升计划、优质特色学校建设等项目重点向民族地区倾斜。加强校企合作，推进产教融合，择优扶持发展民族优秀传统文化、现代农牧业等优势特色专业。聘请民族技艺大师、能工巧匠、非物质文化遗产传承人担任兼职教师。推进招生和培养模式改革，扩大中东部地区职业院校面向民族地区招生规模，提高民族地区中等职业学校毕业生升入高等职业院校比例，实现初高中未就业毕业生职业技术培训全覆盖。鼓励内地优质职业教育资源以及有条件的企业在民族地区开办职业技术学校，落实税收等相关优惠政策。

（十二）优化高等教育布局和结构。制定实施民族地区高校布局规划、民族院校和民族地区高校学科专业调整规划。优先设置与实体经济和产业发展相适应的高等职业学校。积极支持有条件的民族地区设置工科类、应用型本科院校。引导一批民族地区普通本科高校和民族院校向应用技术型高校转型。以就业为导向，调整民族院校和民族地区高校学科专业结构，重点提高工、农、医、管理等学科比例，支持办好师范类专业，提升民族特色学科水平。硕士博士学位点设置、本专科研究生招生计划、高校人文社会科学研究基地、中央财政支持地方高校发展的专项资金等向符合规划、办学条件和质量有保障的民族院校和民族地区高校倾斜。办好民族院校。

（十三）积极发展继续教育。加强对民族地区城乡社区教育的指导。城乡社区教育机构和网络建设向民族地区倾斜。支持民族地区建设以卫星、互联网等为载体的远程开放教育及服务平台，加强涉农专业、课程和教材建设，开展学历与非学历继续教育。引导民族地区广播电视大学转型升级。鼓励中东部省市和教育部直属高校面向民族地区开放继续教育优质资源。加强农牧民继续教育。继续开展扫盲工作。

（十四）重视支持特殊教育。在民族地区的地市州盟和30万人口以上、残疾儿童较多的县市区旗建好一所特殊教育学校，配齐特教专业教师，完善配套设施。鼓励和支持普通学校为残疾学生创造学习生活条件，提高随班就读和特教班的教学质量。开展面向残疾学生的职业教育和国家通用语言文字教育，重点提高学生的生活技能和就业能力。

四、切实提高少数民族人才培养质量

（十五）有序扩大人才培养规模。落实好少数民族高层次骨干人才计划。加强少数民族高端人才培养工作，培养一批政治素质高、学术造诣深、具有国际影响力和话语权的少数民族优秀人才。继续实施国家公派留学西部特别项目。支援中西部地区招生协作计划、农村贫困地区定向招生专项计划、教育部直属高校及其他自主招生试点高校招收农村学生专项计划等向民族地区倾斜。适当提高东中部省市职业院校招收民族地区学生的比例。适度扩大高校民族班、预科班招生规模以及东中部高校招收内地西藏新疆班高中毕业生规模。鼓励支持民族地区和东中部省市双向扩大高校招生规模。加强少数民族专业技术人才特殊培养。

（十六）改革考试招生制度。按照国家考试招生制度改革的统一要求，保留并进一步完善边疆、山区、牧区、少数民族聚居地区少数民族考生高考加分优惠政策，推进民族地区和内地西藏新疆班毕业生高考招生制度改革，逐步探索建立基于统一高考和高中学业水平考试成绩、参考综合素质评价的公平、多元的录取机制。完善高校民族班、民族预科班招生办法，探索实施高校民族预科阶段结业会考制度，不断提高培养质量。

（十七）强化内地民族班教育管理服务。制订长远发展规划，加大支持力度，进一步加强内地民族班建设，改善办学条件。坚持“严、爱、细”原则，对各民族学生实行统一标准、统一要求、统一管理。推行内地民族班一对一、一对多的全员育人导师制，用心用情关爱学生，帮助解决学习生活困难。合理设置课程，加强教材建设，深化教学改革，强化课堂教学，加强课后辅导，严格考核标准，完善淘汰机制，加强督导评估，提高教学质量。完善后勤服务，办好学生食堂，尊重清真饮食习惯，鼓励有条件的地方为内地民族班学校统一采购清真食品原材料。在少数民族学生集中的学校按照50∶1的生师比配齐配强政治素质高、懂双语、会管理的少数民族教师，推广设立少数民族学生工作示范平台，全面提高教育管理服务水平。

（十八）加强普通高校、职业院校毕业生就业创业指导。开设就业指导课程，普及创业教育，引导学生树立正确的择业观，增强创业意识和创业能力。对就业困难学生开展一对一就业指导、重点推荐。鼓励在民族地区的中央企业和对口援建项目吸纳当地普通高校、职业院校毕业生就业。引导内地民族班高校毕业生到农村中小学担任双语教师。加大就业政策宣传力度，引导学生到基层就业、到企业就业、自主创业。

五、重点加强民族教育薄弱环节建设

（十九）加强寄宿制学校建设。针对国家通用语言文字教育基础薄弱地区、农牧区和偏远地区实际，科学编制寄宿制学校建设规划，合理布局，改扩建、新建标准化寄宿制中小学校。按照国家规定标准配备图书、实验室、教学仪器设备。提高生均公用经费标准，配齐后勤管理服务人员，加强学校管理，强化安全教育，提高人防、物防、技防能力，确保学校安全。全面提高入学率，实现各民族学生学习在学校、生活在学校、成长在学校。对地处偏远又无条件寄宿的学校，因地制宜加强建设、改善条件。

（二十）支持边疆民族地区教育发展。国家教育经费向边疆省区倾斜，边疆省区教育经费向边境县倾斜，提高边疆民族地区义务教育阶段学校经费保障水平和生均公用经费标准。加强基础设施建设，改善基本办学条件，不断增强边境学校吸引力。支持边疆省区制定激励政策，鼓励引导高校毕业生、骨干教师到边境学校任教，提高教育质量。

（二十一）科学稳妥推行双语教育。依据法律，遵循规律，结合实际，坚定不移推行国家通用语言文字教育，确保少数民族学生基本掌握和使用国家通用语言文字，少数民族高校毕业生能够熟练掌握和使用国家通用语言文字。尊重和保障少数民族使用本民族语言文字接受教育的权利，不断提高少数民族语言文字教学水平。在国家通用语言文字教育基础薄弱地区，以民汉双语兼通为基本目标，建立健全从学前到中小学各阶段有效衔接，教学模式与学生学习能力相适应，师资队伍、教学资源满足需要的双语教学体系。国家对双语教师培养培训、教学研究、教材开发和出版给予支持，为接受双语教育的学生升学、考试提供政策支持。鼓励民族地区汉族师生学习少数民族语言文字和各少数民族师生之间相互学习语言文字。研究完善双语教师任职资格评价标准，建立双语教育督导评估和质量监测机制。

六、建立完善教师队伍建设长效机制

（二十二）健全教师培养制度。坚持不懈地用中国特色社会主义理论体系武装教师头脑，加强师德师风教育，全面提高教师思想政治素质、师德水平和能力素质。民族地区要制定教师队伍建设专项规划，推进师范院校专业调整和教学改革，重点培养双语教师、“双师型”教师和农村中小学理科、音体美等学科紧缺教师，形成教师培养补充长效机制。支持民族地区师范院校免费培养双语教师。教育部直属师范大学师范生免费教育政策向民族地区倾斜，鼓励引导东中部省市师范院校为民族地区培养免费师范生。落实好教师配备政策，杜绝挤占挪用教师编制，严格教师准入，招聘合格教师。实施好乡村教师支持计划。农村义务教育学校教师特岗计划和边远贫困地区、边疆民族地区、革命老区人才支持计划教师专项计划向民族地区倾斜。

（二十三）完善教师培训机制。制订全员培训规划，落实每五年一周期的培训。国家级、省级、市级培训向民族地区农村教师和内地民族班教师倾斜。重点加强幼儿园、中小学、职业院校和内地民族班校长、骨干教师、班主任（辅导员）思想政治和业务能力培训。加强少数民族双语教师国家通用语言文字培训。强化培训过程管理和结业考核双向评价。在东中部地区选择若干所师范院校建设民族地区双语和“双师型”骨干教师培养培训基地。

（二十四）落实教师激励政策。改善教师福利待遇，绩效工资分配向农村教学点、村小学、乡镇学校教师、双语教师和内地民族班教师倾斜，切实落实提高农村中小学教师待遇的政策措施，实施好集中连片特困地区乡村教师生活补助政策。落实好边远、农村地区教师职称（职务）评聘、晋升倾斜政策。建立健全校长、教师交流轮岗和城镇教师支援农村教育等制度，对扎根边疆、扎根农村、长期从事内地民族班教育管理并作出突出贡献的教师，中央和地方政府按照国家有关规定给予表彰。支持民族地区农村教师周转宿舍建设。

七、落实民族教育发展的条件保障

（二十五）完善经费投入机制。各级政府要切实增加民族教育投入，加快推进民族地区基本公共教育服务均等化。中央财政针对民族地区特殊情况加大一般性转移支付和教育专项转移支付力度，并重点支持新疆、西藏和四省藏区等国家通用语言文字教育基础薄弱地区开展双语教育。整合民族教育中央专项资金并适时扩大资金规模，集中用于解决双语教育、教师培养培训、民族团结教育、民族文化交融创新等方面的突出问题。地方各级人民政府在安排财政转移支付资金和本级财力时要对民族教育给予倾斜。对口支援资金要继续加大对教育事业的支持力度。完善内地民族班办学经费投入机制。鼓励和引导社会力量支持发展民族教育，多渠道增加民族教育投入。

（二十六）加大学生资助力度。完善学前教育资助制度。落实好农村义务教育阶段学生“两免一补”政策，完善经费标准动态调整机制，确保应助尽助。落实好中等职业教育免学费政策，完善国家助学金政策。普通高中、高校学生资助政策向少数民族和民族地区家庭经济困难学生倾斜。在按程序制定或修订对口支援项目规划后，各省市对口支援新疆、西藏、青海藏区资金可用于资助受援地在内地学习的学生。将民族预科生和少数民族骨干计划基础强化培训阶段的家庭经济困难学生纳入高校国家资助体系。鼓励内地高校通过设立学习进步奖学金等方式，加大对来自国家通用语言文字教育基础薄弱地区学生的奖励资助力度。做好残疾学生资助工作。

（二十七）加快推进教育信息化。加强民族地区教育信息基础设施建设，加快推进“宽带网络校校通”“优质资源班班通”“网络学习空间人人通”，国家教育资源公共服务平台优先向民族地区学校开放。制订民族地区教育资源建设方案，开发、引进、编译双语教学、教师培训和民族文化等数字资源，并推广应用。在大规模在线学习平台上，开发面向民族地区的教育课程。鼓励民族地区与发达地区之间的校际联网交流。以中小学和职业院校教师为重点，加强对教师信息技术应用能力的培训，全国中小学教师信息技术应用能力提升工程向民族地区倾斜。

八、切实加强对民族教育的组织领导

（二十八）加强党对民族教育工作的领导。党的领导是确保民族教育正确发展方向的根本保证。要充分发挥党委领导核心作用，健全民族教育的领导体制和工作机制，及时研究解决民族教育工作中的重大问题和群众关心的热点问题。进一步加强和改进民族地区教育系统党的建设，重视抓基层、打基础，把学校党建工作放在更加突出的位置，加强组织建设，完善制度体系，抓住薄弱环节，转变工作方式，提升党员干部的政治意识、责任意识、阵地意识和底线意识，切实增强学校党组织的创造力、凝聚力、战斗力。

（二十九）全面落实政府职责。各有关部门要加强对民族教育发展的统筹协调和分类指导。地方各级政府是推进民族教育发展的责任主体，要把民族教育工作纳入重要议事日程，建立由主要负责同志负总责、分管负责同志具体负责、教育部门牵头、有关部门密切配合的工作机制。健全民族教育管理机构，加强领导班子建设，教育行政部门要明确专门机构和人员负责民族教育工作，加强对跨省区民族教育协作的指导和管理。

（三十）充分发挥对口支援作用。健全教育对口支援机制。支援省市、中央企业、学校要树立政治意识、大局意识、全局意识，按照已建立的对口援助关系，重点加大对受援地区双语教育、职业教育和学前教育的支援力度，配套完善必要的设施设备，培训和选派中小学校长、班主任、骨干教师，帮助培养各类人才。发挥中东部职业教育集团办学优势，对口支援民族地区职业学校。继续做好中东部高校对口支援西部高校工作，利用优质教育资源帮助受援高校加强人才培养、师资队伍建设、学科专业建设和科学研究。

（三十一）切实加强民族教育科学研究。国家民族教育研究机构要构建跨地区民族教育科研平台，统筹规划，协调指导，组织开展民族教育重大理论和政策研究。各省（区、市）政府要高度重视民族教育科研、教研工作，完善支持机制，加强队伍建设，以研促教、教研结合，全面提升民族教育科研、教研工作服务民族教育发展的能力。

（三十二）认真落实各项政策措施。地方政府在编制区域发展战略规划和地方经济社会发展规划时，要把民族教育摆到突出位置，优先发展、重点保障，并列为政府目标考核的重要内容。研究制订民族教育发展专项规划和年度计划，明确发展目标、主要任务、改革举措、重大项目和保障措施。民族自治地方可以依据法律，结合实际，制定民族教育法规。建立健全民族教育政策落实情况监督检查机制，国务院教育行政部门要会同有关部门定期开展专项督导检查。

国务院

2015 年 8 月 11 日

来自中央人民政府门户网站

【例文二】

国务院办公厅关于促进进出口稳定增长的若干意见

国办发〔2015〕55号

各省、自治区、直辖市人民政府，国务院各部委、各直属机构：

推进新一轮更高水平对外开放，是经济提质增效升级的重要支撑。要进一步推动对外贸易便利化，改善营商环境，为外贸企业减负助力，促进进出口稳定增长，培育国际竞争新优势。为此，经国务院同意，现提出如下意见：

一、坚决清理和规范进出口环节收费。深入开展全国范围内的涉企收费集中整治专项行动。对依法合规设立的进出口环节行政事业性收费、政府性基金以及实施政府定价或指导价的经营服务性收费实行目录清单管理，未列入清单的一律按乱收费查处。加大对取消收费项目落实情况的督查力度，形成外贸企业松绑减负长效机制，防止乱收费问题反弹。增强口岸查验针对性和有效性，对查验没有问题的免除企业吊装、移位、仓储等费用，此类费用由中央财政负担；对有问题的企业依法加大处罚力度。(发展改革委、工业和信息化部、财政部、交通运输部根据各自职责分别牵头)

二、保持人民币汇率在合理均衡水平上基本稳定。完善人民币汇率市场化形成机制，扩大人民币汇率双向浮动区间。进一步提高跨境贸易人民币结算的便利化水平，扩大结算规模。研究推出更多避险产品，帮助企业规避汇率风险，减少汇兑损失。(人民银行、外汇局负责)

三、加大出口信用保险支持力度。进一步扩大短期出口信用保险规模，加大对中小微企业及新兴市场开拓的支持力度。实现大型成套设备出口融资保险应保尽保，进一步简化程序。(财政部、商务部、进出口银行、中国出口信用保险公司负责)

四、加快推进外贸新型商业模式发展。抓紧落实《国务院办公厅关于促进跨境电子商务健康快速发展的指导意见》（国办发〔2015〕46号）。积极推进中国（杭州）跨境电子商务综合试验区建设。抓紧启动扩大市场采购贸易方式试点工作，将江苏海门叠石桥国际家纺城、浙江海宁皮革城列入试点范围。制订支持外贸综合服务企业发展的政策措施。2015 年底前提出进一步扩大相关试点范围和推广外贸新型商业模式的方案，于2016 年初开始实施。（商务部、发展改革委、财政部、海关总署、税务总局、工商总局、质检总局、外汇局负责）

五、继续加强进口工作。扩大优惠利率进口信贷覆盖面，将《鼓励进口技术和产品目录》纳入支持范围。2015 年 7 月底前调整出台《鼓励进口技术和产品目录》，相应调整进口贴息政策支持范围，促进国内产业升级。完善消费品进口相关政策，对部分国内需求较大的日用消费品开展降低进口关税试点，适度增设口岸进境免税店，合理扩大免税品种，增加一定数量的免税购物额，丰富国内消费者购物选择。（商务部、发展改革委、财政部、工业和信息化部、海关总署、税务总局、质检总局、进出口银行负责）

六、进一步提高贸易便利化水平。进一步简政放权，提高服务效率。进一步落实出口退税企业分类管理办法，加快出口退税进度，确保及时足额退税。提高口岸通关效率，强化跨部门、跨地区通关协作，加快推进形成全国一体化通关管理格局。加快复制推广自由贸易试验区的贸易便利化措施，在沿海各口岸开展国际贸易“单一窗口”试点。（海关总署、税务总局、质检总局、商务部、财政部、交通运输部、外汇局负责）

七、切实改善融资服务。加大对有订单、有效益企业的融资支持。鼓励采取银团贷款、混合贷款、项目融资等方式支持企业开拓国际市场，开展国际产能合作，推动中国装备“走出去”。支持金融机构开展出口退税账户托管贷款等融资业务。鼓励商业银行按照风险可控、商业可持续原则开展出口信用保险保单融资业务。大力拓展外汇储备委托贷款平台业务，继续扩大外汇储备委托贷款规模和覆盖范围，进一步推进外汇储备多元化运用。在宏观和微观审慎管理框架下，稳步放宽境内企业人民币境外债务融资，进一步便利跨国企业开展人民币双向资金池业务。（人民银行、银监会、财政部、商务部、外汇局、进出口银行、中国出口信用保险公司负责）

各地区、各部门要进一步提高认识，更加重视外贸工作，加强组织领导，顾全大局，增强工作主动性、针对性和有效性。要深化与“一带一路”沿线国家的经贸合作，突出创新驱动，切实加大稳增长政策落实力度，共同推动对外贸易平稳健康发展。各地区要结合实际主动作为，多措并举，促进本地区对外贸易稳定增长和转型升级。各部门要根据本意见制订具体工作方案，并进一步在简化手续、减免收费等方面加力增效，用便利和稳定增长的进出口助力经济发展。商务部要加强指导、督促检查，确保各项政策措施落实到位。

国务院办公厅

2015 年 7 月 22 日

来自中央政府门户网站

【例文三】

国务院办公厅关于对全国第二次大督查发现的典型经验做法给予表扬的通报

国办发〔2015〕54 号

各省、自治区、直辖市人民政府，国务院各部委、各直属机构：

为推动党中央、国务院重大决策部署进一步落实并取得成效，2015 年 5 月下旬至 6 月中旬，国务院部署开展了对重大政策措施落实情况的第二次大督查。从督查情况看，各地区、各部门认真贯彻落实党中央、国务院重大决策部署，胸怀全局、主动作为、改革创新、不畏困难、讲求实效，围绕稳增长、促改革、调结构、惠民生出新招、出实招、出硬招，不断推动各项重点工作取得积极进展，在工作实践中创造出一些好经验、好做法。

为进一步调动各方面的积极性、主动性和创造性，总结经验，宣传典型，扎实推进各项重大政策措施落地生效，经国务院同意，对天津市推动重大项目开工建设等 20 项地方工作典型经验做法和发展改革委加强宏观政策统筹协调等 16 项部门工作典型经验做法予以通报表扬，供各省（区、市）和国务院各部门学习借鉴。希望受到表扬的地区和部门珍惜荣誉，再接再厉。

各地区、各部门要按照党中央、国务院的总体部署，主动适应和引领经济发展新常态，坚持稳中求进工作总基调，振奋精神，奋发有为，勇于担当，攻坚克难，学习借鉴典型经验做法，创造性开展工作，进一步推动重大稳增长工程尽快实施、重大改革政策尽快落地、重大民生举措尽快见效，确保完成全年经济社会发展主要目标任务。

附件：1. 地方工作典型经验做法（共20项）

2. 部门工作典型经验做法（共16项）

国务院办公厅

2015年7月20日

☞来自中央人民政府门户网站

（收录本书时有删减，个别表述有调整）

【例文四】

国务院办公厅关于同意建立消费者权益保护工作部际联席会议制度的函

国办函〔2016〕73号

工商总局：

你局关于建立消费者权益保护工作部际联席会议制度的请示收悉。经国务院同意，现函复如下：

国务院同意建立由工商总局牵头的消费者权益保护工作部际联席会议制度。联席会议不刻制印章，不正式行文，请按照国务院有关文件精神认真组织开展工作。

附件：消费者权益保护工作部际联席会议制度

国务院办公厅

2016年8月8日

☞来自中央人民政府门户网站

第三章
事务文书

第一节　事务文书基础知识

一、概念

事务类文书是指行政机关、企事业单位、社会团体用来处理日常事务、总结经验、谋划事情、监督检查、沟通交流、指导工作等经常使用的一类应用文书。它不属于行政公文，也没有行政公文的效力，一些事务类文书要依靠行政公文这个载体来运行，如计划类、总结类事务文书等。

二、特点

（一）使用频率高

由于单位或组织日常运转的需要，加强管理的需要，事务类文书的使用频率很高。一般来说，年初要有计划，年末要有总结，中间的时段要有检查反馈，需要对工作任务的完成情况作一综合性的阶段性分析。此外，新情况新问题总会出现，需要去调查研究，从而采取有针对性的方法措施来应对；时代发展变化，有些规章制度需要补充完善，以适应新的形势。

（二）运转程序简便

为了方便管理，最有效地处理工作中的事情，事务类文书的运转程序较为简便。各单位部门一旦认为有拟写的必要，往往迅速成文，并立即传达给有关部门知晓了解。在程序上没有行政公文那样严格的一套手续，比较节约时间。

（三）写作较为灵活

在格式上，事务类文书往往按照约定俗成的格式来写，但有时也有些创新，只要这些创新能被大家所接受，时间长了，也就成了约定俗成的部分了。在语言上，它比行政公文要活泼些，遣词造句可以不必那么庄重严肃，这样读者对文章的内容更容易接受。其表达方式也多种多样，根据内容的需要，或议论，或抒情，以引起读者重视，利于工作的顺利开展。

三、作用

（一）承担基础管理的任务

事务类文书是任何单位或组织正常运转所不可或缺的，没有这些文书，管理会一片混乱，或者极其低效。比如规章制度，有了它们，工作人员按章办事即可；如果没有，那么各行其是，各说各的理，领导也无法应付。

（二）发挥高效管理的优势

事务类文书如果使用得当，工作人员尽职尽责，单位或组织的管理会非常和谐，非常高效。比如编制财经计划或报表，大家就可知道谁该做什么、做到什么程度；执行中有新的情况出现，如果工作人员尽职尽责的话，会主动收集异常信息，报告给有关领导，然后经过细致的调查与分析，对工作计划做相应的修正。

四、分类

事务类文书一般有计划、总结、调查报告、简报、会议记录和规章制度六种。事务类文书的具体类别很多，比如方案、细则、信息参考等，以上六种只是择其大要，把常见的罗列出来。能够把这些常见的文书运用得当，对单位或组织的正常运转就可以起到相当大的作用了。

第二节 计划

一、计划的概念、作用及特点、种类

（一）计划的概念

计划是党政机关、社会团体、企事业单位或个人对未来一定时期内工作、生产、学习等任务拟订出目标、内容、步骤、措施、时限等的一种文书。简言之，计划是对未来一定时期工作的安排和打算。

计划是个统称，常见的“安排”“打算”“规划”“设想”“意见”“要点”“方案”等都是对今后工作的部署和安排，它们均属于计划的范

畴。它们的区别主要体现在内容的详略和时限的长短上。大体说来，“安排”“打算”是时间短、内容具体并偏重于工作方法和步骤的计划；“规划”是提出个大轮廓，内容偏重于带全局性、长远性和方向性的计划；“设想”是初步的粗线条的且不太成熟的计划；“意见”是原则性较强、内容较完整的计划，往往含有解决好某个问题的指导思想、政策要求等，常在一个会议上或小组讨论时印发；“要点”是只列工作任务中主要方面的计划；“方案”则是对某项工作从目的要求、方式方法到具体步骤都做出全面部署安排的计划。

（二）计划的作用

“凡事预则立，不预则废。言前定则不跲，事前定则不困，行前定则不疚，道前定则不穷。”（《礼记·中庸》）这段话的意思是说：任何事情，预先做好了安排和打算，就容易成功，否则就容易失败。说话前先有准备，就不会理屈词穷站不住脚；做事先有准备，就不会遇到困难挫折；行事前先有定夺，就不会发生后悔的事；道理或政策等先有定则，就不至于行不通。俗话说：吃不穷，穿不穷，计算不到一世穷。意思是说，普通人日常生活也要有计划，才不至于受穷。事实上，计划在国家管理和我们的日常工作实践中发挥着重要的作用。

1. 明确目标。计划是把握工作目标，完成工作任务的保证。有了切实可行的计划，才能明确奋斗目标，避免或减少工作中的盲目性、被动性，做到心中有数，合理安排人力、物力、财力和时间，保证各项工作有条不紊地进行。

2. 提高效率。明确的计划，具体的措施，可行的目标，能够使各个岗位、各个环节上的人员统一认识、协同努力，保持清醒的头脑，步调一致，最大限度地提高工作效率。

3. 利于监督和检查。制订的计划报给上级，便于领导了解情况，督促检查工作，也为下级机关制订计划、安排工作提供依据，同时也有利于检查工作进展情况，掌握工作进度，及时发现问题、解决问题，避免造成实际损失。

总之，从宏观上看，计划对整个国家机器的运转和国民经济的管理有着十分重要的作用。从微观上说，各部门、各单位制订好切实可行的计划，是完成任务、做好工作的重要前提。

（三）计划的特点

1．目的性。计划是针对某种具体情况而制订的。在一定的时期内，要完成什么任务，取得怎样的效果，达到怎样的具体目的，这是计划的核心内容。如果没有这样一个明确的目的，计划也就不成为计划了。

2．预见性。由于计划是对未来一定时期的工作或任务的预想和安排，所以它所使用的材料和其基本内容所包含的要素，大多不是现成的，需要充分认识事物的发展前景，依据对客观实际情况的精确分析，要有科学的预见，使预想的目标实现。这种预见的能力，就是计划制订者对现实的掌握与分析能力，对未来的预测能力，对工作的综合分析与自己固有的科学思维能力。可以说，没有预见就没有计划。无论这种安排多么周密、多么具体，也是一种预想或期望。因此，我们说工作计划是带有很强的预见性的。

3．全面性。计划应遵循全面考虑、统筹兼顾、瞻前顾后、严谨周密的原则，以防止疏漏，尽量把一切可能出现的问题都考虑在内。

4．可行性。再好的计划也要付诸实施，计划的各项指标、措施、办法等都必须符合实际、切实可行，才能有效指导工作。目标定得过高，无法实现和完成；定得过低，又无法起到指导和激励作用。达不到的目标、行不通的计划是一纸空文。没有可行性，就不能称为计划。

5．约束性。计划体现着制订者的要求和意图，一旦通过和下达，就具有一定的规定性和指导性，就会对实践起到一种控制和约束作用，必须严格遵照执行。制订计划，是为了克服工作中的盲目性、无序性，使得工作可以循序渐进地展开。

（四）计划的种类

计划的种类有多种划分方法，常见的分类方法有以下几种：

1．按性质分，有综合性计划、专题性计划等。

2．按内容分，有国民经济计划、社会发展计划、工作计划、学习计划、财务计划、科研计划等。

3．按形式分，有条文式计划、表格式计划、条文表格结合式计划。

4．按时间分，有长期计划、中期计划、短期计划、年度计划、季度计划、月份计划。

5．按范围分，有国家计划、地区计划、部门计划、单位计划、个人计划。

6. 按重要性分，有普通计划、文件计划。

7. 按作用分，有指令性计划、指导性计划。

8. 按名称分，有规划、计划、方案、要点、安排、设想、打算、意见等。

具体到财经部门来说，主要是财务计划。财务计划是规定一定时期内生产经营所需要的资金及其来源、财务收入和支出、财务成果及其分配的计划。工业企业财务计划通常包括流动资金计划、利润计划、固定资产折旧计划和财务收支计划总表等；商业企业的财务计划通常包括流动资金计划、商品流通费计划和利润计划等。这些计划都要根据上级下达的财务指标和本单位的其他计划、预算和定额资料，按年度编制。企业的财务计划，经逐级审核汇总，再编制公司、总公司、集团级的财务计划。

二、计划的基本写法及注意事项

（一）制订计划的方法步骤

1. 认真学习、研究上级的有关指示、方针、政策，“吃透”上级精神。

2. 根据上级指示精神和实际情况确定工作任务、工作方针、工作中心和重点，确定工作进程、步骤和措施，安排人力、物力和财力等。

3. 计划拟好以后，交有关部门乃至群众讨论。修改定稿后，有的还要报请上级主管部门或领导审批。

4. 在实施过程中，根据情况的不断变化及时加以修订或补充。

（二）计划的基本写法

计划的主要内容一般包括：目的要求（为什么做），任务和目标（做什么），实施的步骤和措施（怎么做），进度和时间安排（何时完成）。有时目的要求部分可以省略，其余三项内容一般称为计划的三要素。不同的计划类文书这三个要素的写作侧重点是不一样的，比如方案，就要重点写好“怎么做”这个部分。

计划的写作格式没有明文规定，常见的有条文式、表格式和条文表格结合式三种。无论采用什么格式，都必须由标题、正文和落款三部分组成。

1．标题。标题又叫计划名称。常见的标题写法有以下几种：

（1）四要素式。由单位名称、时限、计划内容、文种四部分组成，如《×县××××年养殖业发展计划》。这类标题主要用于阶段性工作计划。

（2）三要素式。由单位名称、计划内容、文种或者时限、计划内容、文种三部分组成，如《××××年植树造林计划》《××公司销售计划》。这类标题概括程度适中，比较常用。

（3）二要素式。由计划内容和文种组成，如《棉花收购计划》。这类标题多用于方面性工作计划。

有时标题后面要标明计划的成熟程度，一般写有“草案”“初稿”“征求意见稿”等字样，如《××市××局××××年工作计划（初稿）》。

标题的位置一般写在第二行中间，如果标题过长，可以写成两行或三行，但制作标题应尽量做到文字简洁、明确、概括性强，排列整齐且匀称。

2．正文。计划的正文应写明为什么订这份计划，要做些什么，为什么去做，怎样去做，什么时候由谁来完成等内容。要求具体明确，主次分明，条理清晰，言简意赅，便于执行。最基本的内容有以下几方面：

（1）说明基本情况和指导思想。这是计划的前言、计划的总纲，用以统率全文。多以一个自然段完成，旨在说明制订本计划的目的、动机、根据和原则等。有的计划，从工作的连续性出发，还要在这一部分进行上年或前段工作的回顾，为新的工作提供借鉴和基础。

“指导思想”部分写作的总体要求是：要与整个计划规模相适应，要简明、扼要，不能脱离实际地堆砌套话。如无必要，这一部分内容可以不写。表格式计划多省略这一部分。

（2）明确具体任务和要求。这部分是计划的核心内容，要写清楚做什么（任务），做多少（数量），做到什么时候（时限），达到什么程度（质量）。这既是计划产生的起点，又是计划实施的归宿。

这一部分要抓住工作重点，突出工作中心，任务要具体，要求要明确。如果计划完成的任务量大或属于综合性计划，这部分应分条列项地写，使之纲目清晰。

（3）提出方法和措施。要写明采取何种方法，利用哪些条件，有什么保证措施，如何协调配合、分工合作等内容，以达到明确责任的目的，避免工作中产生互相推诿扯皮的现象。方法和措施要具有科学性，便于操作。

这部分内容是实施计划的保证，解决一个“怎样做”的问题，在正文中占有极重要的位置。方法要科学，措施要合理，一定要充分考虑执行计划者的实际情况，把主观与客观充分地结合起来，这样写成的方法与措施才有利于完成任务和目标。

（4）安排步骤和进度。要写明实现计划分哪几个步骤、计划的进展程度及完成期限等内容，解决“何时做”的问题。每步的时间安排一定要合理，要根据任务的性质和大小以及执行者的具体情况等科学规划所用时间。有些计划也把步骤和进度、方法和措施穿插起来写，但一些长期规划，由于时间跨度大，预见性要求高，只能提出终极目标，分段目标及完成时间可以不写。

在具体写作时，我们可以分条目写，一事一条，也可以加小标题。在结构安排上，一般有两种方法：一种是按工作项目一一叙写，每一项都有具体的目的、要求、方法、步骤等。综合性工作计划常用此法。另一种是先写总的任务和要求，然后再写具体的方法、步骤、措施。这种写法多用于单项工作计划。

3. 署名。注明计划的制订者和制订时间，位置在正文末尾右下方。如果单位名称在标题中已经出现，结尾可不注明制订者名称，只写计划制订日期即可。

（三）计划写作的注意事项

计划是具有预想性的应用文。编制计划持科学态度，是预想能如期实现的保证。因此，写作时要注意以下几点：

1. 要有政策依据和全局观念。制订计划的目的，就是为了更好地把党和国家的路线、方针、政策与本单位的实际结合起来，使政策具体化。因此，制订计划时必须以党和国家的总任务、各项方针和政策以及本行业的具体方针和要求为依据，正确处理整体与局部的关系、长远和当前的关系、部门和部门的关系，一切从人民利益这个大局出发，不搞地方主义和本位主义。

2. 要实事求是，量力而行。计划虽然面对未来，但并非凭空想象，而是根植于现实，制订计划必须从实际出发，实事求是。要结合本地区、本部门、本单位的具体情况、特点和条件，依据政策精神，发挥自身优势，制订出符合实际、切实可行的计划。既不能凭主观意志，想当然地提措施、想办法，也不能不负责任地照抄、照搬、照转。不要搞高指标、假指标，要从实际出发，量力而行，计划订得既先进又留有余地，使群众经过努力有可能完成或超额完成任务；反之，如任务太满，指标太高，措施不当，群众经过努力仍完不成任务或达不到指标，就容易挫伤他们的积极性，计划也就成了一纸空文。

3. 要走群众路线，集思广益。制订计划要走群众路线、集思广益。常言说得好："三个臭皮匠，顶个诸葛亮。"

因为计划是要靠大家共同努力才能实现的，因此，必须深入调查研究，广泛征求群众意见，让群众出谋划策，让群众讨论研究。这样，既能统一群众思想，集中群众智慧，又能使群众了解计划的要求，明确奋斗目标，以主人翁的姿态投入工作，从而促进计划的实现。

4. 内容要具体，语言要简明。计划中的目的、任务、指标、措施、办法、步骤、负责单位等，一定要写得具体明确，责任分明，便于执行检查。切忌内容过分原则、笼统，语言含糊，职责不清，无法落实和检查。计划的内容，一般都分条列项来写，用平直的叙述、简洁的说明，朴素自然，一般不用描写和形容。如果内容复杂，每个问题可设小标题，这样比较醒目。

第三节　总结

一、总结的概念、特点、作用和种类

（一）总结的概念

单位或个人为了改进以后的工作，对前一阶段的工作、思想进行回顾、检查、分析、评价，从中找出经验和教训，把它条理化、系统化，得出一些规律性的认识，并写成书面材料，就叫总结，或叫总结报告。常见的"小结""体会""回顾""工作报告"等都属于总结类文书。

（二）总结的特点

1. 目的性。总结写给谁看，要达到什么目的，写作前必须有所考虑，写作中须时时明白，写完后要认真检查。总结的目的，从根本上讲，就是为了更好地认识自我、认识世界，同时解释自我和世界，进而改造自我和世界。实践中得出的经验和教训，一旦形成认识，上升到理论，都可以反过来指导实践，成为改造自我和世界的一面镜子。

2. 实践性。总结是在事情干完之后才写的，是为了让以后的事情干得更好或者不犯类似的错误，因而它必须如实地反映人的实践活动，决不能人为地夸大或者缩小事情的作用、程度和性质等。如人们事前如何筹划安排，事中如何调整行动，出现问题如何解决，完成的效果怎样，各种人物在具体工作中发挥的重要作用等。通过对实践活动的总结，深刻认识客观规律，达到“有所发现，有所发明，有所创造，有所前进”的目的，使其更好地指导实践。

3. 业务性。总结是各行各业或个人都要经常使用的文种。其业务性、技术性因行业不同而各有特点，因而写作时要有强烈的业务意识。有的总结是向上级汇报的，有的总结除汇报外还有请示作用，有的是向大会报告的，有的是总结经验进行推广的等。由于出发点不同，总结的业务性和技术性特色就会因文而异，各有侧重。如推广经验，只要抓住如何利用人、财、物等因素使事情得以顺利解决即可；如汇报解决“老大难”问题，就应该先提出问题，后说做法，再谈解决问题的范围和程度等，最后分析经验教训。

4. 理论性。总结要回答的问题，不仅是说出“做了什么”和“做得怎样”，还要回答“为什么会这样”。写总结既要实事求是，又要对事实进行深入分析，从中寻找规律性的东西，从而实现由物质到精神、从感性到理性的飞跃。所以，总结既要反映实践，又要高于实践，进而指导实践，这样才能达到总结的目的。

（三）总结的作用

1. 提高认识，寻找规律。对以往的实践进行回顾，对主客观因素做出认真而确切的分析，把正反两方面的经验条理化，找出规律，才能更好地指导今后的实践。

2. 提供情况，提高领导水平，便于改进工作。总结能使人们互相交流信息，互相了解，互相学习。领导部门通过总结可以了解一些本地区、本部门、本单位的实情，便于指导工作。作为下级部门要如实、及时反映情况，以便上级部门掌握和推广带有针对性的总结经验，用“点”上的经验来指导“面”上的工作。

3. 改进工作作风，提高管理素质。要写出像样的总结，必须深入实际，进行调查研究，掌握大量材料和数据。只听汇报，是写不出有价值的总结的。通过总结，可以克服官僚主义的陋习，改进干部的工作作风，增强干部分析问题和解决问题的能力，提高干部的管理素质。

（四）总结的种类

1. 按性质分，有工作总结、学习总结、思想总结、会议总结等。

2. 按内容分，有综合性总结、专题性总结。

3. 按范围分，有国家总结、地区总结、单位总结、部门总结、个人总结等。

4. 按时间分，有年度总结、半年总结、季度总结、阶段总结、月份总结等。

5. 按功能分，有经验性总结、汇报性总结等。

情况比较简单，实践的时间较短或对象范围较小的总结，也叫“小结”。

上面是从不同角度对总结进行分类。但实际上，从写作的目的、要求、内容来看，不外乎是综合性总结和专题性总结两大类。它们往往能同时反映总结的性质、范围、时间。

1. 综合性总结。在一定时期内，对本单位、本部门或个人的工作进行全面系统的总结，叫综合性总结。它常用于年终或工作进行到某一阶段，向上级或向群众作总结报告，如政府工作报告，单位的年度总结、阶段性总结等。这类总结涉及面较广，主要讲明工作全貌，内容要全面详细，重点是讲成绩和经验，也要指出缺点和教训及今后的努力方向。写作时详略要得当，切忌堆积素材，不谈认识。从功能上说，综合性总结多数属于汇报性总结。

2. 专题性总结。对某项工作或某一方面的专门问题进行重点的、深刻的单项总结，叫专题性总结。这类总结常常是不定期的。由于它往往偏重于总结正面的成功经验，故又称经验总结。但也有少数是总结失误和教训的。不论是正面的还是反面的，这类总结都能对我们的工作起到很大的促进作用。聪明的人都善于及时进行这类总结。“吾日三省吾身”“吃一堑长一智”等说的就是这个道理。写作时内容要集中，突出特色，切忌泛泛而谈。这类总结对实践具有很强的指导意义。

二、总结的基本写法与格式

总结的写作内容主要有：成绩与收获、经验与体会（包括正面的经验、反面的教训）、缺点和问题及改进意见、努力方向等。其中，“成绩与收获”是总结的主体，所占篇幅较大；“经验体会”是总结的核心，对于指导今后的工作具有非常重要的作用。正确的认识才会得出有益的经验，认识是总结的灵魂。

总结的具体写法没有一个固定的格式，怎样能够准确、鲜明、生动、深刻地把工作中的主要经验反映出来，找出规律性的东西来，就怎样写。要因事制宜，根据读者或听众的不同，写出特色。总结是一个非常传统的重要的事务性应用文，长期以来，形成了一些写作上的约定俗成的东西。总结一般由标题、正文、落款三部分组成。

（一）标题

标题即总结的名称。要根据总结的内容、时限等因素来拟定。通常有三种写法：

1. 公文式写法，如《大华公司 2012 年度财务工作总结》。

2. 论文式写法，如《强化财务管理要从基层抓起》。

3. 混合式写法，如《有特色才能有成色——大华公司 2012 年度财务工作总结》。

（二）正文

1. 前言。这是总结的开头部分。概述基本情况，把总结的对象、时间、背景、过程、中心内容和效果简要地介绍一下，必要时，把总结的目的讲一下，使读者有个概括的了解。

2. 主体。这部分是总结的主要内容，着重写成绩、经验、体会和做法。这是总结的目的所在。

成绩可以分为几点或几个方面来写，配以具体的材料和必要的统计数据。通过材料和数据来说明问题，增强说服力，找出规律，指出其意义和产生的效果。

有时为了阐述清楚，便于阅读理解，可把内容分成几个部分来写，每个部分都另加列一个小标题。

3. 结尾。主要写存在的问题和今后的改进意见及打算。综合性总结写得较详细，有的专题性总结就省去了这部分，即使有，也是一笔带过，最后以谦语作结。总之，这部分要写得简短、自然、有力。

（三）落款

落款即署名和日期。总结如是以单位名义写的，署名可在标题下面，也可在文尾。标题上如已出现单位名称，可不必署名。如是以个人名义写的，署名应在标题下面，不要写在文尾。正式向上级呈报或下发的总结，署名和日期应放在文尾，并按公文的格式处理。单位的总结还须加盖公章。

三、总结的写作要求

（一）认真搜集和筛选材料，确定观点，做到观点和材料统一

掌握丰富的材料是写好总结的基础，是形成正确观点的前提，这就要靠平时注意搜集和积累，反复了解和详细询问实际情况。总结是一种在特定材料基础上形成观点的文章，观点统帅材料，用材料印证观点。

（二）深入生活，实事求是

这是总结的特点所要求的。一切从实际出发，正确反映客观事物的本来面目，亲自参与实践，不能满足于他人的汇报和书面材料的介绍，要从实践中找出规律性的东西来。

（三）注意文风，语言要力求准确、简明、朴实

语言不要过度修饰，更不要使用夸张、描绘、比喻等方法，应熟练掌握和运用经济术语，数据要准确可靠。

（四）要注意点面结合

既要有面上的材料，又要有点上的材料，注意点面结合。面上的材料具有概括性，反映的是事物的全貌；点上的材料生动具体，用来充实、印证面上的情况，增强说服力。

总之，总结要做到：说明情况，谈出体会，提炼观点，摆出道理。

第四节　调查报告

一、概述

调查报告是某种客观事物经调查研究后写出的系统反映事物成因的文书。

各行各业都可使用调查报告这种应用文。这里主要指作为机关事业单位的公文的调查报告。

我们要从三个方面理解调查报告的含义：

第一，要广泛深入调查。

第二，分析研究调查得来的材料和数据。

第三，写明事物成因。

除此之外，我们还要了解调查报告的发文背景。为什么需要调查？调查的对象是什么？

在实际工作中，会出现各种各样的问题、情况，只要具有指导工作的意义或解决问题的必要，都可以写调查报告。

机关单位的调查报告，主要是社情调查，这类调查报告一般递交上级机关，以供上级机关作决策时参考；也可是推广典型经验，以便更好地贯彻执行有关政策；有时也可揭示真相，纠正错误，起宣传教育作用。

二、特点

（一）写实性

调查报告写作的重要原则是按照材料的客观性标准，用客观冷静的语言实事求是地反映某一客观事物的真实面貌，不能以偏概全。

（二）针对性

调查报告一般都是针对某一客观事物或现象而写作的，其主要任务是为了找出对象成因，把多方面成因写清楚。

（三）夹叙夹议

调查报告要以叙为主。调查报告离不开确凿的事实，但由此得出什么结论，又往往需要一定的议论，将准确的数据和材料进行严密的论证。

三、类型

（一）社情民意调查报告

这是针对各种社会情况所写的调查报告，如衣食住行、教育经济、法制健康、社会风气、灾害灾情、农林科技等社会生活方方面面的基本情况。这类调查报告有助于国家有关部门深入了解社情民意，更好地把握社会发展动态，为制定相关政策或引导民情民意提供第一手真实材料。

（二）典型经验调查报告

在执行国家有关政策中，有些单位会取得一些先进的工作经验。这类调查报告要着重指出它的先进性和经验性，为国家有关部门贯彻执行有关政策提供成功案例，从而更好地指导工作。

（三）揭露真相的调查报告

这是针对某方面存在的问题展开调查，以揭示事件的深层原因。这种调查报告的目的在于揭露和批判错谬，还原真相，从而使矛盾化解，促使问题的解决。

（四）反映新生事物的调查报告

在现实生活中，新生事物总是不断涌现的。反映新生事物的调查报告，就是全面报道某一新生事物的背景、情况和特点，分析它的性质和意义，指出它的发展规律和前景。

四、写法

（一）标题

1．调查对象加文种，如《关于哈尔滨市家电市场的调查报告》。

2．调查机关加调查对象加文种，如《×市纪检部门关于××严重违反财经纪律的调查报告》。

3．正副标题式。有的调查报告还采用正、副标题形式，一般正标题表达调查的主题，副标题则具体表明调查的单位和问题，如《消费者眼中的〈海峡都市报〉——〈海峡都市报〉读者群研究报告》。

（二）正文

1．调查背景介绍。调查报告的基本要素包括调查单位、时间、地点、对象、范围、方法。

2. 调查情况叙述。采用条款式将所调查情况分成几个方面一一叙述，这样条理清楚，层次分明，概括力强。

3. 调查研究结论。有的调查报告只叙述事实，不下结论，但大多数调查报告结尾需要写出解决方法的建议或结论。

第五节　简报

一、简报的概念

简报是党政机关、社会团体、企事业单位用来反映情况，交流经验，解决问题，传播信息的一种简短灵活的书面文字材料。

简报是一个统称，在实际工作中，各单位发出或收到的简报多种多样，如“工作简报”“情况反映”“内部参考”“思想动态”等。它一般只在各单位、各部门、各系统内部进行交流，不能像新闻那样公开发表。它和报告有相似之处，但不具备公文的权威约束力。

二、简报的种类

（一）按时间划分，有定期和不定期简报

（二）按内容和写作形式划分，有综合简报和专题简报

1. 综合简报。综合简报多为常年定期编发，用来反映单位、部门、地区的工作情况和生产情况。综合简报涉及面广，内容多，所刊载的文章形式多种多样，有情况反映、经验介绍，也有标题新闻等。

2. 专题简报。专题简报是在一段时期中为配合某项重要工作而专门编发的简报。它一般是不定期的，可以一事一报，也可围绕一个专题发数篇文章，如金融简报、数学简报等。当然，专题简报只是相对综合简报而言，有时对于整个部门来说是专题简报，但对下级机关却是综合简报。

（三）按性质和作用划分，有动态简报、工作简报和会议简报

1. 动态简报。动态简报是简明扼要地反映新情况、新动态的简报，其内容新、时效性强。它属于一种阶段性的简报。

2. 工作简报。工作简报也称业务简报，用来反映本地区、本系统、

本单位有关工作经验、问题或某些特殊情况，供上级和其他部门了解和参考；传达上级领导部门对形势的分析和部署，以推动下面的工作。它是一种经常性的、不定期编发的长期性简报。

3. 会议简报。会议简报是在某一会议召开期间，为交流代表观点、反映会议动态而编写的简报。它的主要内容包括会议的筹备经过、中心议题的讨论情况、会议的动态和决定等。会议简报能使广大与会者掌握会议情况。它是一种临时性的简报。

三、简报的特点

（一）快

简报类似新闻中的简讯。作为一种信息反映，简报能否起到它应有的作用，其编发的速度至关重要。作为一种内部新闻，有强烈的时间性，要求及时组织材料、编发反映工作中的新动向，使有关人员及时掌握信息，有利于决策。这就要求简报应敏锐地发现问题，迅速及时地反映情况、传递信息。

（二）准

简报着重准确无误地报道新近发生的有意义的事实，这就要求简报在内容上要真实，选择和提炼主题要准确、客观。

（三）新

简报的内容应有新意，善于捕捉工作、社会生活中的新情况，能反映新问题、新经验，能给人以启发、借鉴，使简报有更强的指导性和交流性。

（四）短

简报是简明扼要的情况报道，题材单一，内容集中，只需用简洁的语言把情况表达清楚。所以，简报在形式上要求篇幅短小，语言简洁。尽可能一事一议，少做综合报道。

四、简报的作用

简报是宣传党的路线、方针、政策的重要形式。在实际工作中，它不但是单位之间、机关内部互相交流经验、通报信息的工具，也是各部门使用起来得心应手的宣传媒介。简报中反映的重要情况可为领导机关制定有关政策、办法、规定提供参考和依据。其具体作用是：

（一）在本单位、本部门和本系统内部各单位之间互通信息、交流情况

作为一种内部刊物，各系统的简报具有沟通信息、互相启示的作用。同时，内容公开的简报还可以抄送有关新闻单位，直接作为消息或通讯刊载于报刊。新闻工作者可以从简报上发现线索，然后进一步采访，充实内容，从而写成新闻稿件。

（二）为领导机关掌握情况、制定政策提供依据

简报主要用于下级机关向上级机关反映情况。领导机关可以及时了解、掌握下级单位的情况，从中发现典型经验或倾向性的问题，及时了解下级机关的各种工作动态和信息，便于制定相应的对策推动工作的展开。

（三）对下级机关的工作具有指导作用

领导机关发至下级单位的简报，可以传达、解释上级所下发文件的精神，指导下级工作；可以在简报上直接提出意见和要求，供下级参照执行。简报对下级机关的实际工作具有指导作用。

五、简报的写法

在长期的实践中，简报形成了比较固定的编写格式，一份完整的简报一般包括报头、正文和报尾三个部分。

（一）报头

报头的位置在首页上方，约占全页的三分之一，下面常用一条横线与报体隔开。它包括五项内容：简报名称、简报期号、编发单位、印发日期和编号。

1. 简报名称。每个简报都有一个固定的名称，如“××动态”“××简报”等，用醒目大字排写在报头中央位置。

2. 简报期号。一般写在简报名称的正下方，居中排列。简报期号按顺序排列，如“第×期”。连续发行的简报还要注明期数，总期数用圆括号括入。若是增刊或专刊，则在期号下写“增刊”或“××专刊”。

3. 编发单位。在期号下左侧的横线上写上编发单位名称，用全称。

4. 印发日期。右侧是印发日期，与编发单位齐行，要注意写完整的年、月、日。

5. 编号。写在简报名称的右上角。

（二）报体

报体是简报的核心部分，综合简报由同类型的多篇文章组成。专题简报由一篇文章组成。报体之后，再用一条横线与报尾隔开。报体一般由按语、标题、正文、供稿者名称四部分组成。无按语和供稿者的，只写标题和正文两部分。

1. 按语。重要简报或转发的简报应写按语，即编者按，它的位置一般在标题的上方。按语一般是根据领导意图，对于本期简报所反映或提出的问题发表倾向性意见，交代工作任务来源，本期重点稿件的意义和价值等，以引起读者的重视。有多篇报道的简报，编排目录无须编序码和页码，只需将编者按、各篇报道的标题排列出来即可。为避免混淆，可以在每项前加一个五星标记。

（1）从内容和作用上看，按语一般分为以下几种：

①说明性按语。一般用来说明材料来源和编发原因，或特别说明何人提出要发和发至什么范围，有时也提供有关背景，以帮助读者理解。

②提示性按语。一般放在内容重要、篇幅较长的稿件前边，指出文章的重点，以帮助读者提纲挈领地抓住文章中心，领会精神。

③批示性按语。即要求性按语，主要写在具有典型意义或指导作用的稿件前边。一般要申明意义，表明态度，并对下级提出要求或提供办法。

（2）按语有其独特的作用，起草时要求做到：

①充分了解全局工作，做到心中有数，有的放矢。

②准确体现简报正文的精神，以便读者把握、理解简报的主旨。

③语言准确，多用商量、探讨和期望的语气。

2. 标题。简报的标题灵活多样，力求做到生动、形象、简明和醒目，并能揭示主题。简报的标题一般居中排列，较长者可分两行书写，分为单标题和双标题两种。单标题一般运用精粹的语言高度概括简报的基本内容，或者以提问的形式点出简报中最吸引读者的问题，或者以比喻、拟人手法形象地表述简报的主要观点。双标题一般以正标题概括简报的主题和主要事实，以副标题补充说明正标题的内容，副标题写在正标题的下方。有时还用引题，引题写在正标题的上方，主要用于交代背景、说明形势和引出主题。

3. 正文。正文可分为前言、主体和结尾三部分。

(1) 前言。相当于消息的导语，是指简报开头的一段话，说明全文的主题和主要内容，给读者一个总的印象，明确简报内容涉及的何人、何事、何时、何地以及原因和结果等。有结论式开头、概述式开头、提问式开头和对比式开头等多种写法。无论哪一种写法都要求言简意赅，语言准确。也有一些简报没有前言。

(2) 主体。主体是简报的核心部分，对前言中提到的主要事实加以具体阐述，用典型的材料说明观点。主体的写法没有固定的格式，可以按时间顺序安排，也可以按事件的逻辑顺序安排。无论哪一种结构方式，都应力求做到内容具体，材料翔实，结构严谨，层次分明。

(3) 结尾。结尾可根据简报所选的角度和所反映的内容灵活运用。若主体部分已经把事情讲完，意思表达清楚，一般可以不要结尾。内容复杂的简报一般用一句话或一小段文字，或照应全文，强调主题；或指明事情的发展趋势，明确方向；或言尽意远，发人深省。

(三) 报尾

报尾在简报的最后一页的下部，用间隔线与报体隔开。通常在横线下左边写明发送范围，包括报什么机关、送什么机关、发什么单位，在平行的右侧写明印刷份数，以备将来查考。

六、简报的写作要求

(一) 材料典型，真实可靠

从大量材料中选择内容新颖、意义重大或具有普遍意义的材料，并认真地核实、查对，文中所涉及的人名、时间、地点、事件和数据都要准确、真实和可靠。

(二) 文思敏捷，编发及时

简报在机关的各种文书中以“新”“快”著称，它能迅速及时地把有价值的信息反映出来。所以，撰写者必须善于捕捉未发生过的或带有倾向性的苗头和问题，及时反映，迅速印发，既能保证信息内容的“新”，又能保证信息传递的“快”，使领导及时掌握新情况、处理新问题。

(三) 内容简短，语言简练

简报即简要报道，“简”是其主要特点，因而写作时要简洁明了，以尽量少的文字说明尽可能多的问题。

第六节 会议记录

一、会议记录的概念及种类

（一）会议记录的概念

会议记录是实录会议情况和信息的书面材料。“记”有详记与略记之别。略记是记会议大要，会议上的重要或主要言论。详记则要求记录的项目必须完备，记录的言论必须详细完整。若需要留下包括上述内容的会议记录则要靠“录”。“录”有笔录、音录和影像录几种。对会议记录而言，音录、影像录通常只是手段，最终还要将录下的内容还原成文字。笔录也常常要借助音录、像录，以便最大限度地再现会议情境。正式的会议记录要存档备案，作为文献资料供日后参考使用。

（二）会议记录的种类

按照会议性质来分，会议记录大致有办公会议记录、专题会议记录、联席（协调）会议记录、座谈会议记录等。

二、会议记录的特点

（一）同步性

从会议记录的过程看，大多数会议记录是由记录员随开会过程作同步记录。

（二）综合性

会议记录是在对会议中各种材料、与会人员的发言以及会议简报等进行综合分析和概括提炼的基础上形成的，它具有整理和提要的基本特点。

（三）实录性

会议记录要坚持“怎么讲就怎么记”的原则，不允许在记录中加入记录者个人的观点或倾向，更不能随意删改发言者的言论。为保证记录的实录性，要力求把谈话记准确、记完整，听不清或有疑问处应及时核准。

（四）指导性

这一特性包含两层含义：一是会议本身的权威性，二是会议记录集中反映了会议的主要精神和决定事项。所以，会议记录一经下发，将对有关单位和人员产生约束力，起到类似于指示、决定或决议等指挥性公文的作用。会议记录还可以作为与会同志向单位领导汇报、向群众传达的文字依据。

（五）备考性

一些会议记录主要不是为了贯彻执行，而是向上汇报或向下通报情况，必要时可以查阅。

三、会议记录的写法

（一）标题

由开会单位、会议名称（或会议内容）和记录三部分组成，如《××公司产品营销会议记录》《××公司第八次股东大会会议记录》。

（二）正文

1. 会议组织情况。其内容及要求如下：

（1）准确写明会议名称（要写全称）、开会时间、会议地点、会议性质等。

（2）详细记下会议主持人、出席会议应到和实到人数、缺席或迟到或早退人数及其姓名和职务、记录者姓名。如果是群众性大会，只要记录参加的对象和总人数，以及出席会议的较重要的领导成员即可。如果是某些重要的会议，出席对象来自不同单位，应设置签名簿，请出席者签署姓名、单位和职务等。

2. 会议进行情况。会议进行情况是会议记录的主体，包括主持人的开场白、大会主题报告、讨论发言、决议四项内容。要按会议的进程或顺序记录会议情况。先写报告人和发言人的姓名，然后再记录发言内容。会议记录方法可分为摘要记录和详细记录两种。

（1）摘要记录是抓住重点、摘录要义，如发言要点、结论、会议通过的决议等。要求记录人员在记录时必须迅速进行分析、概括，抓住重点，既要准确表达发言者的中心意思，又要做到简明扼要。日常性的工作会议多采用摘要记录。

（2）按会议进程详细完整地记录会上的发言、不同意见、争论和会议决议。有录音机的，可先录音，会后再整理出全文；没有录音条件时，应由速记人员记录；没有速记人员，可以多配几个记得快的人记录，以便会后互相校对补充。重要会议多采用详细记录。

会议记录的尾部单列一行，写“散会”。

有些会议记录需当场由发言人和会议主持人审阅、签名。有些会议记录则在会后整理后，再送发言人和会议主持人审阅、签名。

四、会议记录的写作要求

（一）真实准确

要如实地记录别人的发言，不论是详细记录，还是概要记录，都必须忠实原意，不得添加记录者的观点、主张，不得断章取义，尤其是会议决定之类的东西，更不能有丝毫出入。真实准确的要求具体包括：不添加，不遗漏，依实而记；书写要清楚，记录要有条理、突出重点。

（二）要点不漏

记录的详细与简略，要根据情况而定。一般来说，决议、建议、问题和发言人的观点、论据材料等要记得具体、详细；一般情况的说明，可抓住要点，略记大概意思。

（三）始终如一

始终如一是记录者应有的态度。这是指记录人从会议开始到会议结束都要认真负责地记到底。

（四）注意格式

会议记录的格式并不复杂，一般包括会议名称、会议基本情况和会议内容。会议基本情况包括：时间、地点、出席人数、主持人、缺席人、记录人。会议内容，这是会议记录的主要部分，包括发言、报告、传达人、建议、决议等。

凡是发言都要把发言人的名字写在前。一定要先发言记录于前，后发言记录于后。记录发言时要掌握发言的质量，重点要详细，重复的可略记，但如果是决议、建议、问题或发言人的新观点要记得具体详细。

第七节 规章制度

一、概述

法规文书是指章程、条例、规定、办法、细则这些补充法律的文件，也称规章制度。

我国法律文件的条文比较抽象，很难具体执行，为了便于实施，补充法律的不足，就需要细化。这就需要有条例或规定。如果条例或规定还不具体，就需要办法、细则。简单来说，法规文书就是补充法律的规章制度。

法规文书的适用范围广泛，各级政府、各部门、各单位都可以制定相应的法规文书。但是从实施性文件的角度看，法规文书有上位法和下位法之说。按照下位法必须符合上位法的原则，要坚持法制统一的原则，切实解决规章中存在的明显不适应、不一致、不协调的突出问题，特别是规章中存在的与上位法不一致的问题。

法规文书中有时会出现“暂行”“补充”类的文件。“暂行”指制定的文件还不成熟，在实施过程中有待修改完善；“补充”指原有文件条文尚有欠缺，需要再起草文件完善其内容。

二、特点

（一）执行性

法规文书是为了补充法律条文，用于规范政府和社会行为的，一旦制定实施，社会或各有关部门必须严格执行，具有很强的约束性和强制性。

（二）操作性

法规文书是对现有法律条文的细化，具有很强的操作性，对相应法律条文的解释和做法更详细周到。

（三）法定性

无论哪级政府机关或部门制定的法规文书，都必须在自己的职权范围内制发，而且必须通过一定的法定程序，具有法律授权的性质。

三、类型

法规文书都是规范性文书，按不同的标准，有不同的分类方法。

（一）从管理范围划分

1. 行政法规。即适用于全社会管理的法规文书，通常以命令的形式发布，它的发布权限有限。如温家宝总理签署的《国务院关于修改〈机动车交通事故责任强制保险条例〉的决定》，以中华人民共和国国务院第618号令的形式发布。

2. 部门规章。即适用于机关或部门管理的法规文书，通常又称部门规章，一般以通知的形式发布，它的发布权限较宽泛。如中国注册会计师协会的《会计师事务所综合评价办法（修订）》（会协〔2012〕132号）一文，以发布性通知的形式制发，即《关于发布〈会计师事务所综合评价办法（修订）〉的通知》。

（二）从性质内容划分

1. 章程。章程是党政机关、社会团体或有关组织用于说明组织规程和行为准则的文书。章程具有组织原则和行为规范的性质，用于规范本组织或本团体人员的行为，需由本组织代表大会讨论通过方能实施。章程在社会生活中运用广泛，如《中国工会章程》。

2. 条例。条例是由国家机关制定或批准，规定某一事项的带有法规性质的文书，是从属于法律的文书，具有法律条文和党政公文的双重性质，用于规定长期实行的准则和要求，如国务院制定的《中华人民共和国政府信息公开条例》。

3. 规定。规定是规范性公文中使用范围最广、使用频率最高的文种。它是领导机关或职能部门对特定范围内的工作和事务制定相应措施，要求所属部门和下级机关贯彻执行的法规性公文。规定是政策性的体现，具有较强的约束力，而且内容细致，可操作性较强。如《普通高等学校学生管理规定》，这是一种预先制定规则，以作为行为标准的文书。

4. 办法。办法是国家行政主管部门对贯彻执行某一法令、条例或进行某项工作的方法、步骤、措施等，提出具体规定的法规性公文。办法的法规约束性侧重于行政约束力，办法的条款具体、完整，不能抽象笼统，如《国家行政机关公文处理办法》。

5. 细则。细则是主体法律、法规、规章的从属性文件，它对法令、条例、规定或其部分条文进行解释和说明。制定细则的目的是为了补充法律、法规等操作性的不足，以利于贯彻执行，如《节能产品惠民工程高效节能电动洗衣机推广实施细则》。

四、写作

（一）标题

法规文书标题与行政公文标题的不同之处在于，一般不用“关于”两个字。

法规文书标题的写法有两种：

1. 制定机关、法规事由、文种，如《广州市外商投诉受理办法》

2. 法规事由、文种，如《城市居民最低生活保障条例》。

法规文书的成文时间一般放在标题下加圆括号标注，如有必要还要写上受权依据。

（二）正文

正文分为总则、分则、附则三个部分，每部分采用分章式或分条式的结构。

1. 总则：这部分内容是发文的目的、意义、依据、性质、原则、施行机关。

2. 分则：这部分内容是各相关事项，具体的内容规定。

3. 附则：这部分内容是适用范围、解释事项、施行时间。

要注意的是，法规文书的条数排列是顺次排列，条数一贯到底。

思考与练习

1. 事务类文书的概念是什么？它有什么作用？

2. 试就你的某一门专业课程的学习情况做一总结。

3. 调查报告与公文中的情况报告有何区别？

4. 简报的作用有哪些？编写简报的基本要求有哪些？

5. 尝试根据班级情况编写班级活动简报。

6. 什么是法规文书？它的主要作用是什么？

7. 章程与条例、规定、办法、细则有何不同？

8. 法规文书的篇章结构有什么特点？

相关链接

简报格式

×　×　简　报

（第××期）

×××编　　　　　　　　××××年××月××日

【编者按】×××××××××××××××××××××××××××××××××××××。

标题

正文

（供稿者）

抄送：

（共印×份）

会议记录和纪要的区别

一、性质不同

会议记录是讨论发言的实录，属事务文书。纪要只记要点，是法定行政公文。

二、功能不同

会议记录一般不公开，无须传达或传阅，只作资料存档；纪要通常要在一定范围内传达或传阅，要求贯彻执行。

三、载体样式不同

纪要作为一种法定行政公文，其载体为文件，享有《党政机关公文处理工作条例》所赋予的法定效力。会议记录的载体是会议记录簿。

四、称谓用语不同

纪要通常采用第三人称的写法，以介绍和叙述情况为主。会议记录中，发言者怎么说的就怎么记，会议怎么定的就怎么写，贵在“原汤原汁”不走样。

五、适用对象不同

作为公文的纪要，具有传达告知功能，因而有明确的读者对象和适用范围。作为历史资料的会议记录，不允许公开发布，只是有条件地供需要查阅者查阅、利用。

六、分类方法不同

纪要种类很多。按其内容，可分为决议性纪要、意见性纪要、情况性纪要、消息性纪要等；按会议的性质，可分为常委会议纪要、办公会议纪要、例会纪要、工作会议纪要、讨论会纪要等。而会议记录通常只是按照会议名称来分类，往往以会议召开的时间顺序编号存档。对纪要进行分类，有助于撰写者把握文体特点，突出内容重点，找准写作角度；对会议记录进行分类则主要是档案管理的需要。

【例文一】

2015年财政计划及重点工作

一、2015年财政预算安排

2015年财政预算安排的指导思想是：认真贯彻十八届三中、四中全会、中央经济工作会和省委十二届六次全会精神，牢牢把握稳中求进、改革创新的要求，落实积极的财政政策，深化财税体制改革，改进预算管理，构建全面规范、公开透明的预算制度；合理安排收入增长，提高财政收入质量；调整优化支出结构，创新财政投入方式；加强政府财力统筹，坚持民生优先、重点项目优先，保证中央和省委省政府确定的重大政策落实的资金需要，促进全省经济社会平稳较快发展。

（一）全省一般公共预算安排

按照上述指导思想，根据2015年全省国民经济和社会发展计划以及财政收支形势，剔除"营改增"等政策性减收，以及上年矿权收入等一次性不可比因素后，2015年全省地方财政收入按预期增长12%安排。加上按照财政部规定，纳入一般公共预算管理的地方教育附加、文化事业建设费、残疾人就业保障金、从地方土地出让收益计提的农田水利建设和教育资金、育林基金、森林植被恢复费、水利建设基金、船舶港务费等9项政府性基金收入，2015年全省地方一般公共财政预算收入预期目标为2 055.1亿元。

按照分税制财政体制，2015年，全省地方财政收入2 055.1亿元，加上中央对我省的各项补助1 443.6亿元，动用预算稳定调节基金87亿元及调入资金2.7亿元，全省财政收入总计3 588.4亿元。减去上解中央支出7.4亿元，全省公共财政支出预算为3 581亿元。剔除中央提前通知专款补助等不可比因素后，比上年预算增长7.1%。

（二）省本级一般公共预算安排

2015年，省级地方财政收入剔除"营改增"等政策性减收，以及上年矿权收入等一次性不可比因素后，按预期增长11%安排。加上纳入一般公共预算管理的地方教育附加、文化事业建设费、残疾人就业保障金、育林基金、森林植被恢复费、水利建设基金等6项政府性基金收入，2015年省级地方一般公共财政预算收入预期目标为590.3亿元。

省本级地方一般公共预算收入项目安排是：税收收入433.9亿元，比上年增长8.1%。其中，增值税177.6亿元，增长117.2%；营业税80.6亿元，下降52.8%，主要是随着“营改增”的全面实施，增值税增加较多，营业税相应下降；企业所得税80.8亿元，增长4%；个人所得税24.7亿元，增长6%；资源税43.3亿元，增长70.7%，主要是考虑了煤炭资源税从价计征改革因素。非税收入156.3亿元，增长42.2%。其中：专项收入75.9亿元，增长109.1%，主要是按中央规定，从2015年起将部分政府性基金收入纳入一般公共预算管理，增加了收入；行政事业性收费收入15.2亿元，下降34.3%，主要是2014年一次性缴入的耕地占用费较多，抬高了基数；国有资源有偿使用收入55.4亿元，增长31.4%。

2015年，省级一般公共预算收入590.3亿元，加上中央对我省的各项补助1 443.6亿元，市县上解等36.1亿元，动用预算稳定调节基金85.5亿元及调入资金2.2亿元，省级财政收入总计2 157.7亿元。省级可安排财力比2014年增加24亿元。

为保证落实中省各项民生政策和稳增长调结构支出需要，2015年，省财政从预算稳定调节基金调入85.5亿元，通过统筹地方政府债券、国有资本经营收益等筹集41.7亿元，共计筹措一次性资金127.2亿元。加上当年省级新增财力24亿元，2015年省级共新增安排资金151.2亿元，其中用于民生部分121.3亿元，占省级新增安排资金的80.2%。

2015年，省级财政收入总计2 157.7亿元，减去上解中央支出7.4亿元，省对市县各项补助1 257.4亿元，省级一般公共预算支出为892.9亿元。主要支出项目安排是：

教育支出105.4亿元，主要用于义务教育、普通高中、特殊教育、学前教育、高等教育生均经费补助，支持职业教育能力建设和质量提升，贫困生资助，研究生国家助学金、奖学金补助等方面。

科学技术支出11.2亿元，主要用于支持科技资源统筹、科技成果转化、重大科技创新、科技普及以及社会科学等方面。

文体传媒支出26亿元，主要用于支持重大文化精品创作、文化产业发展、文体场馆免费开放、文物保护，以及支持竞技体育和群众体育事业发展等方面。

社会保障和就业支出243.4亿元，主要用于城乡居民最低生活保障，五保供养，城乡居民社会养老保险，农村“八大员”、残疾人、20世纪60年代精简退职人员、高龄老人等相关困难群体生活补助，优抚安置，防灾减灾，就业，行政事业单位养老保险改革等方面。

医疗卫生支出17.3亿元，主要用于城乡医疗保险、基本公共卫生服务均等化、城乡医疗救助等政府补助，以及支持公立医院、基层医疗卫生机构，中医、人口计划生育和食品药品监管等方面。

节能环保支出22.2亿元，主要用于支持生态环境保护，大气污染防治，重点流域水污染防治，黄标车治理，节能减排等方面。

农林水事务支出40.5亿元，主要用于支持现代农业发展、农业保险、退耕还林、天然林保护、重点水利工程和农田水利建设、农机具购置补贴、果业发展、扶贫、农业综合开发、农村综合改革等方面。

交通运输支出190.2亿元，主要用于全省公路建设和养护，取消二级公路收费还贷补助等方面。

资源勘探信息等支出43.3亿元，主要用于支持产业结构调整、高端装备制造、高新技术产业发展、工业转型升级、中小企业发展、信息化建设等。

商业服务业等支出7.9亿元，主要用于支持县乡流通市场体系建设、现代服务业、国际航线补贴、外经贸和旅游发展等。

省对市县税收返还和转移支付1 257.4亿元。其中，返还性支出82.5亿元，一般性转移支付731.9亿元，专项转移支付443亿元。

2015年，省级“三公”经费预算4.14亿元，较上年年初预算下降10.6%。其中：因公出国费0.46亿元，下降13%；公务用车运行费2.49亿元，下降8%（暂未考虑公车改革因素，目前，省级车改方案正在报中央审批，车改后，此项支出将主要调整用于公务交通补贴支出）；公务接待费1.19亿元，下降15.1%。

（三）全省和省本级政府性基金预算安排

2015年，全省政府性基金收入预算947.4亿元，增长1%，主要是按照中央规定，从2015年起，将部分政府性基金纳入一般公共预算管理，政府性基金收入增幅相应下降（下同）；全省政府性基金支出预算947.4亿元，增长32.6%，主要是上年支出预算偏低。

省本级政府性基金收入预算212.7亿元，增长1.2%。减去对市县补助支出28.8亿元，省本级政府性基金支出预算为183.9亿元。

（四）省本级国有资本经营预算安排

根据收取国有资本收益的企业范围及其预计税后利润测算，2015年省级国有资本经营收入预算为9.4亿元，下降5.9%。主要是企业经营困难，盈利水平下降，造成国有资本经营收入预算相应减少。加上上年结转支出1.1亿元，收入总计为10.5亿元。减去调入一般公共预算统筹用于民生支出的1.7亿元，以及补助市县的纺织企业提高职工收入奖补资金0.5亿元，2015年省级国有资本经营支出预算为8.3亿元。主要支出项目安排是：科学技术0.5亿元，农林水事务1亿元，交通运输0.5亿元，资源勘探信息等事务3.7亿元，商业服务业等事务1.3亿元，其他支出1.3亿元。

（五）社会保险基金预算安排

2015年全省社会保险基金收入预算为1 020.1亿元，加上上年社会保险基金滚存结余945.4亿元，收入总计1 965.5亿元。全省社会保险基金支出预算为957.1亿元，年末滚存结余1 008.4亿元，其中当年收支结余63亿元。

二、2015年财政重点工作

2015年是全面完成“十二五”规划的收官之年，也是贯彻新《中华人民共和国预算法》、深化财税改革的关键之年。我们将全力抓好以下工作：

（一）全力组织收入，确保任务完成。密切关注经济发展态势，加强收入形势分析，提高组织收入的预见性。突出抓重点税源、抓薄弱环节、抓重点地区，挖掘潜力，堵塞漏洞，清理规范各类财税优惠政策，坚决制止和纠正擅自出台减免税或先征后返等变相减税政策，做到依法征税，应收尽收，坚决不收“过头税”，努力提高收入质量，确保全年收入预期任务完成。

（二）加强支出管理，优化支出结构。推进落实“八项规定”常态化，严格遵守国务院“约法三章”，落实党政机关厉行节约反对浪费条例，牢固树立过“紧日子”思想，坚持勤俭办一切事业。各级一律不得新建楼堂馆所，财政供养人员、公务接待和公费出国经费只减不增，严格控制差旅费、会议费等公务支出，在全省全面推行公务用车改革。在大力压缩一般性支出的基础上，调整优化支出结构，集中财力保证稳增长、调结构、促改革、惠民生、防风险各项重点支出的需要。加快预算下达和资金拨付，严格控制结余结转，强化绩效管理，努力提高财政资金使用效益。

（三）推进财税改革，完善体制机制。按照新《中华人民共和国预算法》和中央财税改革的总体要求，全力推进以下改革：一是深化预算管理制度改革。全面推进预决算公开，除涉密信息外，所有涉及使用财政资金的部门全部公开预决算。完善政府预算体系，加大政府性基金、国有资本经营预算与一般公共预算的统筹力度。编制2016—2018年财政中期规划，在水利、义务教育、卫生、社保就业、环保等重点领域开展三年滚动预算试点。进一步做好盘活财政存量资金。二是全面启动政府债务管理改革。认真贯彻落实我省政府债务管理办法，研究出台政府债券发行、政府债务预算管理、风险预警等配套办法，做好政府债务纳入预算、债券发行、存量债务置换等工作。三是深入推进专项资金管理改革。改革专项资金预算分配方式，实行零基预算。加大资金整合，引入市场机制，创新投入方式，建立产业发展基金，支持优势产业发展；建立风险投资基金，支持科技创新；实行资本金注入，支持国有企业和重大项目建设；实施“拨改股”，支持中小企业发展；推行政府和社会资本合作模式（PPP），支持基础设施建设；完善政策体系，推进政府向社会购买公共服务。四是加快推进税制改革。将建筑业、房地产、生活性服务业和金融业纳入“营改增”范围；实施煤炭资源税从价计征改革，扩大资源税从价计征改革范围；调整消费税征收范围、环节、税率；做好房地产税、环保税和个人所得税改革准备工作，确保税制改革有序推进。

（四）发挥财政职能，支持经济增长。积极推行PPP模式，引导社会资本投入，加快交通、水利、城市基础设施等建设。完善扶持政策，支持工业稳增长，加快航空、汽车、集成电路等支柱产业发展。紧抓国家“一带一路”建设战略机遇，支持打造丝绸之路经济带新起点。大力发展现代服务业，重点支持服务外包、电子商务、健康和养老服务业以及现代物流园区建设。支持生态环境保护和节能减排。提高农业综合生产能力，健全农业补贴政策体系，加大精准扶贫力度，推进美丽乡村建设，支持农村土地承包经营权确权登记颁证试点。逐步建立以常住人口为重要因素的财政转移支付制度，促进城镇化发展。

（五）加强民生保障，增强公共服务能力。坚持守住底线、突出重点、完善制度、引导舆论的基本思路，更加注重保障基本民生，更加关注低收入群众生活，更加注重各项社会事业统筹发展。完善就业创业政策体系，提高创业贷款额度，支持劳务输出培训，创造更多公益性岗位，推动全民创业、大众创业。落实城乡居民收入与经济增长和财政收入增长联动机制，保障好低收入群众生活。推进机关事业单位养老保险改革，提高城乡居民医疗保险和公共卫生补助标准，全面开展城乡居民大病保险，做好县级公立医院改革。利用PPP模式或政府购买服务方式盘活存量房，引导社会资本参与保障性住房建设。加快棚户区改造，做好廉租房和公租房并轨、保障性住房共有产权制度建设。健全教育文化投入机制，支持教育事业均衡发展，构建现代公共文化服务体系。

陕西省财政厅

2016年3月17日

☞来自陕西省人民政府门户网站

【例文二】

六成政府和企业未做好碳交易准备
——碳市场调查报告

2月23日下午，《环维易为 中国碳市场调查报告2016》发布，详述了2015年中国碳市场建设进程、运行效果以及碳金融进展。

六成政府和企业还未做好开展碳交易准备

该报告内含《2015年中国碳价调查报告》，由中国碳论坛和ICF国际咨询公司联合编写。通过对304位中国碳市场利益相关者的调查发现，88%的受访者认为7个碳交易试点价格接近或低于预期价格，不过2016年碳交易试点价格能回升至33～55元/吨，其中影响碳交易试点碳价水平的重要因素是政府调控。

只有37%的企业受访者表示已经制定了碳交易市场的履约策略。不过，已被纳入碳交易体系的企业受访者的68%表示已有履约策略。这似乎表明，碳交易试点对企业战略有显著影响。

另外，63%的政府和企业受访者表示还未做好开展碳交易的准备……

试点地区运转情况愈发良好

报告认为，与2014年相比，2015年7个碳交易试点地区运转情况愈发良好。

根据试点交易所公布的数据，7个试点2015年度碳市场交易总量约6 600万吨，其中配额在线交易约2 454万吨，配额大宗交易约850万吨，补充机制交易约3 295万吨。虽与欧盟碳排放交易体系百亿吨交易量相比差距不小，但中国碳市场整体上已成了全球第二大碳交易体系。

报告从以下四个方面展示了2015年中国碳市场的运行情况：

第一，从交易情况来看，配额在线交易量在时间轴上和量级上的数据，都反映2015年碳市场积极性、活跃度与流动性都高于2014年。配额大宗交易大幅增加，反映2015年交易对手方之间距离更近了。

首先，配额在线交易量方面，2015年全国范围内当日碳交易量明显增加的日期比2014年最多提前了约70个交易日。这说明2015年碳市场交易的积极性远高于2014年，更多交易者主动参与交易。

日交易量在20万吨以上的交易日数量，2015年有22天，约为2014年12天的两倍。日交易量在5万吨以上的交易活跃期持续时间，2015年比2014年多出50多个交易日。这都反映出2015年碳市场活跃度远高于2014年。

其次，配额大宗交易方面，通过观察2014年和2015年大宗交易情况可以发现，在履约截止日前的两个月里，大宗交易的交易量与交易频率都有明显增加，且2015年比2014年表现得更为明显。其中，广东碳市场2015年7月15日发生的150万吨碳配额大宗交易更是创纪录。

第二，从履约情况来看，2015年度的履约，各试点基本都实现了超过95%的履约率，5个第二次履约的试点地区的履约情况普遍好于2014年。

第三，从碳交易体系对于试点地区减排目标实现的作用来看，也起到了预期作用。

不过，报告同时指出，几个碳交易试点都在不同程度上暴露了履约截止日还存在不断推迟的问题，市场交易集中程度过高，交易活跃度和流动性还不是很好等一系列不足之处。

例如，2015年首次履约的湖北市场延迟履约1个月，同样为首年履约的重庆市场则比原计划推迟1月，截至7月15日的履约率仅为70%。7个试点的交易主要集中在履约截止日前1~2个月，其他时间各试点碳市场交易量多在万吨以下。

第四，报告还研究了对碳金融来说至关重要的碳价。7个试点的2015年碳价与2014年相比，普遍下跌但总体更加稳定。除北京和深圳两市碳价在40元/吨附近波动外，其余5个试点碳价都在20元/吨附近波动。

2015年，试点地区的碳价还存在碳交易市场前期的碳价飙升、季节性波动、市场的不确定性导致碳价低迷等特点。安迅思中国碳市场分析总监林剑玮在报告中称，2016年和2017年对中国碳市场来说是个关键年份，预计将看到较大的碳价波动，尤其在中国统一碳市场成形的时候。

而对于全国碳市场，报告指出，试点地区主要面临三个问题：试点配额能否继续使用或如何与全国配额兑换，试点市场向全国市场过渡时期该纳入哪些行业，试点地区交易所该做好哪些准备。

非试点地区碳市场建设成效

报告统计发现，截至2015年12月31日，25个内地非试点地区全都出台了低碳发展规划和应对气候变化方案，除贵州、西藏、青海外全都编制了温室气体清单，17个省份和苏州、无锡两市确定了第三方核查机构，苏浙徽晋湘辽6省和新余、青岛、成都、金昌、哈尔滨5市建立了碳排放管理平台。

对于全国碳市场，报告认为，非试点地区在全国碳市场建设进程中不仅面临巨大挑战，而且迎来了地方发展转型的契机，必须在政策、技术和管理方面积极准备以迎接全国碳市场。

对此，报告提出了五点建议：

一是加强地方政策和技术规范支撑体系建设。在总结试点碳市场经验的基础上深刻解读《碳排放权交易管理暂行办法》。

二是加强地方温室气体排放核算和报送体系建设。重点排放单位应借鉴已建立的能耗管理体系和节能管理经验来建立内部温室气体排放核算和报告体系，开展温室气体减排精细化管理。

三是加强地方核查机构和核查员能力建设和管理。温室气体排放核查工作是实现碳市场减排目标和开展碳交易的基础与保障。

四是加强碳资产管理能力建设。以温室气体排放情况为基础，建立操作性强的企业内部碳资产管理制度，建立高效的碳资产管理决策机制。

五是加强碳市场风险防控意识和能力建设。以防范风险为主，最大可能减小风险造成的危害。

最后，报告表示，为了进一步强化碳交易体系对企业节能减排的反作用机制，碳资产管理中的碳金融是2016年碳市场各主要角色需要重点培养的内容。应大力培养碳金融专业机构、专业人才，鼓励金融服务提供商和投资者积极参与碳交易市场，激活碳交易的各个环节。

☞来自中华人民共和国环境保护部官网

（收录本书时，个别表述有调整）

【例文三】

中国××××大学校学生会会议记录

会议名称：201×年“××××大学商家联盟”商家见面会

会议时间：201×年×月×日星期日10：25

会议地点：西区学生活动中心三楼团委会议室

与会人员：杨××、刘××、冯×、杜×、何××、范×、各联盟商家代表、校学生会社区委员会成员

会议主持人：王××

会议记录员：李××

会议议题：

一、主持人致开幕辞

二、中国××××大学学生会主席刘××作201×年“××××大学商家联盟”工作报告

三、共青团中国××××大学委员会杨××老师致辞

四、活动问题讨论

五、自由交流

会议详细情况：

一、刘××主席作了“××××大学商家联盟”的工作报告

（一）商家联盟发展简史及商家联盟活动介绍。从201×年提出商家联盟方案到如今，有如下改进措施：20×7年引入会员卡机制和加盟铜牌；20×8年规范宣传概念的引进，区域内单商家加盟机制和春季加盟方案；总结了20×9年商家联盟工作的时间表，解释了该年活动滞后于往年的原因，指出第二学期商家联盟实施细则，并向商家提出了学生们的建议。

（二）校学生会活动简介。介绍了校学生会各个大型活动以及其对于学生的利益，向商家展现了××××大学以及校学生会的特色。

二、杨××老师发言致辞

（一）感谢到场与因故不能到场的联盟商家代表对于“××××大学商家联盟”活动的支持。

（二）解释了社区委员会作为学生会的一部分，虽然其工作不为同学了解，但其工作的确是真正在为学生们提供更好的生活。

（三）提出“××××大学商家联盟”的工作需要规范化，充分认识活动可持续健康发展的重要性，在品牌日益成熟的背景下，改变落后的工作思路，搭建日常的更畅通的沟通平台。

三、问题讨论

（一）发卡问题

××理发店代表认为应以宣传卡、一卡通作为××××大学师生的凭证。学生会主席刘××解释了制作会员卡的成本问题，表示如今以一卡通作为××××大学师生凭证，可以增加受益面。而商家联盟宣传卡主要优点是其成本低，做工精致，便于携带，有利于师生了解商家的优惠方式。会场还展示了商家联盟的宣传卡片。

（二）加盟方式

××酒店代表表示支持会费制度和优胜劣汰机制。×××同学解释了学生会的工作是面向学生的，而会费的用途则完全用于商家联盟宣传上；×××老师对此进行了补充，承认校团委每年拨款5 000元用于商家联盟的活动宣传，而对于不同性质的商家，必定会有不同的宣传需求。

（三）工作规范问题

××花卉店代表对商家联盟的活动表示满意，尤其是表达了对宣传的

赞赏，认为活动应该做得更大一点，大规模扩充商家数量，而后再进行择优删减，也可允许商家自己带产品在校园进行展示。

（四）宣传方式问题

××旅行社代表反映了海报宣传和网页宣传的效果和在××××大学进行这些宣传的难处，认为应该给予商家好的宣传平台，而现有宣传力度不够。刘××主席回应此举与××××大学的校风有悖，认为可以通过合适的方式进行宣传，做好学生会和商家的沟通工作；何××同学提出可以进行诸如价格调查等活动，可以取得很好的效果；杜×同学提出明确的优惠方式可以达到更好的效果，并提出旅行社可以明确某些具体旅游线路的优惠方式，而由学生会调查提供学生更喜欢的旅游路线。

四、自由交流

×××同学认为商家联盟的优势在于其有竞争力的价格，可以考虑采用抵价券等方式；××同学指出单一宣传的缺陷，提出以赞助活动作为载体，其优势在于短时间的宣传持续性和对于特殊群体的针对性宣传，要利用商家联盟的优势，在诸如科技文化节的系列活动中，广泛深入院系学生中。这样可以取得更好的效果。

××快递公司代表对活动表示满意，指出了快递行业的竞争力，并表明其业务仅包含东区，最后提出优惠的营业方式对其自身存在多方面压力。××酒店建议在学校宣传栏开辟商家联盟专栏，留商家咨询电话，进行长期展示。

××同学承诺项目组会在日后进行继续的工作会议讨论，继续向商家反馈，最后感谢与会各方代表的支持。

散会。

主持人：××

记录人：×××

来自中国科学技术大学官网

【例文四】

上海市统计条例

第一章 总则

第一条 为了科学、有效地组织统计工作，保障统计资料的真实性、准确性、完整性和及时性，维护统计调查对象合法权益，发挥统计在服务本市经济社会发展中的重要作用，根据《中华人民共和国统计法》和相关法律、行政法规，结合本市实际，制定本条例。

第二条 本市各级人民政府及其统计机构和有关部门组织实施的统计活动，适用本条例。

本条例所称统计活动，包括统计调查和统计分析、提供统计资料和统计咨询意见、实行统计监督。

第三条 市和区人民政府应当加强对统计工作的组织领导，将统计工作纳入本地区国民经济和社会发展规划，保障统计机构和统计人员依法履行职责。

第四条 国家机关、企业事业单位和其他组织以及个体工商户和个人等统计调查对象应当按照国家和本市的规定，真实、准确、完整、及时地提供统计调查和统计检查所需的资料和证明。

统计调查对象依法享有了解统计调查项目、不受干涉提供统计资料、拒绝非法统计以及统计资料不被滥用等权利。

第五条 统计机构和统计人员依法独立行使统计调查、统计报告和统计监督的职权，任何单位和个人不得侵犯。

统计机构和统计人员对在统计工作中知悉的国家秘密、商业秘密和个人信息，应当予以保密。

第六条 市和区人民政府统计机构及有关部门应当在统计活动过程中实施质量控制，制定统计数据质量控制工作规程，加强统计数据质量监管。

第七条 本市加强统计信息化建设，构建安全、高效和便捷的统计信息化系统，提高统计信息搜集、处理、传输、共享和存储技术水平。

第八条 本市建立健全统计信用制度，完善统计信用信息记录、维护、查询、公示、异议处理以及信息安全等管理规范。

统计调查对象履行统计义务情况等统计信用信息应当按照规定纳入市公共信用信息服务平台，依法作为有关行政机关采取激励和惩戒措施的依据。

第九条　本市加强统计科学研究，建立健全反映经济社会发展特征的统计指标体系，完善本市统计技术规范，不断改进统计调查方法，提高统计的科学性。

第十条　本市对在统计工作中做出突出贡献或者对检举统计违法行为有功的单位和个人，按照国家和本市的有关规定，给予表彰、奖励。

第二章　统计机构和人员

第十一条　市人民政府统计机构是统计工作的主管部门，负责全市统计工作的组织实施、管理协调和监督检查，并与国家统计局在本市设立的派出调查机构建立统计联系协调机制。

区人民政府应当设立独立的统计机构，负责本行政区域内统计工作的组织实施、管理协调和监督检查。

第十二条　市和区人民政府有关部门设立的统计机构或者配备的统计人员应当依法组织、管理本部门职责范围内的统计工作，协助本级人民政府统计机构对统计违法行为进行查处。

第十三条　乡镇人民政府应当设置统计工作岗位，配备统计人员，负责本区域的统计工作。

街道办事处应当根据区人民政府管理和服务职能的需要，配备统计人员，负责本区域的统计工作。

本市产业园区管理机构应当根据统计任务需要，设置统计工作岗位，配备统计人员，负责本区域相关统计工作，配合市和区人民政府统计机构及有关部门做好统计工作。

村民委员会和居民委员会根据统计任务需要，协助做好相关统计工作。

第十四条　企业事业单位和其他组织根据统计任务需要，指定统计工作负责人及工作人员，完成政府统计调查任务。

第十五条　政府开展统计工作，可以通过购买服务的方式，委托依法成立的社会统计服务机构组织实施数据采集、数据核实、数据分析运用和业务培训等活动。

委托方与受托方应当签订委托合同，明确各方权利义务。委托方应当督促受托方严格履行合同。未经委托方同意，受托方不得调整统计调查方案，不得以委托方的名义进行与委托无关的统计活动。

第十六条　企业事业单位和其他组织可以根据需要，委托依法成立的社会统计服务机构承担本单位的政府统计调查任务，并将受托方、委托事项等信息书面告知市或者区人民政府统计机构。

委托方应当按照统计调查制度的规定报送统计资料，并对统计资料的真实性、准确性、完整性和及时性负责。未经委托方同意，受托方不得进行其他统计活动。

第十七条　国家机关、企业事业单位和其他组织中从事统计工作的人员应当具备相应的专业知识和业务能力。

市和区人民政府统计机构及有关部门应当对从事统计工作的人员开展业务培训和职业道德教育。作为统计调查对象的国家机关、企业事业单位和其他组织应当支持和保障从事统计工作的人员接受统计培训和教育。

第三章　统计调查

第十八条　本市对统计调查对象实行在地统计管理制度。

统计调查对象应当接受所在地的区人民政府统计机构的统计管理。对不宜按区行政区域划分生产经营活动情况的统计调查对象，由市人民政府统计机构确认并实行统计管理。

第十九条　市人民政府统计机构应当与编制、工商、人力资源社会保障、民政、税务、质监等相关部门建立信息共享机制，记录国家机关、企业事业单位和其他组织以及个体工商户的名称、行业类别、统一社会信用代码、登记注册类型等统计基本信息，完善全市统一的统计基本单位名录库。

市和区人民政府统计机构应当根据统计基本单位名录库，确立统计调查关系，向统计调查对象告知统计义务和权利。

市人民政府统计机构应当通过向统计调查对象核实、补充等方式，日常维护和更新统计基本单位名录库。

市和区人民政府有关部门可以申请查询和使用统计基本单位名录库，并依法对相关信息保密。在统计调查中发现统计基本单位信息变动的，应当及时向同级人民政府统计机构反馈。

第二十条　地方统计调查项目由市和区人民政府统计机构及有关部门分别制定或者共同制定。

制定地方统计调查项目，应当对统计调查项目的必要性、可行性、科学性进行论证。

地方统计调查项目不得与国家统计调查项目、国务院部门统计调查项目和其他地方统计调查项目重复。

第二十一条　市人民政府有关部门、区人民政府统计机构及有关部门制定地方统计调查项目，应当向有审批权的市或者区人民政府统计机构提交申请文件、统计调查制度、项目论证等材料。依法应当报国家统计局审批的，按照国家有关规定办理。

申请符合条件、材料齐全的，市或者区人民政府统计机构应当在十五个工作日内予以批准；调查项目结束后需要报送统计资料的，应当在批复中明确报送资料的期限等要求。申请不符合条件的，应当不予批准并说明理由。申请材料不齐全、调查对象和调查内容相同或者相近的，应当告知申请人进行补充或者调整。

经批准的统计调查项目变更的，应当重新报请审批。

第二十二条　市和区人民政府统计机构应当通过政府网站等渠道，公布地方统计调查项目名称、制定单位、有效期限、批准文号等信息，但涉及国家秘密的除外。

第二十三条　市人民政府有关部门、区人民政府统计机构及有关部门应当加强统计调查项目管理，根据统计调查项目批复的要求，将组织实施统计调查取得的有关资料和调查结果，报送批准统计调查项目的市或者区人民政府统计机构。

第四章　统计资料

第二十四条　国家机关、企业事业单位和其他组织等统计调查对象应当以业务活动、生产经营中形成的原始记录和凭证为依据，按照统计调查制度规定的要素、内容和形式记录统计台账。原始记录、凭证和统计台账应当保存两年以上。

市和区人民政府统计机构应当指导和规范统计调查对象建立统计台账。

第二十五条　市和区人民政府统计机构及有关部门应当依托本市政务数据资源管理平台，实现各自业务领域统计数据资源的共享。涉及国家秘密、商业秘密和个人信息的，应当遵守保密规定。

市人民政府统计机构应当加强对统计数据资源共享工作的综合协调。市和区人民政府统计机构及有关部门开展统计活动时，应当利用共享的统计数据资源，避免重复采集，提升工作效率。

第二十六条　市和区人民政府统计机构可以根据统计调查、国民经济核算、统计分析、数据评估等工作需要，向有关部门调用与统计工作有关的行政记录资料、财务资料、财政资料及其他资料，有关部门应当按照统计机构的要求及时提供。

第二十七条　市和区人民政府统计机构及有关部门应当充分运用现代信息技术手段和方法，开发利用社会数据资源，丰富政府统计数据来源。

市和区人民政府统计机构及有关部门可以根据统计工作需要，通过协议合作或者购买服务等方式，获取社会数据资源。统计机构及有关部门应当与社会数据资源权利人明确数据使用目的、数据内容、使用方法、保密要求和公布方式等内容，不得损害国家利益、社会公共利益和他人合法权益。

第二十八条　本市建立健全统计资料公布制度，加强统计资料公布的统筹管理，保障公布资料的真实、准确、完整和及时。统计调查取得的统计资料，除依法应当保密的外，应当对外公布。

市和区人民政府统计机构应当制定统计资料公布计划，明确统计资料公布的时间、内容、方式和频率，按照计划向社会公布统计资料。因特殊原因不能按照计划公布的，应当提前告知并说明理由。

市和区人民政府有关部门统计调查项目取得的统计资料，按照统计调查制度的规定予以公布。

市和区人民政府统计机构及有关部门公布统计资料时，应当说明指标含义、调查范围、调查方法等情况，便于社会公众理解和使用统计数据。

调整或者修改已公布统计资料的，应当说明理由。

第二十九条　公民、法人和其他组织可以通过政府网站、信息公开咨询热线、现场查阅等方式，查询已经公布的统计资料。

除前款规定的查询方式外，公民、法人和其他组织可以根据政府信息公开的规定，向市和区人民政府统计机构及有关部门提出申请。市和区人民政府统计机构及有关部门应当依法答复。

第三十条 本市国民经济和社会发展的统计数据，以国家统计局和市人民政府统计机构公布的数据为准。

本市有关部门公布的统计数据与本级人民政府统计机构公布的相同指标的统计数据不一致的，以政府统计机构公布的统计数据为准。

第三十一条 任何单位和个人公开使用市和区人民政府统计机构及有关部门公布的统计资料，应当与公布的统计资料保持一致，并注明资料来源。

第三十二条 市和区人民政府统计机构及有关部门，应当制订统计信息安全应急处置预案，建立健全统计资料的存储备份机制，保障统计资料安全。

统计调查中取得的统计调查对象的原始资料保存期限和汇总性统计资料保存期限，按照国家有关规定执行。

第三十三条 对在统计工作中获得的下列资料，应当予以保密，不得对外提供、泄露，不得用于统计以外的目的：

（一）涉及国家秘密的资料；

（二）涉及商业秘密的资料；

（三）涉及个人信息的资料；

（四）能够识别或者推断单个统计调查对象身份的资料；

（五）通过统计调查收集的有关统计调查表。

第五章 监督检查

第三十四条 市和区人民政府统计机构在本行政区域内依法行使统计检查职权，查处统计调查对象的统计违法行为。

市和区人民政府有关部门应当协助同级人民政府统计机构加强对本部门和本业务领域统计调查对象的监督检查，督促其落实统计工作责任，查处统计违法行为，并及时移送有关统计违法案件材料。

第三十五条 市和区人民政府统计机构应当每年制订统计监督检查计划，确定年度重点监督检查领域，按照有关规定核查统计数据。

市和区人民政府统计机构应当建立监督检查记录，记录检查的内容、发现的问题、处理结果等，并由检查人员签字后保存备查。

市和区人民政府统计机构在依法履行监督检查职责时，发现企业事业单位和其他组织未落实统计工作责任的，可以约谈有关单位主要负责人，要求其采取措施提高统计工作质量。

第三十六条　市和区人民政府统计机构接到有关违反统计工作规定的举报的，应当依法及时核实处理。

第三十七条　市和区人民政府统计机构履行监督检查职责时，有关单位和个人应当予以配合，如实反映情况，不得拒绝、阻碍检查，不得包庇、纵容统计违法行为。

第三十八条　市和区人民政府统计机构中从事统计执法的人员，应当具备相关法律知识和统计业务知识，经执法培训并考试合格，取得行政执法证。

第三十九条　市人民政府统计机构可以对区人民政府统计机构和组织实施统计调查项目的市人民政府有关部门进行统计工作巡查，区人民政府统计机构可以对区人民政府有关部门和乡镇人民政府进行统计工作巡查。

统计工作巡查主要包括下列内容：

（一）统计法律、法规、规章的执行情况；

（二）国家和本市统计制度的执行情况，地方统计调查项目审批与管理的执行情况；

（三）统计数据质量和统计基础工作情况，统计数据公布制度的建立情况；

（四）统计工作的其他情况。

市和区人民政府统计机构在统计工作巡察中发现问题的，应当要求被巡察单位及时纠正，并在巡察完成后一个月内，向被巡察单位出具巡察情况报告，对其在统计工作中存在的问题提出指导意见。

第六章　法律责任

第四十条　企业事业单位或者其他组织、个体工商户违反本条例规定，法律、行政法规有处罚规定的，从其规定。

作为统计调查对象的国家机关、企业事业单位或者其他组织违反本条例规定，法律、行政法规对属于国家工作人员的直接负责的主管人员和其他直接责任人员有处分规定的，从其规定。

第四十一条　市或者区人民政府统计机构及有关部门有下列行为之一

的，由本级人民政府、上级人民政府统计机构或者本级人民政府统计机构责令改正，予以通报；对直接负责的主管人员和其他直接责任人员，由任免机关或者监察机关依法给予处分：

（一）违反本条例第二十三条规定，未报送组织实施统计调查取得的有关资料和调查结果的；

（二）违反本条例第二十八条规定，未制订统计资料公布计划，未按照计划公布统计资料，公布统计资料未说明相关情况，或者调整、修改已公布统计资料未说明理由的；

（三）违反本条例第三十一条规定，公开使用的统计资料与公布的统计资料不一致，或者未注明资料来源，造成不良社会影响的；

（四）违反本条例第三十二条第一款规定，造成统计资料毁损、灭失的；

（五）统计监督检查中包庇、纵容统计违法行为的；

（六）统计监督检查中泄露统计违法案件查处情况的。

第四十二条　违反本条例第三十三条第一项规定，泄露属于国家秘密的统计资料的，按照有关保密法律法规予以处理；构成犯罪的，依法追究刑事责任。

违反本条例第三十三条第二项至第五项规定，泄露统计资料的，对直接负责的主管人员和其他直接责任人员，由任免机关或者监察机关依法给予处分；构成犯罪的，依法追究刑事责任。

第七章　附则

第四十三条　本条例自2016年12月1日起施行。1993年12月15日上海市第十届人民代表大会常务委员会第六次会议通过、根据1997年8月13日上海市第十届人民代表大会常务委员会第三十八次会议《关于修改〈上海市统计管理条例〉的决定》第一次修正、根据2015年7月23日上海市第十四届人民代表大会常务委员会第二十二次会议《关于修改〈上海市建设工程材料管理条例〉等12件地方性法规的决定》第二次修正的《上海市统计管理条例》同时废止。

☞中央人民政府门户网站

第四章
经济新闻

第一节　经济新闻的含义和特点

一、经济新闻的定义

新闻是指对新近发生的重要事件、事情的报道。《中国新闻实用大辞典》中定义为："经济新闻是有关生产、流通、分配、消费等一切经济领域新闻的总称。"它有广义和狭义之分。

（一）广义的经济新闻

广义的经济新闻包括经济消息、经济通讯、经济调查报告和经济时事评论等。

（二）狭义的经济新闻

狭义的经济新闻专指经济消息。经济消息是对当前经济领域中出现的具有一定社会价值或具有一定影响力的事实所做的简要的报道。经济消息从其反映的范围来说，是有关经济领域中的各种事情；从时间上来说，是近期出现的事情；从内容上来说，必须是有价值的事情。

联系新闻学的研究对象，经济新闻的定义应该是：经济新闻是对人类社会最新的经济活动、经济关系和最新的自然经济现象的报道。

二、经济新闻的特点

（一）真实性

真实是经济新闻的灵魂。在激烈的社会竞争中，经济新闻正是靠着它的真实性来吸引受众的。如果传播给大众的是虚假的、不真实的新闻，那么新闻就没有存在价值了。新闻的真实性还决定了新闻工作者必须有谨慎公正的工作态度，这也是为了保证经济新闻的绝对真实。

（二）专业性

经济新闻的专业性在于要对经济领域的新闻事实做出报道或者对其他领域的新闻事实做出经济学意义的报道；其过程是选择经济事实，或者选择经济事实的报道角度，以新闻的语言表达给受众。经济新闻因为报道的是经济领域的事件，所以可能会涉及大量的经济领域的专业术语，比如

“基尼指数”“CPI”等，所以，对新闻工作者来说，必须掌握一定量的经济领域的专业术语。同时，经济新闻用图表或者数据这种浅显直接的方式叙述复杂的新闻事实，变复杂为简单，使新闻事实一目了然，也更能引起读者的阅读兴趣。

（三）实用性

经济新闻就是报道经济生活中的一切活动。经济新闻的一个重要职能就是为群众生活提供咨询服务。除了报道财经股市动态、集团企业变更、国家新的财经政策出台等以外，经济新闻的一个重要方面还是报道与群众生活息息相关的新闻，如物价、房价、购物、生产等。这类新闻报道，具有很强的实用性。

（四）新颖性

经济新闻报道的是经济活动中最近发生的、发现的或变动着的事实。经济新闻的新颖性是指：

1. 从前没有出现的新事物、新情况、新动向。

2. 已经发生过的事实，选择一个新的角度，给人以新的启迪。

只有“新”才能引起读者的注意。写作者要有敏锐的观察力，对经济发展总体情况有全面的把握，了解国家的经济政策等，才能发现经济领域的新动向、新问题，为人们提供准确而有价值的经济信息。

第二节　经济新闻的种类和作用

一、经济新闻的种类

（一）动态经济新闻

动态经济新闻迅速及时地报道国内外最新的经济动态、经济情况、经济问题，它是使用得最为广泛的一种新闻种类，具有重要的新闻价值。其内容大到国家重大经济政策的颁布和国内外重大经济事件的发生，小到某一市场某一商品的销售情况，它以突发性经济事件为其主要报道内容，要给人以动感与现场感。

（二）典型经济新闻

典型经济新闻是对某个地区、部门、单位或个人在经济活动中取得的成就或经验的报道。这类报道一般有较强的针对性和指导性，其特点是报道事件集中、完整地交代情况、介绍做法、反映变化，由事实引出道理，从个别现象探寻一般规律。

（三）综合经济新闻

综合经济新闻是围绕一个主题，从各个侧面反映较大范围内或较长时间内的综合经济情况的新闻文体。综合经济新闻报道面广、容量大，写作时需要占有全面的、充分的材料，并且要对材料进行分类整理，选取其中有典型性和代表性的材料。同时，要合理安排结构，做到点面结合，使报道既有广度又有深度。

（四）评述经济新闻

评述经济新闻是以夹叙夹议的方式对某一经济问题进行报道，揭示其价值和意义的新闻文体。它往往写于形势发展的关键时刻，主要报道人们普遍关心的重要经济问题和事件。它高屋建瓴地分析问题和事件的实质和发展趋势，对经济动向进行研究，对经营经验进行总结，对某一重大经济事件进行评判等。要做到揭示经济事件的本质意义，以事为据，以理服人。

二、经济新闻的作用

（一）舆论宣传

新闻媒体通过新闻报道，宣传党和国家的政策、方针，评述国内外重大事件，报道建设成就、讴歌先进典型、介绍新鲜经验，或者批评不良现象，起到团结、教育群众的作用，加强党、政府和广大群众的联系。舆论导向正确是党和人民之福，舆论导向错误是党和人民之祸。

（二）信息传播

我们已进入了信息飞速发展的时代，受众对世界、对国家、对身边的事情都是通过各种新闻媒体所提供的权威、客观、真实、全面的新闻报道来了解、认知；党的执政理念、政策方针、重大决策、发展规划、主流价值观等社会管理的基本信息，也是通过新闻媒体这个桥梁传递给公众的。

（三）舆论监督

舆论监督的本质在于客观公正地报道新闻事件真相和揭露有关问题，通过“曝光”的形式来满足和维护公众的知情权。新闻媒体要在新形势下更好地履行职责，必须从人民的利益出发，以宽阔的视野，真实地反映社会问题，树立良好的社会公信力。

第三节　经济新闻的写法和写作要求

一、经济新闻的写法

（一）标题

经济新闻的标题应当能够概括和揭示新闻的内容，帮助读者了解新闻的内容；同时，要新颖、生动，能吸引读者的注意力。常见的经济新闻标题有以下三种：

（1）单行标题。就是只有一个标题，它是对新闻内容的高度概括。例如：

五粮液茅台冠名机场引争议

铁道部发债或突破净资产40%红线限制

（2）双行标题。就是两个标题，它有以下两种：

第一种由引题和正题组成。引题位于正题之上，也叫“肩题”或“眉题”，一般用于交代背景、原因，概括新闻意义，提出问题，说明新闻来源等，引出正题。正题又叫“主题”或“母题”，概括新闻的主要内容。正题是新闻的核心内容，在标题中最为重要。例如：

太平洋能源峰会开幕（引题）

亚洲国家探索能源新道路（正题）

第二种由正题和副题组成。副题位于正题之下，又叫“子题”或“辅题”，是正题的补充，一般用于对新闻事件做出评价、交代详情或强调特征等。例如：

投资者情绪持续谨慎（正题）

黄金价格继续小幅走低（副题）

（3）三行标题。三行标题由引题、正题和副题组成。在字体选择上，正题使用醒目的大号的字体，引题和副题的字号要相对小一些，以突出正题的地位。三行标题的信息量大，常常用于报道重大的事件。例如：

忙了一天（引题）

股指期货开户手续真繁琐（正题）

个人兴致高机构大多观望（副题）

（二）导语

导语是新闻的开头，它用简明扼要的语言高度概括新闻的主要内容，或概括事实，或提出问题，或制造悬念等。经济新闻的导语要观点鲜明、叙事简洁、文字生动，要能吸引读者的注意。常见的导语形式有以下四种：

1. 描写式。就是用简明的语言描写某一富有特色的事实、形象或场景，使读者有身临其境之感。例如：

“这叫怎么回事嘛？旅游都成了闹剧了。”说起今年4月参加的香港、澳门8日游，74岁的玉溪研和老太田兰英和其他游客一样，满腹牢骚：先是导游行为怪异，在火车上边脱衣服边跑；到了香港，又被导游逼迫着买了一堆劣质钥匙扣、表、鞋等等……

2. 叙述式。直接叙述新闻的主要事实。这种写法多用于动态经济新闻，突出重要事件，便于读者抓住文章的主要内容。例如：

纽约油价23日再次下跌，并创下近7个月新低，收盘首度低于90美元每桶。从5月份以来，国际油价持续下跌也直接带动国际油价三地变化率持续下跌。据易贸资讯、金银岛和生意社等多家机构监测，今日国际油价三地变化率将突破-4%，但由于当前定价机制的“弊端”，即调价周期过长，还未满22天，月底国内成品油价格下调暂时无望。

3. 提问式。提问式就是根据新闻的内容提出问题，引起人们的注意和思考。这种写法多见于典型经济新闻和评述性经济新闻。例如：

景区门票竞相上涨，成为网友眼中“看不起”的风景。景区门票为何一涨再涨？涨价到底能否带动景区运营水平的提升？新华网记者22日专访了国务院发展研究中心东方公共管理研究所所长、研究员刘锋。刘锋认为，景区应摆脱“门票经济”惯性思维，以产业经济的思路来推进景区发展和提升，形成健康、持续的盈利模式。

4. 引语式。就是直接用他人的话语来引出问题。例如：

著名音乐评论家刘雪枫的系列新书《和刘雪枫一起听音乐》日前出版。在20日的新书首发式上，资深古典音乐爱好者白岩松表示："俗话说，抓住男人的心，首先要抓住男人的胃。然而，我建议大家让自己的爱人爱上古典音乐，这样，他（她）会时时想着回家。"

（三）主体

主体是经济新闻的核心部分，紧承导语，用足够的、典型的、生动的而且有说服力的材料，对导语中概述的事实进行阐释、说明，具体详尽地表达新闻内容。主体的作用就是使新闻报道的事实充实、详尽、完整，让读者了解这则新闻的全部内容。主体部分内容较多，通常采用以下三种结构方式：

1. 时间顺序。即按事物发生的先后顺序来组织材料，安排结构。动态经济新闻常以时间为序安排结构。

2. 逻辑顺序。即按事物的内在联系来组织材料，安排结构。采用这种结构形式，可以不受时间的限制，可根据报道对象的因果关系、主次关系等来确定写作顺序。

3. 倒金字塔结构。就是把经济新闻的内容按照主次安排次序，把最重要的材料放在开头，比较重要的随后安排，不太重要的放在最后，形成一个倒金字塔的结构。它是经济新闻最常使用的一种结构。

无论采用哪一种结构形式，主体都要求内容充实、结构严谨、层次分明、语言简洁，既要注意与导语的紧密配合，又要注意不能简单地重复导语部分的内容。

（四）背景

背景就是对新闻事实加以解释、说明的附属事实材料，是在新闻事件发生的背后，特定的历史条件与社会环境综合作用的产物，它与新闻事件和事件中相关的人物等有直接关系。

经济新闻的背景材料主要有以下三种：

1. 对比性材料。通过现在与过去、正确与错误、先进与落后的比较，突出新闻的意义，深化主题。

2. 说明性材料。用于说明新闻产生的背景、原因、现实环境和政治缘由的材料。

3．注释性材料。就是对新闻中的专业术语、产品性质特点等进行解释说明的材料。

在新闻报道过程中，新闻工作者应该注重通过新闻背景材料等，对新闻事实产生的原因、发展、结果等进行科学分析与思考，深度挖掘新闻背景材料中所包含的意义与影响，充分发挥新闻背景材料在新闻事件报道中的重要作用。那么，应该如何运用新闻背景材料来增强新闻深度呢？

1．新闻背景材料的选择。选择合适的新闻背景材料对增强新闻深度具有极其重要的作用。我们可以从以下几个方面来选择材料：

（1）新闻工作者需要根据广大人民群众对新闻事件的关注心理，发现群众的兴趣所在，明确交代一些新闻背景材料，使新闻报道更加丰满，有深度。

（2）每一个新闻报道都是具有其特定的新闻价值的，新闻背景材料的添加，可以使新闻报道的价值得到提升。即在新闻背景材料的选择上，应以有利于新闻报道价值的开发为主要条件。

（3）某些新闻背景材料的选择，可以打破时间、空间等一些特定条件的限制，从事实的束缚中挣脱出来。各种形式的新闻背景材料都可以用到新闻事件的报道中，这样既不违背新闻的真实性，同时也增强了新闻的深度。

2．新闻背景材料的运用。对于新闻工作者来说，新闻背景材料并不是信手拈来，而是需要积累的。

（1）在新闻工作者工作的过程中，需要接触各色人等、各种事件，新闻工作者要学会观察、思考，有所积累。

（2）每一个新闻工作者的专长都不一样，所处的环境与地位也会影响到新闻工作者对新闻事件的报道与看法，所以，新闻工作者要善于发挥专长，在自己擅长的领域做到更好。

（3）新闻工作者还要注重与群众交流，采集群众对新闻事件的看法，这样可以避免偏听偏信，还可以拓宽采访渠道，让群众愿意提供新闻线索。

这样，新闻工作者才能得到更多的、有价值的新闻背景材料，并将这些背景材料有效地运用到写作中，写出有深度的新闻报道。

3．新闻背景材料的植入。在新闻背景材料植入的过程中，可以采用以下植入方式：

（1）开门见山地植入新闻背景材料。这是一种以新闻背景材料引出新闻事件的方式。在此方式中，新闻工作者需要以群众感兴趣的表达方式为切入点，引起群众了解新闻事件的兴趣。

（2）交代新闻事件后再植入新闻背景材料。这种植入新闻背景材料的方式与第一种方式的顺序是不同的。这种方式是在群众了解事件的基础上，将事件的细节问题进行充分的补充，还可以在新闻事实报道与思考之间起有效的过渡作用，也可以从更深的层次上引起群众思考。

（3）将新闻背景材料有序地分散植入新闻事件的报道中。这是一种比较创新的植入新闻背景材料的方式。它将新闻背景材料与新闻事件作为一个整体，时刻思考新闻背景材料对新闻事件的影响，时刻计划将新闻背景材料有序、有效地植入新闻事件的报道中，不仅突出了新闻事件本身的价值，而且使新闻事件的真实度更高。

新闻报道是广大人民群众了解经济、国家、社会以及世界的一种有效手段。在新闻报道中，新闻工作者不仅要思考新闻的真实性与实效性，还要合理地利用各种手段来增强新闻报道的深度。新闻都是在一定的背景下发生的，所以巧用新闻背景材料可以有效地增强新闻报道的深度，可以为广大人民群众提供更有效、更真实、更有深度的新闻，帮助人民群众了解经济、了解国家、了解社会、了解世界。

新闻背景材料可以单独作为一个部分，也可以穿插在导语、主体、结尾之中。新闻背景材料要根据新闻和读者的需要剪裁，要有趣味性、知识性，为表现主题服务。

（五）结尾

经济新闻结尾的写法多种多样：有的指出事物的发展方向，给人以启发；有的预示结果，引人深思；有的照应导语；有的归结全文，起到画龙点睛、点明主题的作用。如果主体部分已经把新闻的内容讲完，可以不要结尾，以免画蛇添足。

二、经济新闻的写作要求

（一）经济新闻报道应真实、准确，符合客观实际

真实是新闻的生命。经济新闻中所反映的事件必须真实可靠，新闻的六要素（时间、地点、人物、事件、原因、结果）要真实，所引用的数字

应准确无误，所做出的判断和评价必须实事求是。

（二）经济新闻报道应国际化

经济新闻报道的国际化有两个层次的含义：一是报道内容的国际化。即把世界上的重大财经事件、财经现象、财经走势以及影响财经运行的新闻事件作为我国财经新闻报道的内容。二是报道视角的国际化。这是指在报道时，不仅要站在国家和民族的利益和视角来看待和报道国际新闻，同时要把世界看成一个整体，中国只是其中一部分的立场来报道世界和观察世界。

（三）经济新闻报道应以人为本

针对不同的出版物，需要提供不同内容和深度的经济新闻或政策报道。因此，在采访中需要了解不同读者想知道什么，最大限度地满足受众的信息需求，将实用信息及时、有效、规模化地传递给受众。经济新闻不仅要反映物化的力量，更要深入人的心灵。相当一部分人认为经济新闻大多报道的是“硬新闻”，需要的只是理性的思考。事实上，经济新闻报道一定要抓住财经活动的主体——人的一切活动，从人的角度来报道财经新闻，把写人与写企业融合在一起，让读者读财经新闻不再单纯读数字，而是感觉到在与人对话，在轻松的氛围中接受财经新闻报道传达的财经信息。

（四）处理好专业化和通俗化的关系

1. 在写经济新闻报道的时候，要用专业化水准进行分析。经济记者（编辑）应具备足够的经济专业知识，能够准确把握经济概念的内涵、经济命题的要义，善于运用现代经济学的观点和思维方式观察、分析、评价经济活动，深刻揭示背后的规律和趋势。

2. 以通俗化面对读者，在易懂的前提下做到精深。受众往往喜欢阅读容易理解、接受的经济新闻报道。所以，经济新闻报道应生动、形象、通俗易懂，多使用大众化的语言，把复杂、深奥的经济问题、经济现象深入浅出、亲切自然地表述出来。

（五）经济新闻报道要有深度

广大的新闻阅读者已经从被动接受新闻，转变到主动思考新闻，他们不仅要求阅读具有真实性与时效性的新闻，还要求新闻报道要有一定的深度，可以引发人们对于生活、经济、社会乃至全世界的思考。

思考与练习

1. 经济新闻常见的类型有哪几种？

2. 按照经济新闻标题的写法，给下面这篇经济新闻拟写标题。

据物理学家组织网5月23日报道，全球首架设计为昼夜飞行的最大太阳能飞机“太阳驱动”号（Solar Impulse）于5月24日尝试首次洲际航行——当地时间上午8时24分从瑞士帕耶讷起飞，终点为北非国家摩洛哥，行程中无须使用一滴化石燃料。

“太阳驱动”号由该项目发起人安德烈·博尔施贝格和贝特朗·皮卡尔轮流驾驶。博尔施贝格驾机依次飞经瑞士、法国、西班牙，预计于当地时间25日凌晨4时在西班牙巴拉哈斯机场降落并短暂停留。此后皮卡尔将接手，驾驶飞机一路向南从直布罗陀海峡飞过地中海，在摩洛哥首都拉巴特短暂停留后，最终抵达摩中部城市瓦尔扎扎特，全程飞行约2 500千米。

“太阳驱动”号项目新闻发言人夏洛特·皮雄说，此次长途飞行的主要目的是协调该项目与各机场的合作并检验飞行保障水平，同时也是“太阳驱动”号在2014年进行环球飞行前的预演。如果这次洲际航行成功，将是该太阳能飞机自去年首航巴黎和布鲁塞尔以来最长的旅程。主办单位称，当完成全程飞行时，恰逢当地有史以来规模最大的太阳能热电厂举行奠基仪式，“太阳驱动”号将到场以示对摩洛哥太阳能发展的支持。“太阳驱动”号翼展63.4米，与空客A340飞机相仿，但因主要由超轻碳纤维材料制成，重量只相当于一辆中等轿车。其机翼上装有1.2万块太阳能电池板，为机上4台电动机供电。飞机白天飞行时，可将多余太阳能电力储备到高性能蓄电池中供夜间飞行，从而实现无燃油昼夜飞行。这架高技术含量飞机创造了太阳能飞机飞行史上多项世界第一：2010年7月成为历史上首架载人昼夜不间断飞行的太阳能飞机，最长飞行纪录是在瑞士上空达到的26小时10分钟19秒，也创下了海拔9 235米和飞行高度（从起飞地算起）8 744米的纪录。

国际航空运输协会希望能在2050年实现飞行器碳排放量为零的目标。阳光动力公司决定在未来着重解决光能吸收问题，因为只有大幅度提高电池功效，才可能使机上人数增加。

来自中国经济新闻网

【例文一】

欧元区走向“分裂” 意大利或“弃欧”

中新社柏林10月6日电 诺贝尔经济学奖得主、美国哥伦比亚大学教授约瑟夫·施蒂格利茨6日向德媒表示，对欧元区改革前景缺乏信心。他预计今后十年欧元区仍将存在，但很可能无法保全其现有的19个成员国。他还指出意大利存在退出欧元区的可能。

德国《世界报》网站6日刊登了对约瑟夫·施蒂格利茨的专访。他在接受采访中做出以上表示。

曾任世界银行首席经济学家的施蒂格利茨表示，从长期来看，不认为欧洲政治界能够挽救危机频仍的欧元区。他指出，成员国缺少采取关键性改革的决断力，如建立银行业联盟、共同的存款保险等重要改革举措缺失。

“我现在担忧的是，欧洲做出决策的速度或许会耗尽时间。等政界人士就要采取哪些措施达成一致后，时机也白白错失了。”施蒂格利茨认为，欧洲缺少“打破陈规”所必需的团结心。

他指出，假如对上述情况无能为力，欧元区将面临分崩离析的命运。

“十年后，还会存在一个‘欧元区’。问题是它是否还会是今天这样?”施蒂格利茨表示，“欧元区几乎不可能总有19个成员国保留在内。到时还会有哪几个国家在欧元区，就很难说了。”

2015年年初当希腊面临政局更迭之际，德国《明镜周刊》曾报道称，德国政府已做好准备，在万不得已的情况下允许希腊退出欧元区。

施蒂格利茨还分析了意大利退出欧元区的风险。他表示，在与意大利人士接触时，感到该国民众对欧元的失望情绪在增长，而该国经济学家和政界人士亦抱持同样的情绪。

“不久后意大利人将认识到，意大利在欧元区无法‘运转良好’。”施蒂格利茨给出了悲观的预期。

美国从金融危机至今经济重新出现复苏迹象，而欧元区仍未彻底走出低迷。对于这一反差，施蒂格利茨表示，美欧在人力和自然资源、体制机制方面都是相似的，“最大的不同就在于欧元。”

来自中国新闻网

【例文二】

国庆档票房遇冷 中国电影需要“工匠精神”

据经济之声《天下财经》报道，相比十一长假前火热的宣传攻势，这个国庆档的电影票房似乎有点冷。到了昨天，长假已过半，票房榜上“四大金刚”成绩也已出炉。《从你的全世界路过》以5天约4亿元的成绩领跑，《湄公河行动》从2号起反超《爵迹》位列第二，后劲不足的《爵迹》和《王牌逗王牌》分列第三、第四名。票房榜上竞争激烈。但是，从10月1号起，没有出现单日过亿的电影作品，与去年同期相比，票房下跌10%。

“多而不强”“烂片”当道，今年国产电影颓势尽显

回顾今年以来的电影市场：新年伊始，国内电影一路高歌猛进，在《美人鱼》等大片的拉动下，创造了7天36亿元的惊人战绩。此后，市场持续低迷，几个重要档期表现都不如去年同期，中秋档跌幅更是高达16%。

有业内人士犀利地指出，“烂片”当道，是票房持续低迷的主因，只有高质量的电影才有高人气。北京师范大学艺术与传媒学院院长周星说，我国电影在市场高速发展时，造就了一个虚假的现象，不断地模仿、山寨，缺少创意。

周星：“中国电影在市场猛扑上来之后，造就了一个虚假的现象，就是创作的真诚度降低。因此从暑期到现在，没有几部影片让人们觉得特别亮眼。市场改革的10年造就了中国电影的很好的基础，只不过走歪了。中国电影应该进入良性的、有真诚的、有创意的创作中。”

中国电影市场应强调“工匠精神”，着力提高影片质量

再来听听网友的观点。一位广州的网友表示：“对没有创新内容的电影出现严重审美疲劳。描写的都是浮夸的人生和美不胜收的情怀，情节严重地脱离生活”。一位山东烟台网友说得更直接：“能走进群众心里的好片太少。”

这些反映了电影市场的部分现状。这几年，由于影市的火热，不少资本涌入，市场固然活跃了，但也更浮躁了。对短线牟利的追求，使得电影

创作缺失真诚。

今年电影市场栽的跟头，或许是国产电影成长的一个插曲。这场“寒流”，值得反思。周星说，中国电影要想吸引观众，迎来拐点，踏实是基础。

周星：“所以，首先要踏实做好市场，而且做出有质量的市场。其次，我们都说要用‘工匠精神’来做好电影创作。认真地去做，而不是粗糙地模仿，或者拿着一个现成的所谓的‘IP’而没有做好它本身的内容。再次，中国电影要鼓励有创意的创作，而不只是仿造。最后，要增强本土文化的品质。中国电影越来越远离人们真实的感受。这是危险的。看多了‘胡闹’之后，人们会觉得还不如去感知生活。”

来自央广网

第五章
商品广告和商品说明书

第一节 商品广告

一、商品广告的概念

广告是个外来词语，是英语 advertising 的译名，原意是“我大喊大叫”。它源于拉丁文 advertere，其意为注意，诱导，传播。广告有广义和狭义之分。

（一）广义的广告

广义的广告为“广而告之”的意思，是个人或单位通过媒体向公众宣传自身某种信息、意愿的传播媒体。其所涵盖的范围很广，包括利用一切公开方式向公众传播、介绍某种事物的宣传手段，也包括不具有商业性、不以盈利为目的的广告，如征婚广告、招聘广告、礼仪广告、公益广告等。

（二）狭义的广告

狭义的广告，即商业广告，是指商品经营者或服务提供者承担费用通过一定的媒介和形式直接或间接地介绍所推销的商品或提供的服务的广告。它使人们了解有关商品、劳务的信息，使之产生购买动机，获得经济效益。这就是我们通常所说的商品广告，它是一种商业性、传播性和竞争性都很强的应用文体。作为一种应用文体，我们可以这样表述：商品广告是采用艺术手法通过不同媒介公开而广泛地向公众介绍商品、传递消费信息的一种应用文体。这个定义包括三个方面的内容：

1. 商品广告是一种传播手段，是市场经济活动的传播手段。

2. 商品广告的范围包括商品和服务两大部分。

3. 商品广告是通过一定媒体进行的。

我们在这里讲到的商品广告主要是指广告作品的语言文字部分，也就是广告文稿。

二、商品广告的种类

根据不同的划分方式，商品广告可分为不同的种类。

按广告覆盖的地区，可分为全球性广告、全国性广告、区域性广告和地方性广告；从广告的艺术形式来看，有图片广告、文字广告、表演性广告、演说广告和情节性广告；根据媒介方式划分，可分为报纸广告、杂志广告、广播广告、电视广告、网络广告和招贴广告。下面我们着重介绍几种常见商品广告的优势及局限性。

（一）电视广告

电视广告是一种经由电视传播的广告形式，通常用来宣传商品、服务、组织、概念等。大部分的电视广告是由广告公司制作，并且向电视台购买播放时数。电视广告发展到今天，其长度从数秒至数分钟皆有（也有长达10分钟的广告杂志，以及占用整个节目时段的“资讯型广告”，又称电视购物）。各式各样的产品皆能经由电视广告进行宣传，从家用清洁剂、农产品到服务，甚至连政治活动都可以做广告。

1. 电视广告的优势

（1）影响巨大。在同等广告费用下，任何广告媒体的吸引力、影响力都无法与电视广告相提并论。

（2）宣传范围广泛。据统计，我国晚间电视观众最多，电视广告具有广阔的覆盖面。

（3）表现手段灵活多样。电视广告力求以多种艺术手段的综合运用来创造最佳的宣传效果。

（4）深化印象。电视广告重复播放，有利于强化消费者记忆，加深消费者印象。

2. 电视广告的局限性

消逝速度快，不利于消费者查找和掌握细节；它穿插在各类节目当中，消费者缺乏预定性和选择性；广告支出费用较高。

（二）广播广告

广播是通过无线电波或金属导线，用电波向大众传播信息、提供服务的大众传播媒体。在电视普及之前，广播是备受人们欢迎的媒体。电视兴起后，将大批广播广告客户带走，曾经有人担忧地说：“广播广告注定要消失”。然而，从多年的发展趋势来看，广播广告的影响力仍然很大，它具有其他媒体缺少的独特魅力。

1. 广播广告的优势

（1）传播范围广。覆盖全国面积80%的信息传播网，使无法阅读报纸或收看电视的地方能接收到广告信息。

（2）广播广告的费用相对低廉。

（3）形式灵活。广播广告的形式主要包括单播、对答、预录、现播、配乐、穿插以及选时重复播放等。

（4）传播快捷。可以在最短的时间内把宣传内容传到城乡各地和千家万户。

（5）受众优势。广播广告针对性强，能和受众互动，同时听众收听习惯稳定，不“躲避”广告。

2. 广播广告的劣势

（1）难于记忆、难保存。广播声音消逝速度较快，广告内容不容易记住，也不易保存和查找。

（2）听众分散，宣传效果难以测定，收听率不平衡，农村高于城市。

（3）缺乏视觉形象。

（三）报纸广告

报纸广告是指刊登在报纸上的广告，它是以报纸为载体，进行信息宣传。报纸是以文字和图画为主要视觉刺激的一种印刷媒介，是广告媒介的主体。

1. 报纸广告的优势

（1）传播范围较广。报纸发行量大、读者多，这是其他广告媒体难以企及的。

（2）制作简便灵活。报纸广告制作工序简便，内容传播及时、迅速。

（3）印象持久。它以最快的速度给人以文字记载的明确诉求，并且报纸可以反复阅读，便于保存。

2. 报纸广告的局限性

（1）鉴于报纸纸质及印制工艺上的原因，报纸广告中的商品外观形象和款式、色彩不能理想地反映出来。

（2）大多数报纸有效时间短，不宜对公众形成长远影响。

（3）报纸内容庞杂，广告版面不突出，容易影响读者对广告的注意力。

（四）杂志广告

杂志广告即刊登在杂志上的广告。杂志可分为专业性杂志、行业性杂志、消费者杂志等。由于各类杂志的读者比较明确，所以它是各类专业商品广告的良好媒介。

1. 杂志广告的优势

（1）除了书以外，杂志比报纸和其他印刷品更具持久优越的可保存性。保存周期长，有利于广告长时间地发挥作用。同时，杂志的传阅率也比报纸高，这是杂志的优势所在。

（2）在专业杂志上做广告针对性很强，适应广告对象的理解力，能产生良好的宣传效果。从广告传播方面来说，这种特点有利于明确传播对象，广告可以有的放矢。

（3）广告作品往往放在杂志的封底或封里，印刷精致，一块版面常常只集中刊登一种内容的广告，比较醒目、突出，有利于吸引读者仔细阅读欣赏。

（4）杂志可利用的篇幅多，没有限制，可供广告商选择，并施展广告设计技巧。

2. 杂志广告的局限性

（1）影响范围较窄。杂志出版周期长，经济信息不易及时传递出去。

（2）缺乏一定的灵活性，不如其他广告媒体反应灵敏、传播迅速。

（五）网络广告

网络广告就是在网络上做的广告。它是利用网站上的广告横幅、文本链接、多媒体的方法，在互联网刊登或发布广告，通过网络传递到互联网用户的一种广告运作方式。

1. 网络广告的优势

（1）覆盖面广，观众数目庞大，有最广阔的传播范围。

（2）不受时间限制，广告效果持久。

（3）方式灵活，互动性强。

（4）可以分类检索，广告针对性强。

（5）制作简便，广告费用低。

（6）可以准确地统计受众数量。

2. 网络广告的局限性

（1）监管滞后。目前我国还没有专门的政府相关机构或专业的管理监督手段来对网络广告进行从制作到发布的全程透彻的跟踪和监控。

（2）强迫性广告过多。现在网民想躲开强迫性网络广告，浏览一个干净的网页越来越难了。而网民主动搜索的分类信息在网络广告中所占的比例却一直不大。

（3）网络广告的真实性差。由于在网络上上传资料方便灵活，所以出现了很多虚假、夸大广告，误导了消费者。

（4）网络广告专业人员缺乏。目前的网络广告大多是由网络技术人员来完成的，受自身专业的限制，使得网络广告缺乏与行销、传播、美术设计等专业广告要素的契合，从而让网络广告的效果大打折扣。

三、商品广告的特点

（一）针对性

针对性是指广告商根据社会既定群体对某种产品属性的重视程度，把自己的广告产品放置于某一市场位置，使其在特定的时间、地点，对某一阶层的目标消费者出售，以利于与其他厂家产品进行竞争。也就是要在广告宣传中，为企业和产品创造、培养一定的特色，树立独特的市场形象，从而满足目标消费者的某种需要和偏爱，为促进企业产品销售服务。

（二）真实性

商品广告要以真实为基础，不夸大事实，也不以假乱真，要符合广告法的有关规定。一个好的广告必须有可靠真实的内容作支撑。诚信是很多广告成功的基础。

（三）艺术性

商品广告讲究艺术美，要求抓住商品的特点、优点，摸透消费者的心理，运用各种艺术手段，突出商品的独特美质，使顾客产生购买欲望。

（四）创意性

广告能否吸引公众，激发公众的兴趣，关键看你的广告有无创意。简单来说就是通过大胆新奇的手法来制造与众不同的视听效果，最大限度地吸引消费者，从而达到品牌声浪传播与产品营销的目的。即有创造力地表达出品牌销售讯息，以迎合或引导消费者，并促成其购买。

四、商品广告的作用

（一）商品广告是联系企业与市场的桥梁

在产品符合市场需求以及广告技巧运用日益科学的条件下，广告是一种“奇妙的投资”，可以起到“红娘”的作用。沟通产、供、销，使需求者找到供应者，供应者找到需求者，从而活跃一个企业或一个地区的经济。

（二）商品广告有利于交流信息、沟通产销

商品广告是“推销者的喉舌”“消费者的向导”。指导消费，刺激需求是商品广告的主要作用。商品广告为消费者提供大量可供选择的商品信息，介绍商品的性能、特点及使用、保养方法，对消费者购买商品起指导作用。同时，也可以通过富有技巧的宣传，激发潜在的消费者对产品产生兴趣、信赖或引起重视。

（三）商品广告有利于扩大销售，促进生产

企业要发展壮大，必须使其产品具有一定的市场占有率。企业保证市场占有率的重要前提是有较高的知名度和美誉度，而广告宣传正是提高企业知名度的重要手段。

（四）商品广告还可以起到传播文化知识、丰富文化生活的作用

商品广告作为一种社会文化现象，呈现出商业功利和社会文化双重色彩，具有经济和文化两方面的功能，不再是简单的卖什么就吆喝什么的促销工具。广告中的文化内容，特别是其中的价值观念、生活方式，无论是传统的还是现代的、积极的还是消极的，经过传播都会渗透到生活中，对受众的思想、行为产生影响。

五、商品广告的写法

（一）拟定广告主题

商品广告的主题是广告的中心思想，是广告内容和目的的集中体现和概括，是广告诉求的基本点，是广告创意的基石。广告主题在广告的整个运作过程中处于统帅和主导地位。广告设计、广告创意、广告策划、广告文案、广告表达均要围绕广告主题。广告主题使广告的各种要素有机地组合成一则完整的广告作品。

一般来讲，我们可以从广告目标、信息个性和消费心理三个方面，选择适当的角度，抓住商品某一方面的特征，拟定广告的主题。

1. 广告目标。广告目标是指广告活动所要达到的最终目的。广告目标是根据企业目标设定的。营销目标是指通过包括广告在内的多种营销手段所获得的实际物化效果。而广告目标是广告实施对目标对象的最终影响，即沟通的目标。广告目标决定了为什么要做广告和怎样做广告的问题。确定广告主题，必须以广告目标为依据，针对要达成的广告目标提出广告所要说明的基本观点和要告诉人们什么。广告目标融入广告活动中并获得实现的可能性，必须借助广告主题。广告策划需要解决的问题是广告所要传达的核心内容是什么，它必须直接或间接指向广告目标。因此，广告目标对广告主题的要求是不能无的放矢，不能不讲效果，不能与广告策略相违背。

2. 信息个性。信息个性也称“卖点”，在广告传播中即为诉求重点——广告对商品、服务和观念所要传播的主要内容。当年，饮用水市场被乐百氏和娃哈哈两分天下。一个新的产品如果没有个性，是不可能找到品牌间的差异的。农夫山泉的崛起告诉我们：区别就是一切。它牢牢抓住了人们回归自然的心态，无论是产品的命名还是创意都围绕这一中心，展开了“农夫山泉有点甜”的攻势，让人喝上一口真的有甜丝丝的感觉，体现了产品的与众不同。信息个性是整个广告活动的亮点，犹如华丽礼服上的一颗钻石胸针，使整套服饰都鲜活起来。因此，信息个性对广告主题的要求就是：主题必须具有独特的个性信息。

3. 消费心理。消费心理是消费者在购买、使用及消耗商品或接受服务过程中反映出来的心理现象。这种现象不是千篇一律的，而是千姿百态的。消费者的心理把握不准的话，就难以激起消费者的购买欲望。一个广告主题如果心理因素融合得越巧妙、越合理，广告共鸣的震撼效果就越强烈。因此，消费心理对广告策划的要求是：广告目标和信息个性必须迎合消费者某一方面的心理需要。

商品广告的主题是广告的核心与灵魂，所以商品广告的主题要深刻、独特、鲜明、统一，要防止广告主题同一化、扩散化、共有化。

（二）安排广告结构

做广告的目的是要把商品推向市场，让消费者采取购买行动，从而扩大销售。因此，在写作商品广告时，必须研究商品和服务，研究市场，研究消费者，还要调动文学创作的一些方法，把商品广告写得生动、有趣、形象、具体，富有艺术感染力。可以运用比喻、夸张、对偶、排比等修辞手法，但要遵循真实性原则，不夸大事实。

商品广告一般由标题、正文、结尾、广告口号等几个部分组成。

1. 标题。广告标题是表现广告主题的短语，是广告主题的集中表现，是区分不同广告内容的标志。写作广告标题最基本的要求是语言简洁、引人注目、便于记忆、有吸引力和感染力。

根据表现形式的不同，广告标题可分为直接标题、间接标题和复合标题三种。

（1）直接标题。直接标题就是直截了当地用商品的名称、品牌作为广告标题的核心内容，直接表明广告的主题和销售重点。例如：

我的华联，我的家（华联商厦广告）

（2）间接标题。间接标题就是不直接点明广告主题或介绍商品，而是向读者提醒或暗示，用迂回的方法引人注意，诱发阅读者的兴趣，使其了解广告的内容，产生购买的欲望。例如：

给轻薄本包书皮（华硕电脑广告）

唯我独尊（马自达 RX8 广告）

（3）复合标题。复合标题是以上两种标题的综合运用，既直接用企业名称、商品等，又配以形象、抒情、隽永的语句，虚实结合，表里兼顾，使标题别具吸引力。形式上可以是正题和副题，或引题和正题，甚至引题、正题和副题三者的结合。引题是交代背景，渲染气氛，正题是点明广告的主要事实，副题则是对正题的补充说明。例如：

中国名酒（引题）

西凤酒（正题）

芳香可口，醇和甘甜，清冽净爽，余味久长（副题）

2. 正文。正文是广告文稿的核心部分，起着介绍商品和服务、树立商品和企业形象、推动购买并最终实现广告促销的作用。正文要深入、透彻地表现广告的主题和内容。广告正文通常要写三个方面：

（1）紧扣主题，扼要解说标题提出的问题，以便自然、准确地引出下文。

（2）提供商品细节，表达所要宣传的内容，如商品的性能、特点等。

（3）号召人们购买。

成功的广告正文不仅能简洁、具体地介绍商品，满足消费者的需要，解除消费者的疑虑，而且可以赢得消费者的好感与信赖，激发购买欲望，促使消费者采取购买行动。所以，写作商品广告要在技巧上下功夫，要求写作者具备扎实的语言功底和较高的文学修养。广告正文的表现形式主要有以下几种：

（1）陈述式。用简洁而朴实的语言将商品特性客观地表述出来，内容表达准确实在。这种方法直截了当、清楚明了。例如：

永福县是名贵特产罗汉果之乡。罗汉果味甜、性凉，具有清热润肺、止咳化痰、生津止渴、润肠通便、益肝健脾以及促进肠胃功能、降低血压等功效。（广西永福制药厂广告）

（2）对话式。通过对话或问答的形式，向消费者展示主题，把广告宣传的内容表达出来，激发人们的好奇心，达到宣传商品或服务的目的。它针对性较强，容易产生吸引力。例如：

宋丹丹：怎么把大象送回家呢？

众人：怎么送？唐骏汽车？噢……

宋丹丹：唐骏汽车把吉“象”送到家！唐骏汽车耐用！（唐骏汽车广告）

（3）证书式。以客观可靠的鉴定材料或权威人士、社会名流、典型用户的赞美肯定为依据，来证明其商品的质量上乘、服务一流，从而增加消费者对商品的信任。例如：

弘扬男士精品，一展男士风采！皮尔·卡丹在这儿！国际名牌——皮尔·卡丹！（皮尔·卡丹广告）

（4）文艺式。以生动形象或幽默风趣的语言来制作广告，如采用散文、诗歌、相声、小品等形式，给人一种轻松愉快之感，在享受美与快乐的同时，接受广告信息。

星光下的晚餐如梦如幻

芬芳的美酒香飘河畔

奔放的迪斯科挥舞热情

夜色中的大都市依旧生机盎然

……

这就是新加坡（新加坡旅游广告）

3．结尾。广告的结尾一般包括商品名称、商标名称、厂标、商品销售日期、价格、商品购买方法、通信地址、联系人等。结尾既要清楚、明白、详细、具体，又不可喧宾夺主。根据广告宣传的要求，结尾要有所选择，突出重点。

4．广告口号。它是某一企业或某一商品的广告在一段时间里反复使用的特定用语。它的作用在于反复出现于广告中，加深消费者的理解和记忆，形成强烈的印象，用来树立企业的形象或强调品牌效应。例如：

美的电器——原来生活可以更美的（美的集团广告）

特步——非一般的感觉（特步运动鞋广告）

科技以人为本（诺基亚手机广告）

广告口号不同于广告标题，两者的主要区别是：

（1）广告标题的作用是吸引消费者注意广告和阅读广告；广告口号的作用是在消费者中间树立起企业或商品的形象，引导购买。

（2）广告标题的位置相对稳定，它与正文及结尾联合使用；广告口号的位置十分灵活，可以在广告文稿中出现，也可以单独使用，有时可以长期反复使用。

（3）广告标题的形式可以是整句话，也可以是半句话，甚至是一个字；广告口号必须使用完整的句子，表达出明确的概念。

六、商品广告的写作要求

（一）商品广告的内容要真实、健康

《中华人民共和国广告法》第三条规定：“广告应当真实、合法，符合社会主义精神文明建设的要求。”第七条规定：“广告内容应当有利于人民的身心健康，促进商品和服务质量的提高，保护消费者的合法权益，遵守社会公德和职业道德，维护国家的尊严和利益。”由此可见，广告内容真实、健康是广告法确定的一个基本原则。在激烈的商品竞争中，仍然应当遵守以诚信为本的良性生存法则。不可否认，目前在广告写作实践中，有一些人为了追求经济效益、轰动效应而置国家的法律法规于不顾，所写广告词虚假、恶俗。这类广告侵害了消费者的合法权益，带来严重后果者将受到法律的制裁。

（二）商品广告创意应独特、新颖

广告创意的新颖、独特是指不要模仿其他广告创意，不要人云亦云、步人后尘，给人雷同与平庸之感。唯有在创意上新颖、独特，才会在众多的广告中一枝独秀、鹤立鸡群，从而产生感召力和影响力。评价一个广告优秀与否的标准是它能否达到预期的促销目的，不过热销商品在独特、新颖的广告背后，依靠的还是过硬的质量、良好的售后服务等。

（三）商品广告要使用形象化、艺术化的广告语言

广告应尽量使用形象化的语言，以加深消费者对商品或企业特色的理解，在消费者心中留下深刻的印象。强调商品带给消费者好处的这类广告语，是将企业、产品的特长，化作给予消费者的利益，以颂扬的语气、形象化的语言直截了当地说出来。比如广州宝洁海飞丝洗发水的广告语“头屑去无踪，秀发更出众”，潘婷洗发水的广告语“拥有健康，秀发当然亮泽”。戴尔比斯钻石的广告语“钻石恒久远，一颗永流传”，其艺术化的语言不仅道出了钻石的真正价值，而且从另一个层面把爱情的价值提升到足够的高度，美的钻石、美的爱情相依相伴。

（四）商品广告的编排要恰当

商品广告排版要醒目，配置要恰当，层次要分明。选择合适的字体，

根据篇幅调节行间距，并使用恰当的边纹或花饰等，这样才便于消费者阅读，给消费者留下良好印象。

第二节　商品说明书

一、商品说明书概述

（一）商品说明书的含义

商品说明书也称产品说明书，是一种以说明为主要表达方式，用平易、朴实、易懂的语言向用户通俗地介绍商品或服务的性能、特征、用途、使用和保养方法等知识的文书材料。商品说明书有时也叫使用说明书。其写作目的是教人以知，教人以用。

（二）商品说明书与商品广告的异同

它们的共同点是用简明扼要的语言文字介绍商品。其不同之处为：

1. 内容侧重点不同。商品说明书常常侧重于介绍商品的性质和使用方法；而商品广告内容广泛，有的介绍商品，有的介绍技术条件、系列产品、质量声誉，有的介绍销售办法和良好的售后服务。它着重宣传商品的优点和作用。

2. 宣传目的不同。商品说明书主要是帮助用户正确认识和使用商品，懂得保养方法和注意事项，以取得商品的最佳使用效果；商品广告主要是宣传商品，它对商品的介绍以促销为目的，重点在于引起消费者的青睐，刺激其购买欲望。

3. 宣传方式不同。商品说明书一般直接印在商品包装物上或随商品一起放在包装物内，主要是购买者使用；商品广告通过一定的媒介（如电视、广播、报刊、网络等）出现在消费者面前，让更多人知道。

4. 表达方式不同。商品说明书以说明为主要表达方式，商品广告则可运用叙述、议论、描写、抒情等多种表达方式。

二、商品说明书的种类

（一）以内容为标准

商品说明书可以分为解说阐述性说明书和介绍简述性说明书。

（二）以篇幅的长短为标准

商品说明书可以分为完整性说明书和简约性说明书。

（三）以表达的形式为标准

商品说明书可以分为文字式说明书、图表式说明书和音像式说明书。

（四）从传播方式上划分

商品说明书可分为手册式说明书、插页式说明书、标签式说明书和印在包装上的说明书。

1. 手册式说明书。这类说明书以手册形式向用户提供从几页到几十页不等的文字说明材料，有些还带有照片和插图，能详细而全面地提供与商品有关的信息。许多家电产品的说明书（如电视机、洗衣机、冰箱、空调的使用说明书等）通常是一本手册。

2. 插页式说明书。一些产品的包装盒或袋里附带一页纸，纸上印着有关产品的信息，这页纸就是一份插页式说明书。药品说明书常以这种形式附在药盒里，提供有关该药品的成分、药理作用、适应症、剂量及其他注意事项等。

3. 标签式说明书。这类说明书是指附在产品包装或直接附在产品上的纸或其他材料制成的标签。最常见的是成衣上的标签，上面标有衣物名称、面料成分、尺码、颜色和洗涤说明等。

4. 印在包装上的说明书。有些产品的文字说明直接印在其外包装（包装盒、包装罐、包装瓶等）上，如许多食品和饮料的文字说明就属此类，注明产品名称、商标、成分、净重、贮存及保质期等。

三、商品说明书的特点

（一）实用性

商品说明书与生产、生活密切相关，要围绕如何正确使用商品来展开说明，方便消费者操作。它实际上是在介绍某种实用知识或实用技术，因此，必须真实、准确，具有严密的科学性。

（二）说明性

商品说明书解决的是“怎么样”“怎么做”的问题，以说明为主要表达方式。要用一种冷静的、客观的语气说明事物，讲明产品的性能和用法，把抽象的东西说具体，深奥的东西说浅显，使购买者一看就能理解，动手就会使用。

（三）简明性

商品说明书以消费者为主要阅读对象，语言要求简洁明快、通俗易懂，也就是要突出要点，用较少的文字把主要内容表达出来。

四、商品说明书的作用

商品说明书主要是帮助和指导消费者正确地认识、使用和保养商品，同时兼具宣传商品的作用。编写商品说明书的目的在于通过对商品的介绍，让消费者了解它的性质、特点和使用方法，从而决定是否购买它。在新产品不断出现的今天，如果不做介绍或介绍得不好，就可能给用户造成损失，以致影响产品的声誉和企业的经济效益、社会效益。因此，写好商品说明书至关重要。

除此之外，还有法律上的意义。首先，作为确定生产经营者质量保证义务的根据，法律规定了生产者负有保证产品内在质量的义务，包括明示担保义务和默示担保（即执行国家强制性标准）义务。事实上，商品使用说明书便是生产经营者的明示担保义务事项之一，是商家对消费者的一种承诺。其次，消费者如果未按使用说明书使用，便可能是使用不当，因此所造成的损失，责任一般由消费者承担。所以，消费者在购买、使用商品时，要认真阅读商品使用说明书，才能正常使用，延长商品寿命，如出现问题及时针对商家的明示担保索赔。

五、商品说明书的写法

（一）标题

商品说明书常见的标题有三种：

1．直接以文种作标题。例如商品说明书、产品说明书、使用说明书、使用指南等。

2. 以商品名称作标题。例如三九胃泰、紫光扫描仪等。

3. 以商品名称加文种作标题。例如强生美林说明书、步步高 DVD 使用说明书等。

（二）正文

正文是商品说明书的核心部分。商品不同，需要说明的内容也不同，有的说明商品的用法，有的说明商品的功能，有的说明其构造，有的说明其成分等，千差万别，各有侧重。例如食品说明书重在说明其成分、使用方法及保质期限；药物说明书重在说明其构成成分、基本效用及用量；电器说明书重在说明其使用和保养方法，一般包括以下几个方面的内容：

1. 产品的概况（如名称、产地、规格、发展史、制作方法等）。

2. 产品的性能、规格、用途。

3. 安装和使用方法。

4. 保养和维修方法。

5. 附件、备件及其他需要说明的内容。

以上内容，可以根据实际需求取舍详略和变动前后顺序。正文的写法多种多样，常用写法如说明文式、条文式、对话式、表格式、故事式、解释式等，比较常见的有概述式、短文式、条款式、图文结合式。

1. 概述式。一般只有一两段文字，简明扼要地对商品做概括介绍。

2. 短文式。对商品的性质、性能、特征、用途和使用方法作简要介绍，多用于介绍性的内容说明。

3. 条款式。这是详细介绍商品的说明书的写法。它分成若干个部分，将有关商品的规格、构造、主要性能和指标参数、保养方法、维修保修方式逐条列项介绍给消费者。家用电器说明书多采用这种方式。

4. 图文综合式。即图文并茂地介绍商品。既有详细的文字说明，又有照片或图示解说，有的还有电路图、构造图、分子式（医药）等。这种商品说明书往往印成小册子作为商品附件。

（三）附文

附文一般写产品制造厂家的名称、地址、邮编、邮箱、电话、传真，以及产品的批号、生产日期、优质级别等。不同的商品说明书，附文有所不同，应根据实际需要确定。

六、商品说明书的写作要求

（一）突出产品特点

产品品种繁多，性质各异，因此商品说明书不可能千篇一律地按照一个模式来写，而是要有重点地介绍商品信息，突出该商品的特色，这样才能引起消费者的注意。

（二）内容真实全面

要真实全面地向用户介绍产品，以便用户全面、正确地了解该商品，避免错误使用造成损失，而引起用户和生产厂家之间的争执。

（三）语言通俗简洁

为了方便消费者阅读，说明书要使用通俗易懂、大众化的语言，避免使用行话术语。商品说明书要求行文简洁，但不少说明书唯恐用户不明白，就赘赘而谈，反复解释说明，反而导致说明书语句重复，连篇累牍。

（四）食品说明书要标明出厂日期和保质期

若不标明出厂日期和保质期，顾客会怀疑其过期而不购买，从而影响商品销售。

思考与练习

1．怎样拟定商品广告的主题？

2．根据下述材料，按商品广告的写作要求，写一篇完整的商品广告。

××厂主要生产如下文化用品：中小学生作文本、英语练习本、文具盒、各类自来水笔、台历、打字纸、各种日记本等。该厂生产的产品质量优良，装帧美观，价格合理。厂址：××省××市××街××号。电话：××××××××，邮编：××××××。

3．写作商品说明书的注意事项是什么？

4．根据下述材料，按商品说明书的写作要求，写一篇完整的商品说明书。

材料一：××洗衣粉为上海××××厂最新推出的高效衣物洗涤剂。该洗衣粉采用上等原料及合成蛋白酶微生物的最新配方，能洗净一般洗衣粉难于洗净的血渍、尿渍等混合污渍。

材料二：××洗衣粉质地柔和，气味芬芳，不伤皮肤，去污力强，泡沫适中，易于漂洗。衣物洗后，洁白鲜艳。适用于丝、毛、棉、麻及其他各种合成纤维等织物，不伤衣料，安全可靠。

材料三：××洗衣粉能浸洗也能搓洗，用量和一般洗衣粉相同。衣物浸泡时间在15分钟以上，去污效果更佳。禁忌直接用热水（高于75℃）冲泡溶解洗衣粉，以免影响洗涤效能的最大限度发挥。

材料四：厂址：×××××××，电话：×××××××。

5. 请你为常用的一件物品写一份商品说明书。

【例文一】

光辉岁月　我为自己代言

从未年轻过的人，
一定无法体会这个世界的偏见。
我们被世俗拆散，
也要为爱情勇往直前；
我们被房价羞辱，
也要让简陋的现实变得温暖；
我们被权威漠视，
也要为自己的天分保持骄傲；
我们被平庸折磨，
也要开始说走就走的冒险。
所谓的光辉岁月，
并不是后来闪耀的日子，
而是无人问津时，
你对梦想的偏执，

你是否有勇气（我有勇气），

对自己忠诚到底。

我是××，

我为自己代言。

××××

2013 年 4 月 26 日

☞来自爱奇艺

【例文二】

××清热解毒口服液

【药品名称】清热解毒口服液

【成　分】石膏、金银花、玄参、地黄、连翘、栀子、甜地丁、黄芩、龙胆、板蓝根、知母、麦冬。辅料：蔗糖。

【性　状】本品为棕红色的液体；味甜、微苦。

【功能主治】清热解毒。用于热毒壅盛所致发热面赤，烦躁口渴，咽喉肿痛；流感、上呼吸道感染见上述证候者。

【规　格】每支装 10 毫升。

【用法用量】口服，一次 10～20 毫升，一日 3 次。儿童酌减，或遵医嘱。

【不良反应】尚不明确。

【禁　忌】尚不明确。

【注意事项】

一、忌烟、酒及辛辣、生冷、油腻食物。

二、不宜在服药期间同时服用滋补性中药。

三、风寒感冒者不适用。

四、糖尿病患者及有高血压、心脏病、肝病、肾病等慢性病严重者应在医师指导下服用。

五、儿童、孕妇、哺乳期妇女、年老体弱及脾虚便溏者应在医师指导下服用。

六、发热体温超过38.5℃的患者，应去医院就诊。

七、服药3天症状无缓解，应去医院就诊。

八、对该药品过敏者禁用，过敏体质者慎用。

九、该药品性状发生改变时禁止使用。

十、儿童必须在成人监护下使用。

十一、请将该药品放在儿童不能接触的地方。

十二、如正使用其他药品，使用本品前请咨询医师或药师。

【药物相互作用】如与其他药物同时使用可能会发生药物相互作用，详情请咨询医师或药师。

【贮 藏】密封。

【包 装】钠钙玻璃管制口服液瓶，每支装10毫升，每盒装10支。

【有 效 期】24个月

【执行标准】《中国药典》××××年版一部

【批准文号】国药准字Z41021970

【说明书修订日期】××××年×月×日

【生产企业】××省××制药股份有限公司

第六章
市场调查报告

第一节　市场调查报告的含义和特点

一、含义

市场调查报告是财经应用文中的一个重要文种。它是用科学的方法，对产品的供求状况、销售状况、消费者状况等进行认真的调查，然后进行准确的分析和预测，提出有效建议，用以指导企业生产经营实践。

在市场经济社会中，这个文种具有重要的作用和重大的意义。它的出现，使得有关决策者们能够更加科学地对企业的市场经营活动进行安排和部署，避免了盲目决策，保证了企业的经营效益。

做某个行业或者某个产品的市场调查报告，要求写作者有高度的责任心，实事求是地调查，如实地反映市场的现状，同时要用科学的方法来分析调查得来的数据，运用有关经济规律准确预见市场的将来，得出具有针对性的对策和建议。此外，准确的表达、合理的结构也是市场调查报告写作必不可少的。

二、特点

（一）规范性

规范性是应用文有别于文学作品的一个重要特征。市场调查报告作为应用文的一种，也不例外。在格式上它有严格的规范性，应该写些什么，不应该写些什么，在长期的实践中，已经有了约定俗成的要求。比如关于市场调查的现状部分，就必须写，而且要写得全面具体，真实可信。在语言上它也有严格的规范性，就是必须使用有关的经济术语和行业内的惯用语，而不是简单地用一些大白话来表述。

（二）专业性

市场调查报告是为企业服务的，它需要真实地反映市场的现状，还必须具有较强的专业性。如果它的内容没有很强的专业性，没有深刻、全面地反映经济生活的现实，就起不到指导企业生产经营、满足人们物质需要的作用。

（三）实效性

所谓实效性，是指在具体的现实中市场调查报告所产生的实际效果和实用价值。市场调查报告作为现代经济管理的工具和手段，其价值取向就是实用，即解决经济生活中的实际问题。可以说，务实是市场调查报告写作的本质特征。这个文种在经济应用文中的作用和意义日渐重大，从某种意义上说，务实也是原因之一。

（四）客观性

客观性指的是市场调查报告的内容必须真实可信，是准确反映现实的材料。这一点是市场调查报告写作的基本要求。客观地写作、冷静地分析，这样得出的结论才具有实效性，否则只会误导实践。在调查中，应该实事求是，和市场现状尽量保持一致；在写作中，应该有一说一，有二说二，既不夸大，也不缩小，让笔下文字和现实高度统一起来。

第二节　市场调查报告的种类和作用

一、种类

（一）按照综合程度的大小

按照综合程度的大小，市场调查报告可以分为综合性市场调查报告和专题性市场调查报告。

（二）按照写作侧重点的不同

按照写作侧重点的不同，市场调查报告可以分为信息型市场调查报告和建议型市场调查报告。

（三）按照调查对象的不同

按照调查对象的不同，市场调查报告可以分为产品型市场调查报告、供求型市场调查报告、产品销售型市场调查报告、消费者状况型市场调查报告和竞争状况型市场调查报告。

二、作用

我国目前的改革已在社会各个领域全面铺开，社会主义市场经济的观念已深入人心，人们基本上已经习惯了用市场经济的理念来指导自己的生产生活。市场调查报告对于我们有效了解市场的动态信息，有针对性地灵活掌控企业的经营活动，从而使企业的发展更快、效益更好，发挥着巨大的作用。它可以增强企业在市场经济大潮中的应变能力和竞争能力，从而有效地促进经营管理水平的提高。

（一）参谋作用

市场调查报告需要根据调查得来的信息，进行科学的分析和预测，得出有效的对策和建议，以供企业领导作决策时使用。决策的高明与否，对企业经营活动的成败有着很大的影响，而市场调查报告所提出的对策和建议就起到了参谋作用。

（二）信息作用

这主要指的是通过认真的市场调查所得来的有关数据信息等基础材料所发挥的作用。搜集信息工作对于现代企业来说，意义重大。细节决定成败，决不能忽视基础信息的作用。

（三）有效的竞争手段

现代企业的竞争手段很多，如人才、价格、宣传等。但是调查统计方面的竞争最为直接，也最为具体，谁调查的数据最真实，谁分析的结论最务实，谁就能在激烈的市场竞争中占有优势。

第三节　市场调查报告的写法和写作要求

一、写法

（一）标题

1. 公文式标题。即由调查对象和调查内容加上文种名称组成，例如《关于××××年全省农村家电销售情况的调查报告》。实践中常将市场调查报告简化为“调查”。

2. 文章式标题。即用精炼生动的语言直接交代调查的内容或主题，例如《全县农村人口养老需求的变化》。在实践中，有时还多采用双标题的结构形式，这样更加引人注目，富有吸引力，例如《文化养老，快乐养老——××市城镇居民养老状况调查》。

（二）引言

引言是市场调查报告正文的开篇部分，要写得简洁概括。一般要交代调查的目的、对象、地点、时间、范围、方法等，有时还可介绍一下背景或经过以及全文的主要内容和观点，以便读者对下文有个大致印象。然后可用一个过渡句承上启下，引出正文的主体部分。

（三）主体

主体包括调查情况介绍、对材料的分析预测、提出的意见及建议这几个部分。

调查情况介绍部分是全文的基础，下面的分析和建议是以此为依据来写作的。所以，其内容必须有极强的针对性，一定是企业真正需要的材料，决不能不顾企业的实际，漫无目的地东拉西扯一些与企业实际联系不大的内容。写作时，也不能简单地罗列材料，而是要采用多种手法，比如图表法、数字法、对比法等，力求重点突出地展现主要材料。结构上可采用小标题、序号法、归纳法等，以使读者一目了然。

对材料的分析预测部分会直接影响到领导的决策，是有关领导制订计划、出台政策的依据，也是市场调查报告的核心部分。这部分的写作非常重要，应多花心思，尽力写好。进行情况分析时，要根据企业生存、发展的需要，着重对影响企业发展的重要因素进行科学的研究和推断；要紧密结合调查得来的材料，切忌随意发挥。进行预测时，要根据分析，有明确的看法，要有一定的超前性。

建议部分体现了市场调查报告的写作目的和宗旨，是决策者形成科学决策的重要参考资料。要针对市场现实，能够真正解决企业所面临的问题。这一部分的写作要在调查材料和分析预测的基础上，用发展的眼光，把握市场的动态和走向，为企业提出具体的建议和可行的方法。

（四）结尾

结尾也是市场调查报告的重要组成部分，要写得简明扼要，干脆利落，切忌拖泥带水，含混不清。一般是对全文内容进行高度总括，突出主旨，强调意义；或是展望未来，以满怀信心的笔调作结。根据实际情况，有时也可省略这一部分，以使文字更加简洁。

二、写作要求

（一）调查方法要科学合理

在市场经济中，市场经营主体面临着激烈的竞争，企业在竞争中胜出的关键是事关企业发展的决策要科学，而科学的有价值的决策取决于有好的市场调查方法。因此，市场调查人员要善于运用观察法、询问法、实验法、文献法等方法，合理设计调查问卷，及时捕捉瞬息万变的市场动态，从而获取真实、可靠、有说服力的第一手材料。此外，调查时机的选择也要恰到好处，既不超前，也不滞后。这样得来的数据信息就一定真实、准确，在此基础上撰写的调查报告也才具有实用性。

（二）调查材料要准确可靠

市场调查的对象往往是企业发展中需要着重解决的问题，例如消费者群体定位状况、市场销售状况、产品质量状况等，所以调查得来的材料一定要真实、准确，能够真正反映调查对象的实际情况，这样才有利于作进一步的分析预测。同时，对于调查得来的材料，也应该合理分类，或者定性，或者定量，从不同的角度让材料更有说服力。

（三）分析预测要充分有力

分析预测的对象是大量的真实的典型材料，决不能把这些材料机械地堆在一起，让读者去阅读“材料汇编”，而是要科学合理地把这些材料组合在一起，加以正确的分析、大胆合理的预测，从大量的材料中找出宝贵的指导实践的规律来。这就需要用科学的思维方法，从历史的、现实的角度，大胆分析，合理预测，从而找出对企业发展至关重要的有指导意义的规律。

（四）建议措施要切实可行

市场调查报告的建议措施部分是写作的主要目的所在。前期的调查、分析、预测，都是为了得出能够指导企业生产经营实践的建议措施。首先，建议要有针对性，要能够解决企业所面临的问题，或者能够对企业的发展产生一定的促进作用；其次，方法要切实可行，要能够运用到实践中去，也能够被企业的实践所检验；最后，建议要能够在一定程度上推进企业生产经营实践的发展。所以，建议措施既要考虑长远，尽可能地解决企业发展的根本大计问题，也要立足眼前，富有成效地解决当前面临的现实问题。

思考与练习

1. 简述市场调查报告的含义与特点。
2. 市场调查报告的作用是什么？
3. 简述市场调查报告的结构。
4. 市场调查报告的主体部分应该怎样写？
5. 市场调查报告的引言部分应该怎样写？
6. 请自己搜集材料，写作：某校大学生手机消费市场调查。

【例文】

2016年汽车市场调查报告

我国汽车工业从无到有，在改革开放后形成完整的汽车工业体系。加上计划经济体制向市场经济体制转变，我国汽车市场由此诞生。

如图1所示，在本次调查中，在有车一族里，企业人员、公务员、事业单位人员所占的比重相当大，占总比例的60%，除此之外还有一些私家车主和私人企业主，占总比例的40%。

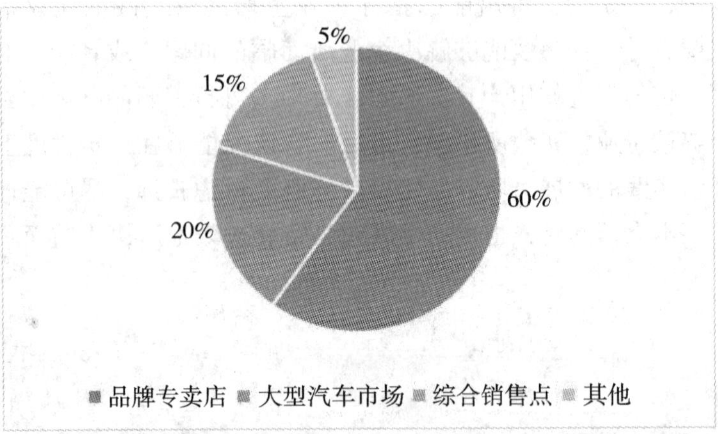

图 1

如图 2 所示，在本次汽车消费者调查中，年龄在 30 ~40 岁之间所占的比例为 57%，41 ~50 岁之间的为 30%，30 岁以下所占比例为 13%。由此可见，购买汽车的消费者基本大多数是在 30 ~40 岁这个年龄段。此年龄段是人们事业高峰期时段，很多人在此阶段都有一定的积蓄了。

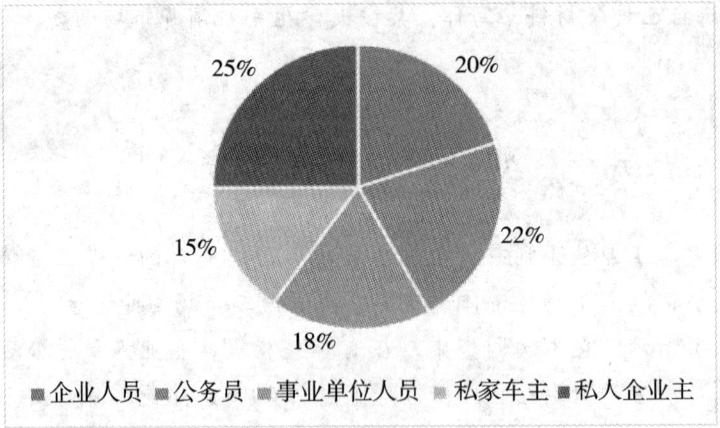

图 2

如图 3 所示，在本次调查中，60% 的汽车消费者会选择在品牌专卖店购车，20% 的消费者会选择在大型汽车市场购车，15% 的消费者会选择在综合销售点购车，还有 5% 的人选择其他渠道购车。由此可见，消费者都是比较信赖品牌专卖店的，在这方面企业要加强自身品牌建设，同时建立好销售渠道。

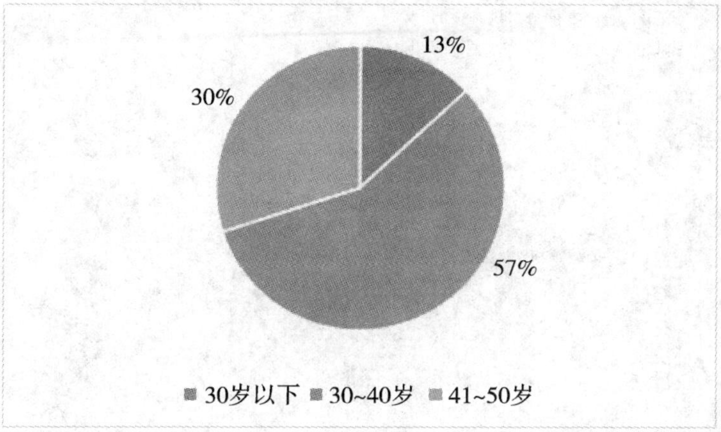

图 3

消费者最担心的问题仍然是车子的安全性能，其次是汽车的质量问题和售后服务各占 28.02%、25.6%。汽车厂商切记要保证安全质量，及时全面地跟进售后服务。

第一，消费者在购车时获取购车信息的首要途径是网络途径。第二，作为信用度最高，也最能发展潜在客户的“朋友介绍”途径，有 20.7% 人群选择。第三，作为专业介绍汽车的杂志和车展，共有 29.3% 的人群选择。他们认为在这些专业的地方更能找到全面有用的信息。第四，作为电视、报纸、广播等媒体广告形式，仅有 3.4% 的人群选择，其余人认为在媒体广告中很难得到全面如实的购车信息。第五，其他类了解途径比如 4S 店、户外广告等，有 7.7% 人群选择。

来自 51 调查网

第七章
经济活动分析报告

第一节　经济活动分析报告的含义和特点

一、含义

经济活动分析报告以经济理论和经济政策为指导，根据会计核算资料、统计报表、计划指标和调查的情况，运用科学的分析方法，对某一经济组织的经济活动或某一经济现象进行分析研究，做出正确的评估，评价成败得失，探讨其中原因，寻求改进方法，达到提高经济效益的目的。经济活动分析报告全面反映了经济活动分析过程，也简称为经济活动分析。

经济活动分析报告是金融企业根据会计报表（有按月编报的主表：资产负债表、损益表、财务状况变动表。有按年编报的附表：利润分配表，应收、应付利息情况表，其他应收、应付款项表，递延资产明细表，固定资产明细表。另有在年度报告中附送的财务情况说明书、会计报表附注）、计划指标、会计核算及统计资料等数据材料，对经济、金融某一业务领域、某一经营单位的经济活动状况有重点、有针对性地逐一加以分析和考察，对金融企业的财务状况、理财过程和经营成果做出正确的评价，为报表使用者作决策提供依据的一种书面报告。

二、经济活动分析报告与市场调查报告、市场预测报告的区别

市场调查报告是对市场中现有情况的分析与判断，市场预测报告是对未来情况的推测和把握，而经济活动分析报告是对已经发生过的经济过程进行剖析，总结经验和规律。这三类经济文书在实际使用中也有相互交叠的情况，比如市场调查与预测报告、经济预测与分析报告。在经济分析文书中，调查是依据，分析是手段，预测是结果。

三、特点

（一）分析性

经济活动分析报告就是将会计核算、统计报表、计划指标和调查的各种数据进行定量、定性、定时的分析和比较说明，以便找出它们相互间的

关系，这样才能综合地反映一个时期以来的经营活动情况。因此，分析性是经济活动分析报告的主要特点。

（二）系统性

经济活动分析报告是对影响各项计划指标执行结果的主客观因素进行分析研究，要从不同的侧面、角度对宏观和微观的、全面和局部的、有利和不利的因素进行深入的分析，体现了很强的系统性。

（三）指导性

经济活动分析报告通过系统分析研究，找出内部原因，正确评价过去的经营业绩，并与同业比较，检验其成败得失。针对目前的情况，预测未来发展的可能趋势，从而做出最佳选择，并加以实施，达到提高经营管理和决策水平的目的。因此，经济活动分析报告对实践具有指导意义。

第二节　经济活动分析报告的种类和作用

一、类型

（一）按时间分

有年度分析报告、季度分析报告、月份分析报告。

（二）按内容性质分

有综合分析报告、专题分析报告、简要分析报告。

（三）按形式分

有文字分析报告、表格分析报告。

二、作用

（一）评价过去的经营业绩

为了进行正确的投资决策，提高获利能力，无论是金融企业的投资者、债权人还是管理当局，都必须了解企业过去的经营情况，如利润总额是多少、投资报酬率的高低、资金的营运情况等。分析金融企业的会计报表，有助于金融企业的利害关系人和管理当局正确评价它过去的经营业绩，并与同业比较，检验其成败得失。

（二）了解目前的财务状况

由于金融企业的会计报表只能概括地反映企业的财务现状，如果不将报表上所列的数据进一步加以剖析，就不能充分理解数字的含义，无法对企业的财务状况是否良好做出有事实根据的结论。只有运用会计报表分析，揭示各项数据的经济含义，观测金融企业的营运绩效、获利能力，为金融企业的管理当局、投资者和债权人正确衡量金融企业的现状提供依据。

（三）预测未来的发展趋势

在市场经济环境里，金融企业在现代经营决策中必须拟订数个可供选择的未来发展方案，然后针对目前的情况，预测未来发展的可能趋势，从中做出最佳选择，加以实施。因此，在决策之前，必须做好会计分析。只有这样，才能把金融财务方面可能出现的各种因素及其作用弄清楚，明确重点、要点，促进有关因素的最佳组合，帮助有关决策者做出正确的经营决策。

第三节　经济活动分析报告的写法和写作要求

一、写法

（一）标题

1. 公文式。标明被分析单位、分析的时限、分析的内容及文种，如《中国农业银行2012年第一季度储蓄结构分析报告》。有时也可省去单位和时限，如《资金拆借和货币政策操作分析》。

2. 论点式。直接标明分析报告的结论或论点，如《信贷资产质量下降的问题必须尽快解决》；有时也用设问句提出所要分析的问题，如《企业的流动资金“流”向何方》。

（二）正文

1. 介绍情况。一是介绍分析的原因、目的；二是介绍分析的对象状况。

2．分析研究。分析的主要目的是探寻导致现状的原因，采用各种分析方法进行综合评价。分析通常采用比计划、比历史、比先进的方法，运用图表、数字、文字加以说明。

3．提出建议或预测未来。建议是针对分析结果，提出改进措施。预测是针对分析结果，提出未来发展趋势。

二、写作要求

（一）全面掌握第一手材料

材料要翔实，也要注意取舍，应选用最能说明导致经济活动原因的材料。

（二）使用正确的分析方法

1．对比分析法是最常用、最基本的一种经济活动分析方法。这种分析方法是将具有可比性的数据加以对比，从而揭示出彼此的联系和差异，为进一步查明原因、提出对策提供依据。在具体的对比分析过程中，通常从以下几个方面来进行：

（1）比计划，即实际指标与计划指标对比。通过这种对比，可以看出计划完成情况，显示问题所在，为进一步寻找其中的原因提供依据。

（2）比历史，即分析期实际指标与前期（上期或上年同期）实际指标对比，也可以与历史最高水平或最低水平对比。通过这种对比，可以反映经济活动的发展动态，考察生产经营的改进情况。

（3）比先进，即分析期实际指标与先进指标对比，可以与本地或国内不同地区的同行业先进指标对比，也可以与国外同行业先进指标对比。通过这种对比，可以发现存在的问题、差距，从而采取相应措施，借鉴先进的成功经验。

2．动态分析法，又叫时序分析法，是将不同时期的因素指标数值进行比较，求出比率，然后用以分析该项指标增减或发展速度的一种分析方法。

3．综合分析法，是指运用各种统计综合指标来反映和研究社会经济现象总体的一般特征和数量关系的研究方法。

4．因果分析法，是用来分析市场形势变化的起因，以及促使其向某方面发展的要素分析。

（三）切实可行

经济活动分析报告的专业性很强，必须结合本单位、本行业的实际来写，在找出问题和问题产生的原因后，提出的措施和建议要有可操作性。

思考与练习

1．什么是经济活动分析报告？它有什么特点？

2．经济活动分析报告的写作结构是怎样的？

3．经济活动分析报告与经济预测报告有何异同？

【例文】

电力公司上半年经济活动分析报告

一、公司系统在集团公司党组的正确领导下，真抓实干，克服困难，实现了“时间过半、任务过半”的目标。上半年集团公司经济运行主要呈现以下特征：

（一）电力生产和基建安全形势总体良好。

上半年，未发生电力生产、基建人身死亡事故和群伤事故，未发生特别重大事故，未发生责任性重大设备事故，未发生垮坝和水淹厂房事故，未发生重大火灾事故。发生发电生产人身重伤事故 1 次，同比增加 1 次；发生一般设备事故 2 次，同比减少 7 次；发生设备一类障碍 77 次，同比减少 48 次；发生非计划停运 108 次，同比减少 135 次。

（二）在电力供应紧张形势下，充分挖掘现有机组潜力，克服煤炭供需矛盾突出和南方来水偏枯等不利因素影响，发电量和售电量保持稳步增长。

上半年，集团公司发电量 637.91 亿千瓦时，同比增长 5.84%，完成全年计划的 50.49%。其中：火电 537.48 亿千瓦时，占总发电量的 84.26%，同比增长 4.97%；水电 100.43 亿千瓦时，占总发电量的

15.74%，同比增长10.75%。

从区域来看，华北地区的发电量占集团公司总发电量的20.45%，同比增长6.55%；东北地区占16.5%，同比增长7.82%；华东地区占31.4%，同比增长1.48%；华中地区占23.21%，同比降低3.03%；西北地区占8.45%，同比增长65.28%。

火电机组利用小时进一步提高。上半年火电设备平均利用小时达3 167小时，同比增加130小时，比全国火电设备平均利用小时高出207小时。

水电来水呈现“北丰南枯”态势。福建、江西、湖南由于降水量少，来水相对偏枯，发电量均有所下降。福建减少2.51亿千瓦时，同比降低43.36%；江西减少2.26亿千瓦时，同比降低64.51%；湖南减少7.05亿千瓦时，同比降低15.12%。西北地区的青海、甘肃、宁夏来水较好，发电量增加21.28亿千瓦时，同比增长65.28%。

新投产机组对发电量增长贡献较大。新投产机组发电量11.37亿千瓦时，占发电量增量的32.3%，为缓解电力供需矛盾和发电量稳步增长发挥了积极作用。

上半年，售电量增长速度高于发电量增长速度。集团公司售电量593.05亿千瓦时，同比增长5.93%。其中：火电493.78亿千瓦时，水电99.27亿千瓦时。

（三）供电煤耗和综合厂用电率均有所下降，节能降耗工作取得成效。

上半年，集团公司综合厂用电率7.03%，同比下降0.43个百分点。其中：火电8.13%，同比下降0.33个百分点；水电1.16%，同比下降0.62个百分点。

上半年，集团公司供电煤耗366.74克/千瓦时，同比下降1.04克/千瓦时。

（四）销售收入增长幅度高于电量增长。售电量的增加和火电售电单价的提高推动了电力收入的增长。

上半年，集团公司实现销售收入137.87亿元，同比增长10.11%，与预算执行进度基本同步。其中：电力销售收入132.76亿元，占总销售收入的96.29%，同比增长9.97%；热力销售收入3.74亿元，占总销售收入的2.71%，同比增长7.65%。

电力收入中，火电114.1亿元，占电力收入的85.95%，同比增长10.39%；水电18.65亿元，占电力收入的14.05%，同比增长7.47%。电力收入增加中，七成来自于电量增长，三成来自于电价提高。

上半年，平均售电价格226.13元/千千瓦时，同比提高6.03元/千千瓦时。其中：火电受7厘钱调价和电价矛盾疏导作用影响，售电均价同比提高8.93元/千千瓦时；水电因价格相对较低的黄河上游电量比例升高，售电均价同比下降7.01元/千千瓦时。

上半年，全资、控股公司电力收入增长速度高于内部核算电厂收入增长速度。全资、控股公司电力收入同比增长12.25%，内部核算电厂电力收入同比增长4.96%。

（五）固定成本得到有效控制，但因电煤价格不断攀升，总成本未能控制在预算执行进度之内，成本增长远高于收入增长。

上半年，集团公司销售总成本118.92亿元，为年度预算的51.06%，同比上升14.04%，高于收入增长3.93个百分点。其中：电力产品销售成本112.51亿元，占销售总成本的94.61%，同比上升13.83%；热力产品销售成本5.41亿元，占销售总成本的4.55%，同比上升16.32%。

电力成本中，火电成本100.57亿元，占电力成本的89.39%，同比上升13.19%；水电11.94亿元，占电力成本的10.61%，同比上升19.53%。

从电力成本构成来看，燃料成本占电力成本的51.4%，同比上升2.9个百分点；水费及固定成本占电力成本比例相应下降。燃料成本预算执行进度58.13%，其他成本项目均控制在50%以内。

燃料成本增加是推动成本上升的最主要原因。上半年，电力燃料成本同比增加9.88亿元，上升20.03%。其中，因煤炭价格大幅度上涨，增加燃料成本6.99亿元。火电售电单位燃料成本同比上升14.17元/千千瓦时。电价政策性调整难以平衡煤价的上涨。

从单位看，内部核算电厂成本控制总体好于独立发电公司。上半年，内部核算电厂成本同比上升3.43%，全资、控股公司成本同比上升15.04%。

（六）在电力利润下降、热力增亏的情况下，由于财务费用大幅下降、营业外支出减少，集团公司保持了利润的基本稳定。

上半年，集团公司实现利润10.68亿元，同比减少0.24亿元，下降2.17%。其中：电力产品利润同比下降8.02%；热力亏损1.71亿元，同比增亏43%。

从利润形成结构来看，财务费用大幅降低和营业外支出减少是保持上半年利润基本稳定的主要原因。通过优化债务结构，降低资金成本，规避汇率风险，财务费用同比减少1.48亿元，营业外支出同比减少0.55亿元。

从各单位利润完成情况来看，上半年内部核算电厂实现利润总体略有增长，全资及控股公司实现利润同比下降3.41%。累计亏损单位20家，减少1家。亏损单位的亏损额由上年同期的3.39亿元下降到1.9亿元，减亏1.49亿元。

上半年财务状况保持稳定。合并资产总额899.27亿元，同比增长9.34%；负债总额573.75亿元，同比增长13.1%；所有者权益235.23亿元，同比增长1.14%。资产负债率63.8%，同比升高2.12个百分点。

（七）固定资产投资按计划实施，发展布局和结构调整取得明显成效，前期项目规模初步满足集团公司持续发展需要。

上半年，固定资产投资16.17亿元，完成年计划的40.77%。实际到位资金31.13亿元。其中：资本金0.96亿元，银行贷款6.38亿元，企业债券22.4亿元，利用外资0.58亿元，其他资金0.81亿元。

上年结转建设规模322.6万千瓦。上半年新开工大连泰山等两个热电项目共28.5万千瓦。投产碗米坡1#和2#水电机组、白鹤二期1#机组、通辽六期5#和6#供热机组，共49.6万千瓦。到6月底，在建规模共301.5万千瓦。其中：水电占85.57%，火电占14.43%，大中型基本建设规模占94.53%，“以大代小”技改规模占5.47%。

目前，开展前期工作的项目共73项7 069.1万千瓦。其中：已上报开工报告52.5万千瓦，已批可研报告300万千瓦，已批项目建议书620.5万千瓦，已上报可研报告待批483.5万千瓦，已上报项目建议书待批2 149万千瓦，正在开展初可和规划的3 463.6万千瓦。

从布局和结构上看，分布范围由组建初的17个省份发展到目前的22个省份。其中：黄河上游和沅水等流域上的水电项目13个共1 083.6万千瓦，辽宁核电和山东海阳等8个核电项目、蒙东等煤电基地的煤电项目、其他新建和扩建煤电项目50个共4 255.5万千瓦，天然气发电项目2个共130万千瓦。

（八）生产规模扩大，现价工业总产值增加，职工人数减少，劳动生产率进一步提高。

截至6月末，集团公司系统职工期末人数75 273人，比上年同期减少969人，比××××年年末减少522人。

以现价工业总产值计算，上半年集团公司全员劳动生产率为31.33万元/人，同比提高16.4%。其中：火电企业劳动生产率30.65万元/人，同比提高15.8%；水电企业46.12万元/人，同比提高21%。

同志们，我们在面临诸多非常尖锐和复杂的矛盾面前，能够形成经济运行的良好局面，是非常不容易的。比较而言，我们是在老小旧机组比较多、设备长期处于高负荷运行、煤质下降、新机组投产压力大的情况下，保持了生产、基建的安全稳定局面；我们是在煤电油运供需矛盾突出、新增生产能力相对不多、市场结构发生新的不利变化、南方来水偏枯的情况下，实现了发电量的稳定增长；我们是在电煤价格飞涨、电价调整不能弥补燃料成本增加的情况下，保证了经济效益基本稳定，亏损面没有扩大，亏损额大幅下降；我们是在成立之初发展项目严重不足、电源前期竞争极其激烈的情况下，初步为合理布局、结构调整和产业技术升级，进行了规划储备；我们是在着力消除旧的体制、机制性障碍的变革探索实践过程中，认真贯彻年初工作会议精神，坚持以增收节支，促进经济效益的稳步提高，坚持以业绩评估，促进经营管理水平的全面提升，坚持以改革创新，促进管理体制和经营机制的根本转变。这是公司系统全体干部员工齐心协力、坚强拼搏的结果。

二、经营形势严峻，机遇与挑战并存，内部管理仍有薄弱环节，完成全年任务还很艰巨。要把握主要矛盾，趋利避害，巩固和发展上半年良好势头。综观当前和今后的经营工作：

第一，外部市场环境存在诸多不利因素。一是电煤供应紧张、煤质下降、价格大幅上扬，严重危及设备运行的安全性和经济性，严重影响经济效益的稳定和提高。上半年，集团公司供煤量低于耗煤量。截至6月底，实际库存煤同比下降69.65万吨，下降幅度达33.92%。阜新、娘子关、平圩、姚孟等大部分电厂库存煤经常处于警戒线以下，造成部分机组降负荷运行，甚至被迫停机检修。入厂煤平均低位热值同比下降5.09%，造成设备磨损严重，锅炉效率降低，辅机耗电增加，助燃用油上升。上半年，因电煤价格上涨，集团公司增加燃料成本高达近7亿元，已有的电价政策难以平衡。进入七月份后，第三轮煤价上涨又起，河南、山西、东北等地区煤炭企业纷纷要求涨价，有的煤炭企业要求计划内价格增长幅度高达44%，几乎影响到所有火电企业，给正常生产经营带来严峻挑战。二是电力市场不规范和市场结构变化存在不利影响。在国家多次规范电价管理的情况下，上半年，批准的基数电量安排不到位、自行组织竞价和计划外电量、压低或变相降低电价的现象，在相当多的地区仍然存在。一些区域因市场结构变化等原因，造成市场份额下降。如上半年，上海地区区外来电的增加和新机组投产，使集团公司电厂的发电量同比大幅降低。上海用电量同比增长13.2%，上海当地电厂发电量同比增长1.2%，集团公司电厂发电量同比下降5.76%。受水情不好影响，有些电厂有价无量，争取到的电价政策不能发挥作用，下半年难以出现恢复性增长。三是银根适度紧缩，银行实际执行利率上浮空间扩大。实际利率上升，将加大资金成本，也增加了电热费回收难度。

第二，迎峰度夏、防洪度汛面临严峻考验。一是设备可靠性要求提高。一方面，今年以来电煤质量下降直接影响设备健康状况；另一方面，夏季用电要求调峰能力提高。二是防洪度汛压力加大。目前正值主汛期，沅水上的三板溪已进入施工高峰期，在建项目较多的黄河来水好于去年，公伯峡又是今年计划投产的关键项目。

第三，企业管理仍存在薄弱环节。一是一些企业违规违纪问题仍然存在。上半年审计检查、财务整顿和业绩评估工作中，发现一些单位违反国家财经纪律、违规经营的现象并未杜绝，与集团公司反复强调的法制化、规范化管理要求仍然存在很大差距。有的单位私设“小金库”、账外账，编制虚假工程，人为调整消耗指标，截留收入利润，乱挤乱摊成本，关联交易很不规范等。有的违纪金额较大，问题性质还很严重。二是部分单位计划和预算指标完成存在较大差距。

第四，核心竞争力有待加快培育和壮大。一是前期规划形成的布局和结构，要加快推进，尽快形成电力生产力，形成规模和结构优势。二是集团公司组建以来，坚持不懈为之实践的，符合集团公司特点和适应市场化要求的，在继承旧体制的历史遗产同时开辟未来的专业化、集约化的管理模式，要进一步实践并完善，破中求立，立中完备。三是在稳步向电力相关产业延伸发展的多元化和成员单位组织形式的多样性格局中，实现条条块块的紧密结合。四是做到任何内部资源都不会成为公司增长和发展的“瓶颈”。

同时，我们也有许多有利条件：

第一，国民经济仍将保持快速发展，用电需求也会继续呈现旺盛的局面。随着国家宏观经济调控措施逐步到位，我们有理由相信，煤电油运供求紧张的局面将得到缓解。同时，集团公司的辽宁和海阳核电项目、黄河水电基地、蒙东等煤电基地已经纳入国家能源中长期发展规划，新的产业政策为集团公司发展提供了广阔的空间，面临难得的发展机遇。

第二，改革逐步深入。电力市场监管力度正在加大，“三公”的市场环境将逐步形成。国有企业改革继续深化，建立现代企业制度、分离企业办社会职能、推进主辅分离的配套措施已经或正在到位。内部改革全面展开，职工对改革的承受能力正在增强。曾经困绕集团公司的黄河公司资产债务重组、价格税收问题等突出困难和矛盾已经或正在得到解决。

第三，集约化、专业化管理体制格局初步形成。工程分公司、运行分公司、资金结算管理中心、新型燃料管理体制的作用已经显现。比较而言，集团公司成本利润率居于较高水平，成本竞争优势正在逐步形成。

世界上唯一不变的就是变化。我们要视变化为机遇，善于变中求胜。集团公司组建以来的工作，充分体现了在追求变革的同时，敢于引领变革。要树立信心和勇气，不被暂时的困难所吓倒，把握主要矛盾，积极主动地趋有利于企业健康成长之利，避妨碍经济效益提高和国有资产保值增值之害，采取更加有力的措施，努力做好下半年的工作。

三、振奋精神，迎难而上，完善措施，狠抓落实，继续坚持以增收节支、业绩评估、改革创新推动重点工作开展，确保全年任务完成。

（一）加强安全生产管理，保证发电设备安全、稳定、经济运行。

切实落实安全生产责任制。进一步贯彻落实党中央、国务院关于加强电力安全生产工作的指示精神和集团公司的要求，坚持“安全第一，预防为主”的方针不动摇。认真学习集团公司安全政策声明，牢固树立“任何事故都是可以避免的”安全管理理念，践行对社会的庄严承诺。认真吸取川东特大井喷等事故的沉痛教训，落实各级安全生产责任制，切实把安全生产工作做细致、做扎实、做深入。

确保迎峰度夏和防洪度汛安全。当前，正值迎峰度夏、防洪度汛的关键时期，要克服松懈麻痹思想，以高度的政治责任感和严谨科学的工作态度，完善各项组织措施和技术措施，保持与电网调度部门的紧密联系，密切关注汛情的变化，认真做好应急预案。水电厂和有水电工程建设的单位，要保持与防洪部门的密切接触，认真做好主汛期防汛检查，确保安全工作万无一失。

确保体制改革过程中安全生产局面的稳定。做好运行、检修和辅业分离体制改革过程中的安全管理工作，务必做到责任落实、措施得力、监督到位。

加强设备运行和检修管理。发生机组非计划停运的单位，要认真分析原因，在设备检修、运行管理和技术监督等方面采取有力措施，提高设备可靠性，经得起高负荷下安全稳定运行的考验。针对当前煤质下降的实际，要做好运行分析和燃烧调整，提高运行效率，最大限度地减少非计划停运。

做好新机投运准备工作。下半年，公伯峡1#、2#机组，碗米坡3#机组，景德镇扩建机组和洪泽热电机组都将陆续按计划投产。要做好相关准备工作，保证新投产机组安全稳定运行。

（二）以市场为导向，有重点地推进市场营销。

加强燃料管理。密切跟踪煤炭市场变化，加强与煤炭、运输、电网和其他发电企业的协调，发挥区域燃料公司的作用，全面加强煤炭量、质、价的管理，严格执行集团公司燃料供应预警和价格协调制度，确保发电用煤的连续稳定供应和合理库存，努力抑制煤价进一步上升。东北地区的电厂要继续做好霍林河煤炭掺烧工作。

努力开拓市场。江西、东北、河南地区的电厂，要充分发挥现有发电能力，尽快扭转发电量增长低于市场用电量增长的局面。上海地区的电厂要加强与电网企业和政府部门的沟通和联系，确保年度发电量计划完成。各水电厂要密切关注水情变化，合理调度，提高水能利用率。

全面落实电价政策。已经出台的电价政策要确保执行到位。积极配合国家发改委、电监会组织开展的全国电力价格专项检查，确保电价“三统一”政策的落实，防止压低或变相降低上网电价，纠正对发电企业的不合理收费，促进电力市场的规范运作。

完善区域市场竞价的各项准备。在区域电力市场模拟运行基础上，掌握规则，熟悉模式，适应监管，研究市场，了解同行，完善策略，实现增供扩销、增产增收。

加大电热费回收力度。随着内部电厂价格独立和资金市场变化，预计电热费回收难度将会加大。此项工作必须常抓不懈，不要把矛盾积累到年底，确保正常的资金周转。

（三）进一步加强经营管理，巩固和扩大经营成果。

严格控制成本。按照增收节支50条要求，继续严格控制生产成本、经营成本、管理成本、发展成本和改革成本，抓住每项成本控制的关键环节和关键因素，把成本控制落到实处。要把燃料成本的管理放到突出位置，防止固定成本“前低后高”。

继续疏导电煤价格矛盾。积极争取新的价格政策，努力实现燃料成本的收支平衡，缓解生产经营的严峻局面。各供热单位要立足于热力价格在当地突破，扭转热力连年亏损局面。

狠抓扭亏增盈。集团公司决定全部亏损企业在两年内都要彻底实现扭亏为盈。扭亏增盈是开展“增收节支年”活动的重要内容。要不因当前遇到的特殊困难而气馁，扭亏决心不变，扭亏目标不变。从加快老厂发展、深化内部改革、挖掘管理潜力、用好国家政策四个方面，推进扭亏增盈。

加强现金流量管理。资金结算管理中心应该成为集团公司的“司库”。围绕这一目标，进一步完善资金集中管理体系，巩固银行账户清理成果，加大资金集中管理力度，加强资金监管，继续发展好内部资金市场，加强资金运作，满足生产经营和发展资金需求，为下一步财务公司的运作奠定基础。巩固上半年财务费用大幅降低的成果，确保对利润的贡献不滑坡。

完成清产核资。在上半年财务清理、资产清查基础上，完成下一步损益认定、资金核实等工作，认真处理历史遗留问题，全面执行新的企业会计制度。努力完成厂网分开改革的资产财务接收工作。

加强工程造价管理。发挥“标杆电价”机制对工程成本的约束作用，按社会平均成本衡量工程建设成本，塑造成本竞争优势。坚持从严格审查初步设计、落实执行概算、优化设计和施工方案入手，严格控制工程造价。

加强监督检查成果的运用。切实抓好审计监督、效能监察、财务整顿、业绩评估中发现问题的整改落实。进一步规范关联交易，真实核算收入和生产、工程成本，杜绝人为调整指标的行为。重视和加强财务管理基础工作。

（四）加快前期工作，确保开工投产，尽快形成生产能力。

确保计划投产项目按期投产。公伯峡、景德镇和碗米坡项目能否按期投产，是完成全年基本建设目标的关键。要重点推动，及时解决实际工作中遇到的问题，保证新增134.1万千瓦装机目标的全面实现。

确保前期工作及时推进。计划开工的11个项目，大部分进入开工报批准备阶段，任务很重，不能有丝毫松懈。平圩项目一定要保证按期开工，贵溪、分宜、漕泾项目要尽快落实开工的九项条件，新乡、平东、永济项目要加紧催批可研报告，同时做好其他开工条件的落实工作。争取开工的12个项目，要加快前期报批和施工准备，力争尽早开工建设。进一步加快核电、煤电基地等项目的前期工作步伐。

确保建设资金的需要。要安排好资本金的平衡，优化融资方案，兼顾满足资金需求和降低资金成本。加快项目公司组建，为落实融资创造条件。

(五) 推进资产重组和资本运作，扩张经济规模和提高盈利能力。

在上半年完成吴泾六期资产并购的基础上，围绕核心资产扩张、较高经济回报、市场份额拓展和资源整合，下半年重点抓好四个方面：一是完成与霍煤集团的资产重组，结合解决黄河公司不合理的资产债务结构，推动黄河上游的重组；二是继续推进中电国际海外上市；三是完成财务公司购并；四是完成鲤鱼江的重组和开封发电股权的收购。同时，研究出售淘汰不具备控制力的发电股权，努力推进"一厂多制"问题的逐步解决。

(六) 落实改革的各项配套措施，促进深化内部改革。

要解决集团公司深层次的问题和矛盾，完善形成符合市场要求和集团公司特点的管理模式，破除旧体制的弊端，必须走深化改革和专业化、集约化管理之路。

落实好各项配套措施。一是建立新体制下发电、检修和辅业公司的安全管理模式、安全责任体系，建立与之相适应的各项制度。二是建立和完善新体制下的劳动分配关系、财务关系、结算关系，促进新机制的形成。三是建立和完善与燃料、工程、运行、检修、物资等专业化、集约化管理相适应的、与改革目标相统一协调的财务经济关系。

落实委托管理责任。为优化区域资源配置，集团公司调整了三级管理构架，三项责任制考核相应调整。二级单位要切实承担起在安全生产、经营管理和发展建设上的委托管理责任，各项工作尽快到位。

实践以"一元化"管理"多元化"。通过进一步整合内部资源，坚持统一的战略布局、统一的企业文化、统一的规范标准、统一的业务流程、统一的财务审计控制、统一的考核评价、统一的人力资源开发机制、统一共享的信息资源，以及"策划、程序、修正、卓越"的精神，实现以"一元化"管理"多元化"。

（七）加大监督力度，促进企业依法经营和健康发展。

完善监督体系。建立健全财务监督、审计监督、派出董事监事和财务总监、纪检监察和法律监督各自履行职责并相互协作配合的监督管理体系，构筑防范经营风险的防线。

建立和完善审计监督机制。建立专业审计队伍与特聘审计队伍相结合，内部审计力量与借助外部中介审计相结合，审计监督与其他监督相结合，以自上而下的审计为主并与各单位自我监督相结合的审计监督机制。集团公司决定：在当前深化内部改革过程中，各单位必须保持一支必需的专业审计力量。到明年年底，完成对系统内各单位的第一轮审计。对不具备上岗资格要求的审计人员，限期调离审计工作岗位，也不能从事财务岗位的工作。

继续开展财务整顿。财务整顿工作延续到年底，整顿重点不变。要以对组织负责、对企业负责、对员工负责、对个人负责的态度，不走过场，务求收到实效。衡量各单位财务整顿工作成效的手段是内外部审计、检查。

坚持标本兼治，从源头治理。集团公司决定：各单位成立的完全依赖主业的力量、承揽主业咨询业务、皮包公司性质的科协、技协等单位，一律限期撤消；车间、班组在银行设立的账户一律限期清理撤消；对审计发现的难以在规范管理的条件下经营的以职工持股等形式进行的增容改造项目，限期由各单位主业自有资金安排收购。各单位都要结合审计意见和财务整顿结果，研究从源头上治理，彻底解决问题。

建立责任追究制度。对顶风违纪、明知故犯、性质严重、数额巨大的违规违纪问题，按国家和集团公司的规定，追究责任人的责任。

同志们，今年是集团公司深化改革、加快发展的重要一年。全年各项任务目标不变。让我们在集团公司党组的正确领导下，认真贯彻落实党中央、国务院一系列重大决策和部署，求真务实，艰苦奋斗，全面完成全年各项工作任务，为国民经济发展和社会进步做出不懈努力！

第八章
审计报告

第一节　审计报告的含义和特点

一、含义

商务印书馆出版的《英汉证券投资词典》中的解释是：审计报告（accountant's opinion；auditor's certificate；auditor's opinion；auditor's report；opinion）是由独立会计师或审计师对公司审计之后签发的正式报告。用于向公司董事会、全体股东及社会公众报告公司的财务运行情况。审计报告根据普遍接受的会计标准和审计程序出具，可对公司的财务状况做出积极和消极的结论。

本章所讨论的审计报告，专指审计署制定的《审计机关审计项目质量控制办法（试行）》第五章所称的审计报告。它是指审计机关实施审计后，依法对被审计单位的财政收支、财务收支的真实、合法、效益发表审计意见的书面文件。

审计报告是审计工作的最终成果，具有法定的证明效力。这里要注意审计结果公告和审计报告的区别：审计结果公告是审计机关实施审计后，依法将审计结果向社会公众或特定的社会群体公开的行为；审计报告是审计结果公告的基础和依据。

二、特点

（一）合法性与公正性

从事审计活动的机关或机构必须具有合法的地位和职能，保持公正公平的态度和立场。

（二）客观性与权威性

审计的内容和结论都必须真实可靠、准确无误，审计结论带有强制性和指令性。

（三）宏观性与时效性

审计报告立足国家宏观层面，注重时效性，反映了审计掌握的最新进展，以及政策实施和资金使用过程中出现的新情况和新问题。

第二节 审计报告的种类和作用

一、种类

《中华人民共和国审计法》规定，审计署、地方各级审计机关每年应分别向国务院、地方各级政府提出对本级预算执行情况的审计结果报告，代国务院、本级政府分别向全国人大常委会、地方各级人大常委会提出对预算执行和其他财政收支的审计工作报告。

（一）审计结果报告

审计结果报告是指审计署向国务院总理或地方审计机关向本级政府首长和上一级审计机关提出的、对上一年度本级预算执行和其他财政收支审计监督的结果报告。

（二）审计工作报告

审计工作报告是指审计机关受政府的委托，向本级人大常委会提出对上一年度本级预算执行和其他财政收支审计工作情况的报告。比如受国务院委托，审计署审计长刘家义向十一届全国人大常委会第二十一次会议作了《关于2010年度中央预算执行和其他财政收支的审计工作报告》。

二、作用

审计报告使审计工作反映情况更加贴近经济社会发展大局，有利于更好地为相关部门进行决策提供及时和可靠的参考和依据，也有利于更好地发挥审计监督的职能和作用。

（一）反映情况

审计报告是对审计过程和结果的全面总结，是完成审计任务的标志。审计报告反映实际情况，揭示突出问题和矛盾，促进相关措施制定和制度完善。

（二）提供参考

审计报告是审计人在实施审计后，为评价被审计人承担和履行经济责任情况而提出审计意见和建议的手段。审计报告是社会经济信息的客观反映，可以为政府部门加强宏观经济调控提供有用的信息。

（三）监督管理

审计报告是国家审计机关向被审计单位出具审计意见书和做出审计决定的依据。社会审计组织出具的审计报告是具有法律效力的证明文件，可以起到经济鉴证作用。

第三节　审计报告的写法和写作要求

一、写法

第一，标题，统一表述为“审计报告”；

第二，编号，一般表述为“××年第××号”；

第三，被审计单位名称；

第四，审计项目名称，一般表述为“××年度××审计”；

第五，内容；

第六，出具单位，即派出审计组的审计机关；

第七，签发日期。

（一）标题

标题的写法：审计机关、审计对象、审计时限、审计内容、文种。

比如，审计署派出科学技术审计局的审计人员对中国自然科学基金会2004年度预算执行情况进行审计，审计报告的标题为《审计署科学技术审计局审计组关于中国自然科学基金会2004年度预算执行情况的审计报告》。

（二）正文

正文是审计报告最重要、最核心的要素。审计报告的内容包括：

1. 审计依据，即实施审计所依据的法律、法规、规章的具体规定。

2. 被审计单位的基本情况，包括被审计单位的经济性质，管理体制，财政、财务隶属关系，以及财政收支、财务收支状况等。

3. 被审计单位的会计责任，一般表述为被审计单位应对其提供的与审计相关的会计资料、其他证明材料的真实性和完整性负责。

4. 实施审计的基本情况，一般包括审计范围、审计方式和审计实施的起止时间。审计范围应说明审计所涉及的被审计单位财政收支、财务收支所属的会计期间和有关审计事项。

5. 审计评价意见，即根据不同的审计目标，以审计结果为基础，对被审计单位财政收支、财务收支的真实、合法和效益情况发表评价意见。

真实性主要评价被审计单位的会计处理遵守相关会计准则、会计制度的情况，以及相关会计信息与实际的财政收支、财务收支状况和业务经营活动成果的符合程度。

合法性主要评价被审计单位财政收支、财务收支符合相关法律、法规、规章和其他规范性文件的程度。

效益性主要评价被审计单位财政收支、财务收支及其经济活动的经济效益和效果的实现程度。

发表审计评价意见应运用审计人员的专业判断，并考虑重要性水平、可接受的审计风险，以及审计发现问题的数额大小、性质和情节等因素。审计机关只对所审计的事项发表审计评价意见。对审计过程中未涉及、审计证据不充分、评价依据或者标准不明确以及超越审计职责范围的事项，不发表审计评价意见。

6. 审计查出的被审计单位违反国家规定的财政收支、财务收支行为的事实和定性、处理、处罚决定，以及法律、法规、规章依据，有关移送处理的决定。

7. 必要时可以对被审计单位提出改进财政收支、财务收支管理的意见和建议。

正文部分的写作结构一般分为四部分：引言、基本情况、主要问题及处理意见、建议。

引言部分包括审计的法律、法规依据，实施审计的审计机关及审计人员、审计方式、审计内容、审计时间等基本情况。

基本情况包括被审计单位的机构、人员、财政财务收支等基本情况，被审计单位的会计责任及审计机关的审计责任，对被审计单位的审计评价意见等。

主要问题及处理意见包括审计发现问题的事实描述，审计定性依据及定性结论，审计处理处罚的依据及处理处罚意见。

审计建议就是针对审计发现的问题及内部控制方面的情况，提出完善制度、加强管理等方面的建议。

二、写作要求

写作审计报告时，要注意分类合理、评价客观、表述严谨、事实清楚、定性准确、处罚恰当、建议合理。

思考与练习

1. 什么是审计报告？审计报告有什么作用？
2. 审计报告与审计结果公告有什么区别？
3. 审计报告正文的写作结构是怎样的？

【例文】

2015 年度中央预算执行和其他财政收支的审计工作报告（节选）

全国人民代表大会常务委员会：

我受国务院委托，向全国人大常委会报告2015年度中央预算执行和其他财政收支的审计情况，请审议。

根据审计法及相关法律法规，审计署对2015年度中央预算执行和其他财政收支情况进行了审计。按照党的十八届五中全会精神和党中央、国务院关于经济工作的部署，审计工作以推动重大政策措施落实为主线，坚持依法审计、客观求实、鼓励创新、推动改革，审慎区分无意过失与明知故犯、工作失误与失职渎职、探索实践与以权谋私，严肃揭露重大损害群众利益、重大违纪违法和重大履职不到位问题，及时揭示重大风险隐患，着力反映结构性、体制机制性问题，主要审计了中央财政管理、预算执行和决算草案，地方政府债务、扶贫等重点资金和项目，重大政策措施落实，以及金融机构和中央企业等方面情况。

2015年，各部门、各地区在党中央、国务院的正确领导下，认真落实十二届全国人大三次会议各项决议，积极应对复杂形势，克服多重困难，经济建设和社会事业发展取得新成就。总体上看，中央预算执行情况较好。

从今年审计情况看，有关部门、单位和地方财经法纪观念、深化改革意识进一步增强，能够贯彻落实党中央、国务院决策部署，推进改革创新，财政管理水平和资金使用绩效明显提高，但一些领域仍存在违纪违法和管理不规范问题，特别是有些方面体制机制尚不完善、法规制度和运行规则未及时调整，出现信息传导不畅、措施配合不够、监管不适应等问题，影响相关政策措施落地落实和充分发挥作用。

一、中央决算草案和预算执行审计情况

（一）中央决算草案审计情况。根据《中华人民共和国预算法》的规定，审计署对财政部编制的中央决算草案在上报国务院前进行了审计。财政部编制的中央决算草案表明，中央一般公共预算收入69 267.19亿元，支出80 639.66亿元；政府性基金收入4 118.19亿元，支出4 363.42亿元；国有资本经营收入1 613.06亿元，支出1 362.57亿元。与向全国人大报告的执行数相比，一般公共预算收入决算数多33.2亿元，支出决算数少90.34亿元；政府性基金收入（含地方上解收入）决算数多12.29亿元，支出决算数多7亿元；国有资本经营收入决算数多0.14亿元，支出决算数多2.9亿元。上述收支差异主要是根据决算整理期清理结果做出的调整。审计发现的主要问题：

1. 未报告预算级次变化情况。包括：将中央本级支出101.24亿元调剂为对地方转移支付支出，将对地方转移支付支出262.52亿元调剂为中央本级支出。审计指出后，财政部已在决算草案中对主要科目的预算级次调剂情况做了报告。

2. 部分收入列报不够全面。主要是对已按规定向软件、资源综合利用企业等退增值税、消费税等937.48亿元，在决算草案中没有体现。审计指出后，财政部已在决算草案中增加了补充说明。

3. 据实结算事项处理不够规范。主要是适用范围和标准不明确，有的清算期过长或清算不及时，有些用以前年度超拨资金抵顶当年支出，如2015年直接使用上年超拨的25.2亿元农林业保险保费补贴抵顶当年应安排的支出。

4. 未按要求报告财政资金绩效情况。主要是预算中未报告相关政策内容和绩效目标，决算草案中未报告相关绩效目标的实现情况。

（二）财政管理审计情况。重点审计了预算分配和管理、资金安全和绩效、财政政策实施和财税改革推进情况。2015 年，财政部、发展改革委等部门认真组织实施积极的财政政策，加大财政资金统筹使用力度，创新投融资体制，加快预算执行进度，预算和投资管理进一步规范。审计发现的主要问题：

1. 预算安排统筹协调还不到位。

2. 转移支付制度亟待完善。

3. 财政管理绩效还需进一步提高。

（三）中央部门预算执行审计情况。审计了 42 个中央部门及 241 家所属单位，审计财政支出预算 1 891. 62 亿元、占这些部门支出预算总额的 36%。总的看，这些部门能够认真执行预算，严格控制和压缩“三公”经费，加强结转结余资金管理，完善财务和预算管理制度，着力提高财政资金使用绩效，预算执行情况较好。审计发现的主要问题：

1. 违规套取和使用资金问题还时有发生。

2. 事业单位预算保障办法不够明确。

3. 有的部门和所属单位利用部门权力或影响力取得收入。

4. 有的部门和单位执行“三公”经费和会议费等管理制度未完全到位。各部门重视加强“三公”经费和会议费管理，违规问题明显减少。此次审计发现的主要问题：

一是因公出国（境）方面。

二是公务用车方面。

三是公务接待方面。

四是会议费方面。

对上述问题，有关部门正在积极整改，已上缴国库 8 496. 84 万元，追回或退还 8 916. 92 万元，调整账目 23. 13 亿元。

二、重点专项审计情况

（一）地方政府债务审计情况。重点审计了 11 个省本级、10 个市本级和 21 个县。从审计情况看，有关部门和地方建立健全举债融资和风险预警机制，完善了相关制度，政府债务管理得到进一步加强。至2015年底，11个省本级政府债务余额8 202亿元，或有债务余额10 970亿元。审计发现的主要问题：

1. 部分地方发债融资未有效使用。抽查发现，至2015年底，黑龙江、山东、湖南、北京、内蒙古和广东等6个省发行的置换债券中，有138.4亿元（占2%）未及时使用，主要是未达成提前还款协议或偿还手续办理滞后等所致；湖南、山东、河南和广东等4个省使用的置换债券融资中，有112.57亿元（占2%）未按规定的优先顺序偿债；内蒙古、浙江和湖南等3个省新增债券融资中，有24.23亿元（占4%）因项目未落实等尚未使用。

2. 有的地区仍违规或变相举债。抽查发现，至2015年底，浙江、四川、山东和河南等4个省通过违规担保、集资或承诺还款等方式，举债余额为153.5亿元。有的地方出现一些隐性债务，内蒙古、山东、湖南和河南等4个省在委托代建项目中，约定以政府购买服务名义支付建设资金，涉及融资175.65亿元；浙江、河南、湖南和黑龙江等4个省在基础设施建设筹集的235.94亿元资金中，不同程度存在政府对社会资本兜底回购、固化收益等承诺。

对上述问题，有关部门正在研究强化债务管理，相关地方正在积极整改。

（二）扶贫资金审计情况。审计了扶贫资金分配管理使用情况，重点抽查了17个省的40个县。这40个县2013年至2015年收到财政扶贫资金109.98亿元，审计了50.13亿元（占45%），涉及364个乡镇、1 794个行政村和3 046个项目。从审计情况看，这些地方认真贯彻扶贫工作有关要求，大力实施精准扶贫、精准脱贫，不断加大扶贫开发投入力度，加强扶贫资金管理，扶贫项目有序推进，取得积极成效。审计发现的主要问题：

1. 部分资金分配未充分考虑建档立卡贫困人口情况。有的扶贫资金分配尚未与建档立卡贫困人口数据建立有效衔接机制，在具体扶贫项目实施中，有的地方也未严格按规定条件筛选扶贫对象，抽查云南省寻甸县2015年发放的1 339笔扶贫到户贴息贷款6 560万元中，仅有711笔3 433万元（占52%）发放给了建档立卡贫困户。

2. 有1.51亿元扶贫资金被虚报冒领或违规使用。其中：29个县的59

个单位和28名个人通过伪造合同、编造到户补贴发放表、重复申报、假发票入账等，虚报冒领或骗取套取扶贫资金5 573.13万元；14个县的财政、扶贫等部门和乡镇政府、村委会等违规将6 091.35万元用于平衡预算、市政建设、宾馆改造等非扶贫领域；17个县的25个单位将2 194.78万元用于弥补业务经费和发放福利等；7个单位在扶贫工作中违规收取项目推广费等1 249.36万元，主要用于弥补经费。

3. 有8.7亿元扶贫资金闲置或损失浪费。由于统筹整合不到位等，抽查的贫困县每年收到上级专项补助200多项，单个专项最少的仅4 800元；抽查的50.13亿元扶贫资金中，至2016年3月底有8.43亿元（占17%）闲置超过1年，其中2.6亿元闲置超过2年，最长逾15年；17个县的29个扶贫项目建成后废弃、闲置或未达预期效果，形成损失浪费2 706.11万元。

审计指出问题后，有关地方已追回资金1 422.6万元，收回闲置资金6 981.59万元。

（三）保障性安居工程跟踪审计情况。从全国审计情况看，2015年，各级财政对城镇保障性安居工程和农村危房改造的投入分别比上年增长17%、40.6%；享受住房保障待遇家庭和完成改造农村危房户数分别增长17%、62%，有效改善了城乡居民居住条件。审计发现的主要问题：

1. 有关政策落实不到位。

2. 有140多个单位和180多户补偿对象骗取套取财政资金。

3. 有866个市县存在资金闲置或住房利用不充分等问题。

审计指出问题后，有关地方已统筹使用资金9.33亿元、追回1.18亿元，退还多收税费1.06亿元，取消或调整保障对象资格1.5万户，清理收回和分配使用住房7 231套，处理352人。

（四）工伤保险基金审计情况。审计的17个省能够贯彻执行国家相关要求，不断扩大参保覆盖面，努力维护职工权益，但一些地方落实政策还不到位，基金发放和管理还有薄弱环节。抽查发现，有17万个单位未按规定为114.95万名职工办理工伤保险，6个省的10.36万名“老工伤”人员尚未纳入工伤保险；有1.41亿元基金被骗取套取、违规发放和使用，其中17个医疗康复机构和441人编造资料骗取或冒领基金6 847.76万元，63个经办机构及有关单位向809人违规发放保险待遇1 662.08万元，还将

5 596.71 万元用于人员和办公经费等。此外，还发现财务管理不规范等问题2.45 亿元。审计指出问题后，有关地方追回资金等6 030.6 万元，纠正财务管理不规范问题涉及1 107 万元。

（五）水污染防治及相关资金审计情况。审计的18 个省不断加大投入，积极推动水污染防治项目建设，5 年间区域内重点国控和省控断面水质达到三类及以上的增加33 个百分点，五类及以下的减少32 个百分点。审计发现的主要问题：

1. 区域性水环境保护压力较大。抽查长江经济带沿江区域的23 个市县，城市生活污水有12%（年均4 亿吨）未经处理直排长江；沿江373 个港口中，有359 个（占96%）未配备船舶垃圾接收点，260 个（占70%）未配备污染应急处理设施。抽检89 个市县的231 个城乡集中式饮用水源地中，有124 个（占53%）水质监测指标不达标；72 个地下水水源中有27 个（占37%）超采。

2. 有397 个项目未达到预期效果。至2015 年底，抽查的883 个水污染防治项目中，有276 个（占31%）因前期准备不充分、配套设施不完善等未按期开（完）工；有121 个（占13%）已完工项目未及时发挥效益。

3. 有176.21 亿元财政资金未能有效使用。至2015 年底，抽查的财政资金中，中央专项补助有143.59 亿元结存在地方财政部门，其中4.22 亿元滞留超过2 年；项目资金中有29.28 亿元闲置在地方主管部门和项目单位，其中9.4 亿元闲置3 年以上；还有3.34 亿元被违规套取或损失浪费。

对上述问题，有关地方推动77 个项目加快了实施进度，拨付资金23.45 亿元，盘活和统筹使用8.02 亿元，归还2.6 亿元。

（六）矿产资源开发利用保护及相关资金审计情况。从审计6 个省1 724 宗矿业权及相关资金情况看，有关部门和地方不断加强矿产资源管理，规范相关资金征管，资源保障程度和资源开发利用水平有所提高。审计发现，一些地方监管执法不严，有391 宗矿业权在审批、出让转让或开发管理中存在违法违规问题，其中：国土资源部门违规审批出让88 宗矿业权；国有矿业企业违规转让或收购92 宗矿业权及相关股权；国有地勘单位或个人利用掌握的地勘资料等内部信息介入104 宗矿业权申报或交易，从中牟取私利；有关地方违规批准在禁采区内设立矿业权63 宗，对自然保护区设立前已存在的44 宗矿业权也未作退出安排。此外，还发现违规征缴使用矿业权相关资金35.81亿元，其中6.28亿元被用于对外投资、出借或人员经费等。审计指出问题后，有关地方通过追缴、没收违法所得等整改问题金额9.9亿元。

三、政策措施落实跟踪审计情况

组织各级审计机关持续开展跟踪审计，重点检查各部门各地区落实稳增长促改革调结构惠民生防风险政策措施情况。审计署直接跟踪审计29个省本级和36个中央部门单位，通过对23个方面80多项政策涉及的5 200多个单位的审计，促进新开工、完工项目9 408个，加快审批或实施进度项目9 454个；促进财政资金加快下达5 288.22亿元，收回结转结余资金1 144.25亿元，整合和统筹使用资金732.1亿元；促进取消、合并、下放行政审批事项等134项，取消职业资格、企业资质认定等241项，停止或取消收费111项；促进完善制度50多项，出台风险防范措施20多项；有2 138人受到撤职、停职检查等处理，有90多人被移送纪检监察和司法机关查处。审计发现，政策措施落实中存在一些值得关注的问题：

（一）一些领域的制度规则需加快建立完善。制度方面，有关影响专项资金清理整合规范、要求重点事项支出挂钩安排等法律法规未及时调整，支出的领域间、结构性失衡较为突出，预算执行中资金缺口大与部分资金趴在账上“睡大觉”并存的矛盾仍然存在。标准方面，涉农工程投资标准偏低，特别是在征地拆迁补偿和移民安置方面，一些涉农工程的补偿标准不足铁路、公路工程补偿标准的一半，导致征地难、拆迁难、移民安置难。考核方面，相关激励考核机制还不适应发展要求，下达的农村饮用水安全、农村土地整理、节能减排等目标任务与地方实际情况不完全相符。

（二）重大项目审批管理改革需加快推进。抽查11个省的172个高速公路建设项目，平均需办理审批手续26项、涉及9个部门，还需聘请中介机构进行可研报告、行业咨询等前置服务平均22项，有的事项由多部门重复审批或同一部门多次审批，审批周期平均为3年半。对审计反映的问题，相关部门进行了专题研究，已清理规范审批中介服务事项81项，但一些制约项目推进的因素仍未根除，有的建前建后重复审批；有的审批、评审互为前置陷入循环困局；有的审批改备案后未明确办理时限，反而影响进度。

（三）财政资金统筹整合相关政策措施亟须落实。国务院多次要求加大财政资金统筹整合力度，有关部门和地方积极采取措施，审计持续推动盘活存量和统筹整合，对不适应的具体制度规定多次提出修改或废止建议。审计发现，由于专项资金管理权限分散在不同部门，按项目下达、分条线考核，主管部门对统筹整合存在“三不愿”：担心失去行政管理权不愿整合、担心职能被调整不愿整合、担心机构人员编制缩减不愿整合。基层政府存在“三不敢”：怕失去专项支持不敢整合、怕得罪主管部门不敢整合、怕影响业绩不敢整合。导致财政资金统筹整合要求难以完全落实，也使大量财政资金无法发挥效益。

（四）政府投资基金支持创新创业的作用尚未得到有效发挥。至2015年底，中央财政出资设立的13项政府投资基金募集资金中，有1 082.51亿元（占30%）结存未用。抽查创业投资引导基金发现，通过审批的206个子基金中，有39个因未吸引到社会资本无法按期设立，财政资金13.67亿元滞留在托管账户；已设立的167个子基金募集资金中有148.88亿元（占41%）结存未用，其中14个从未发生过投资。地方政府投资基金也存在类似现象，抽查地方设立的6项基金发现，财政投入187.5亿元中，有124亿元（占66%）转作了商业银行定期存款。

（五）科研投入管理机制与科技创新要求不适应。跟踪审计创新型国家建设、大众创业万众创新等政策落实情况发现，科研项目和经费管理制度还不完善，科研经费管得过死，有形成本占比大，智力成本补偿不够，科研成果转化率低。从抽查11个中央部门单位科技资金使用情况看，仅扩大开支范围、利用假发票报账等问题金额就达3.17亿元，其中既有为保障必要支出不得不到处“凑”发票来报账的情形，也有个别人员借机骗取套取科研资金的问题。对此，近年审计持续关注，着力推动建立符合科研规律、有利于调动和保护科研人员积极性、鼓励创新和多出成果的相关制度。审计还发现，对科研单位和科研项目的检查繁多，加重了科研单位负担，如中科院所属85个院所2013年至2015年共接受各类检查评审3 500多次，其中以“审计”之名进行的有760多次，在此期间审计署对中科院部门预算执行审计中仅重点延伸审计了15个院所。

对这些问题，需要进一步健全完善体制机制，逐步加以解决。

四、金融机构审计情况

对农业银行等5家金融机构进行了审计，持续跟踪8家重点商业银行贷款投放情况。这些金融机构能够贯彻执行国家宏观调控政策，加强经营管理和风险控制，保持稳健运行，金融创新和服务能力有所提升。审计发现的主要问题：

（一）实体经济融资难、融资贵和融资慢的问题仍未有效解决。2015年，实体经济融资困难总体上有所缓解，但抽查的8家重点商业银行在全部贷款增速为9.48%的情况下，法人贷款、涉农贷款、小微企业贷款的增速分别为3.64%、6.23%、8%。据调查，小微企业为获得信贷支持，不仅需要在利息之外承担其他费用，而且往往需增加担保和评估环节，延长了审核时间，不利于保证生产经营的资金需求。

（二）商业银行不良贷款处置和金融创新相关风险防控机制尚不健全。2015年，8家银行不良贷款余额和不良率呈双升趋势，由于这些商业银行风险偏好和信贷投向趋同，不良贷款发生领域趋于集中；不良贷款处置工作还需加强，新发生的不良贷款仅有33%批量转让给资产管理公司，而且8家银行拨备覆盖率有所下降，增加自身核销压力。金融创新相关风险防控不足，金融监管有待加强。

（三）违规经营问题仍较突出。此次审计发现，金融机构一些工作人员存在违规放贷、违规办理保险或债券、股票业务等问题，有18起涉嫌重大违纪违法；部分信贷业务风险防控需进一步加强，发现向已列入国家淘汰落后和过剩产能名单的部分企业等新增融资120多亿元；中央八项规定出台后，光大集团、农业银行、人保集团、国寿集团、太平保险5家金融机构存在超标准购车、在风景名胜区开会等问题7 262.3万元。

对上述问题，有关金融机构已整改207.53亿元，修订完善制度103项，追责问责219人次。

五、中央企业审计情况

主要审计了中国石化、南航集团、中铝公司等10户中央企业，并抽查了中央企业部分境外业务管理情况。这些企业不断完善制度、加强管理、开拓市场，资产和收入规模持续增长。审计发现的主要问题：

（一）企业经营成果不实，有的存在违反廉洁从业规定问题。审计发现，10户企业资产、收入和利润不实分别为64.06亿元、585.82亿元和

71.96亿元；工程建设、物资采购和投资中不规范问题涉及808.76亿元，造成损失浪费等20.84亿元。中央八项规定出台后，中国电子、中国海油、港中旅集团等7户企业所属的8家单位违规发放津补贴等591.23万元，涉及64名单位领导班子成员；10户企业所属的70家单位存在违规购建楼堂馆所、超标准办会购车、公款旅游、打高尔夫球等问题涉及11.16亿元。

（二）对企业追责问责制度机制不健全，违规决策等问题较为突出。对近年审计发现的企业失职渎职、违反相关政策规定和"三重一大"决策制度等造成损失问题，监管部门履行督促整改、追责问责、报告公告等职责不到位，也未明确企业重大损失确认和追责问责标准，主要依靠企业自行追责问责，造成约束薄弱，使一些问题屡审屡犯甚至积聚。此次审计抽查10户企业的284项重大经济决策中，有51项存在违规决策、违反程序决策、决策不当等问题，造成损失浪费等126.82亿元；发现47起重大违纪违法问题线索涉及295.02亿元，其中16起涉及金额均超过亿元，94名责任人员中有26名为企业负责人。

（三）企业境外业务管理薄弱。抽查的93项境外业务中，有62项（占67%）不同程度存在论证不充分、未按程序报批，以及对关键岗位人员监管和佣金支付等关键业务环节管控薄弱问题，其中的10起重大违纪违法问题线索，造成国有权益损失风险142.7亿元。

对上述问题，10户企业已追回资金27.43亿元，建立健全规章制度609项，处理453人次。

六、审计移送的重大违纪违法问题线索情况

上述审计查出并移送的重大违纪违法问题线索主要特点有：

（一）滥用行政审批和国有资产资源管理等公共权力谋取私利问题仍较突出。此类问题线索有287起，主要是有关领导干部直接或变相干预、违规审批、暗箱操作，向亲友或其他特定对象输送利益，并从中收受钱款、房产、股权等。上述线索移送纪检监察和司法机关后，已有270多人受到处理。

（二）基层管理人员内外勾结，"一条龙"式造假骗取套取财政专项资金。此类问题线索有55起，主要是县乡有关部门管理人员主动参与或协助企业、个人造假，通过伪造公文和印章、伪造银行资信证明、伪造合同或经营资料、盗用农户身份信息等方式，骗取农业综合开发、拆迁安置、扶贫等财政补助。如江苏省赣榆农村商业银行通过编造贷款台账、还款单据等虚增扶贫贷款规模，骗取套取扶贫贷款财政贴息补助、贷款奖励共计2 000多万元，当地扶贫、财政等主管部门从中获取400多万元。有的还专门设立“基金”，用于“打点”项目申报审核和验收结算等环节工作人员。

（三）金融机构和有关企业工作人员非法利用内幕信息牟利。此类问题线索有59起，主要是利用掌握的债券发行、股票交易、停牌复牌、企业并购等内幕信息，直接或借用他人名义进行投机买卖，或者组织关联账户实施趋同交易，甚至推动特定股票价格波动从中获利。

（四）借助网络技术手段，有组织、规模化、跨区域实施非法集资、洗钱等活动。此类问题线索有32起，其中10起是通过注册系列空壳公司、建立专门网络平台、承诺高额回报，以会员互助、公益投资等名义进行非法集资；另外22起是利用虚构交易，通过轮替作业的银行账户链条，接受多地转入资金，实施账户间高频快速划转、反复切分整合，最后转给指定的境内外账户，涉嫌非法洗钱。

以上审计发现的问题，对违反财政财务收支法规的，已依法下达审计决定，要求有关单位予以纠正；对重大违纪违法问题线索和应当追究责任的，已依法移送有关部门查处；对管理不规范的，已建议有关部门建章立制，切实加强内部管理；对涉及政策、制度和法规的重要问题，已建议结合相关改革统筹研究解决。本报告反映的是审计发现的主要问题，具体情况通过单项审计结果公告向社会公布。下一步，我们将继续督促有关部门、单位和地方认真整改，整改的全面情况将于今年年底前报告。

七、审计建议

（一）强化问责和公开，健全审计查出问题整改长效机制。建议：一是有关部门和地区应将整改纳入督查督办事项，特别是主管部门应加强监管，把审计结果及整改情况作为考核和奖惩的重要依据。对未按期整改和整改不到位的，实行追责问责。二是被审计单位主要负责人应切实履行整改第一责任，及时纠正违纪违规问题，完善相关制度，防止同类问题再次发生；对审计反映的体制机制性问题和提出的审计建议，应及时组织研究，积极推动清理不适应的制度规定。三是被审计单位应将整改结果向同级政府或主管部门报告，及时向社会公告。

（二）加快推进改革，保障重大政策措施落地落实。建议：一是加快清理修订相关制度，既应修订废止不符合当前实际的政策规定，又应尽快建立健全适应改革发展要求的制度机制，完善相关配套政策法规。二是加快制定修订相关产业、行业、产品、网络及服务标准，建立健全梯次合理的企业标准、行业标准和国家标准体系，为创新发展、转型升级创造良好环境。三是加快完善相关考核激励机制，确保考核目标与重大发展规划协调衔接，中央与地方各级各层次考核指标协调衔接。四是加强对探索性做法的规范提升和总结推广，建立完善正向激励和容错免责机制。

（三）进一步优化财政资源配置，切实盘活存量、用好增量。建议：一是结合政府职能转变，进一步明确中央与地方的事权和支出责任，理顺部门在预算管理中的权责，健全配置合理、职责清晰、运转高效的财政管理体系。二是优化支出结构，着力支持去产能、去库存、去杠杆、降成本、补短板，从严控制一般性支出，对没有准备好的项目不安排预算。三是转变财政管理方式，破除影响资金统筹的制度藩篱，增强吸引社会投资相关支持措施的协调性和有效性，更多地利用贷款贴息、政府采购等方式支持实体经济。

（四）积极采取措施缓解收支矛盾，防范和化解各种风险隐患。建议：一是加强财政收支的统筹协调，更加有效地发挥积极财政政策的作用。在继续减税降费的同时，依法加强税收征管，确保应收尽收，为重点支出提供财力保障，坚决遏制骗取套取、虚报冒领财政资金问题。二是继续强化地方政府债务管理，通过严格问责促进消化债务存量、严控增量，密切关注“明股暗债”、兜底回购、固化收益等可能增加政府债务的潜在风险点。三是密切跟踪金融业务创新情况，强化金融监管协作，严厉打击非法集资、网络诈骗、地下钱庄、内幕交易等犯罪活动，防范金融风险。

委员长、各位副委员长、秘书长、各位委员，我们将更加紧密地团结在以习近平同志为总书记的党中央周围，全面贯彻落实党的十八大和十八届三中、四中、五中全会精神，诚恳接受全国人大常委会的指导和监督，按照党中央、国务院的决策部署，依法履行审计监督职责，为推动经济社会持续健康发展做出应有贡献！

来自中央人民政府门户网站

第九章
招标书和投标书

第一节 招标书

一、招标书的含义

所谓招标书，即业主按照规定条件发招标书，邀请投标人投标，在投标人中选择理想的合作伙伴，又称为招标通告、招标启事、招标广告。它是将招标的主要事项和要求公告于世，从而使众多的投标者前来投标。

招标书是在招标过程中介绍情况、指导工作、履行一定程序所使用的一种实用性文书。它是一种告示性文书，它提供全面情况，便于投标方根据招标书做好准备工作，同时指导招标工作展开。招标书一般都通过报刊、广播、电视等公开传播媒介发表。公开招标所使用的文书是招标公告，一般刊登在报纸杂志上；有限招标所使用的文书是招标邀请书。

在整个招标过程中，招标书属于首次使用的公开性文件，也是唯一具有周知性的文件。它是招标人利用投标者之间的竞争达到优选买主或承包方的目的，从而利用和吸收各地优势于一家的交易行为所形成的书面文件，属于邀约的范畴。

二、招标书的种类

（一）按时间划分

可分为长期招标书和短期招标书。

（二）按内容和性质划分

可分为企业承包招标书、工程招标书、大宗商品交易招标书。

（三）按招标的范围划分

可分为国际招标书和国内招标书。

（四）按招标的形式划分

1. 内部招标。由招标单位自己成立招标小组，组织招标过程，制定招标需求和评标标准，组织有关专家成立评标工作小组进行评标，由评标工作小组向决策者汇报，最终决定招标结果。这种内部招标的方式，严格来说不算是招标，除非该招标单位本身具备招标的资质，能够从事招标工作。

2. 有限招标。有限招标又称“邀标”，即由业主选定招标公司，由招标公司组织编写招标文件，向业主限定的候选人发出招标邀请，业主根据评标结果与中标人进行商务谈判。有限招标的整个招标过程都是由招标公司负责组织的。

3. 公开招标。由业主选定招标公司，通过招标公司发布招标公告，一般要求首先进行资格预审，以保证参加正式投标的投标方基本满足条件，避免做太多的无效工作。投标方中标后，其组织流程就和有限招标的组织流程基本相同了。

三、招标书的特点

（一）具有广告性

招标书也称为招标通知、招标公告、招标启事，是一种告知性文件。它一般通过大众传媒公开，因此也称招标广告，具有广告性。

（二）具有相当的竞争性

招标书是吸引竞争者加入的一种文书。它充分利用了竞争机制，以竞标的方式吸引投标者加入，通过激烈的竞争优胜劣汰，从而实现招标方优选的目的。

（三）具有时间的紧迫性

招标书要求在短时间内获得结果，因此，它又具有时间的紧迫性。

四、招标书的作用

招标书的作用是在招标过程中提供全面情况，以便竞标方根据招标方所提出的条件提前做好准备。同时，在招标过程中，它起到了统领全局的作用，指导招标工作按照一定的步骤有序展开。

五、招标书的写法

（一）标题

标题写在第一行的中间。标题的常见写法有四种：一是由招标单位名称、招标性质及内容、招标形式、文种四元素构成；二是由招标性质及内容、招标形式、文种三元素构成；三是只写文种名称“招标书”；四是广告性标题，比如《谁来承包××工厂》。

（二）正文

正文一般采用条文式，有的也可用表格式。

1. 引言部分要求写清楚招标依据、原因。比如《××住宅小区建筑安装工程施工招标通告》：“本公司负责组织建设的××住宅小区工程的施工任务，经××市城乡建设委员会批准，实行公开招标，择优选定承包单位，现将招标有关事项通告如下”。

2. 主体部分要详细交代招标方式（公开招标、内部招标、邀请招标）、招标范围、招标程序、具体要求、双方签订合同的原则、招标过程中的权利和义务、组织领导、其他注意事项等内容。具体包括如下几个方面：

（1）招标内容。比如标明工程名称、建筑面积、设计要求、承包方式、交工日期等。如《××住宅小区建筑安装工程施工招标通告》，“工程名称和地址：××住宅小区，坐落于××市东城区内城东北角。工程主要内容：总建筑面积10.7万平方米，其中14至18层大模外挂板住宅楼7座，计7.85万平方米，砖混结构6层住宅楼5座，计2.25万平方米，其余为配套附属建筑，也是砖混结构。工程质量要求应符合国家施工验收规范。承包方式：全部包工包料（建设单位提供三材指标）。”又如《××大学修建图书馆的招标通告》，“工程名称：××大学图书馆。建筑面积：××××平方米。施工地址：××市××路××号。设计及要求：见附件（略）。交工日期：20××年2月。”

（2）招标范围。投标单位资格及应提交的文件。比如：凡持有一、二级建筑安装企业营业执照的单位皆可报名参加投标。报名时应提交下列文件：A. 投标单位概况表；B. 技术等级证书（复印件）；C. 工商营业执照（复印件）；D. 外地建筑企业在本市参加投标许可证。

（3）招标程序。内容包括：A. 报名及资格审查；B. 领取招标文件；C. 招标交底会（交代要求及有关说明）；D. 接受标书；E. 开标；F. 交招标文件押金或购买招标文件。

（4）招投标双方的权利和义务、双方签订合同的原则、组织领导以及其他事项等。

（三）结尾

招标书的结尾应注明招标单位的名称、地址、电话等。

六、招标书的写作要求

（一）周密严谨

招标书是一种“广告”，也是签订合同的依据。所以，它是一种具有法律效力的文件。这里的周密与严谨，一是指内容，二是指措辞。内容要具有较强的逻辑性，要有条有理，有依有据。要求措辞周密严谨、语气平和，尽量避免带有个人主观色彩。

（二）简洁清晰

招标书没有必要长篇大论，只要把主要内容介绍清楚，突出重点即可，切忌没完没了地胡乱罗列、堆砌材料。

（三）注意礼貌

招标书涉及的是交易贸易活动，要遵循平等、诚恳的原则，切忌盛气凌人，更反对低声下气；既不能迁就对方，也不能把自己的要求无原则地强加给对方。

第二节　投标书

一、投标书的概念

投标书是指投标单位按照招标书的条件和要求，向招标单位提交的报价并填具标单的文书。它要求密封后邮寄或派专人送到招标单位，故又称标函。它是投标单位在充分领会招标文件，进行现场实地考察和调查的基础上所编制的投标文书，是对招标公告提出的要求的响应和承诺，并同时提出具体的标价及有关事项来竞争中标。

二、投标书的种类

（一）按投标方人员的组成情况

可分为个人投标书、合伙投标书、集体投标书、全员投标书和企业（企业联合体）投标书等。

（二）按性质和内容

可分为工程建设项目投标书、大宗商品交易投标书、选聘企业经营者投标书、企业租赁投标书、劳务投标书等。

三、 投标书的特点

（一）针对性

投标书的内容是按照招标提出的项目、条件和要求而写的，针对性强。

（二）求实性

投标书对招标项目的分析、对己方的介绍、拟采用的措施和承诺等都具有求实求真忌虚假的特性。

（三）合约性

投标书以追求合作、签署合同为目的。

四、投标书的作用

投标单位因参与公平竞争而获得新的市场机会；投标单位为了在竞争中取胜，必须努力改善经营策略，不断提高管理水平，进行技术改造和革新，以达到招标公告规定的标准和条件，进而提高企业的经济效益，增强企业的综合素质。

制作投标书是整个招投标过程中最重要的一环。招标书是投标商编制投标书的依据，投标商必须对招标书的内容进行实质性的响应，否则会被判定为无效标（按废弃标处理）。

五、投标书的写法

（一）标题

投标书的标题一般由投标单位名称、投标项目名称和文种构成，或由单位名称和文种构成，也可以由投标项目名称和文种构成。

（二）正文

投标书正文的写法比较灵活，一般根据招标书提出的目标、要求，介绍投标企业的现状，说明具备投标的条件，提出标价（常用表格表示）、完成招标项目的时间，明确质量承诺和应标经营措施，还要根据招标者提出的有关要求填写标单。

（三）结尾

写明投标单位的名称、法定代表人、联系人地址和电话等，并以附件形式附上有利于己方中标的相关材料。

六、投标书的写作要求

（一）全面反映招标单位的需求

投标者要针对招标单位的状况、项目复杂情况，编制好投标书，要全面反映招标单位的需求。

（二）科学合理

技术要求、商务条件必须依据充分并切合实际。技术要求根据项目现场实际情况、可行性报告确立，不能盲目提高标准、提高设备精度、房屋装修标准等，否则会带来功能浪费，多花不必要的钱。

（三）公平竞争（不含歧视性条款）

招标的原则是公开、公平、公正，只有这样才能吸引真正感兴趣、有竞争力的投标厂商来竞争。通过竞争达到招标目的，才能真正维护使用单位利益、维护国家利益。招标机构审定投标书，要看其中是否含歧视性条款。政府招标管理部门、监督部门在管理监督招标工作中，最重要的任务也是审查招标文件中是否有歧视性条款。这是保证招标公平、公正的关键环节。

（四）维护本企业的商业秘密及国家利益

投标书编制要注意维护使用单位的商业秘密，也不得损害国家利益和社会公众利益。

思考与练习

1. 招标书的特点和作用各是什么?

2. 投标书有哪些种类?写作注意事项是什么?

3. 根据材料写一份招标书。

巴西水利当局对××水利工程项目所需的各种服务用车辆进行国际招标，包括服务用吉普车、服务用小吨位运输车和大型推土机。必须运交到工地，负责装配、维修。允许制造商分别对个别项目进行投标。巴西水利当局已从世界银行获得一笔贷款，用于支付本合同所需的外汇，其余费用自筹解决。只接受来自世界银行成员的享有盛誉的车辆注册商标的制造商的投标，合同凭商标交易，而且必须保证随时提供各种备件和维修设备。有意者可以在20××年5月31日后按下列地址以每份5美元的价格购买招标文件，多买不限，售后不退。要求投标人随同投标书一起提供附有资格证的材料，并交纳投标保证金2万美元。所有投标文件应于20××年6月20日前递交招标人，晚于此日期被视为无效。定于20××年6月20日在巴西水利局采购工程项目处会议厅内公开开标。

请写明联系人、地址、电话、传真等。

4. 根据上面的招标书，写一份投标书。

相关链接

投标书体例

一、投标书封面

(招标单位名称)

送上：________________工程项目投标书正本一份请审核。

投标单位：________________(盖章)

法定代表人(职务)：________________(签名盖章)

投标日期：____ 年__月__ 日

二、投标书正文

×××××工程投标书

××××（招标单位名称）：

我们研究了×××××工程的招标文件，愿意按照设计图纸和合同条件的要求承担上述工程的施工任务。现提出正式报价如下：

（一）总包标价：______________（人民币）

（二）单价：______________元/平方米（或立方米、米等）

（三）总包标价构成：

工程项目	计量单位	工程数量	标价(元)	占总价(%)
主厂房	平方米			
宿舍	平方米			
设备安装	台、套			
室外工程	项			
其他	项			

（四）工期

______年____月____日开工，______年____月____日竣工，总工期____天。

（五）工程质量标准及主要施工技术组织措施

1. ____。

2. ____。

3. ____。

4. ____。

5. ____。

6. ____。

（六）主要材料指标

1. 钢材____ 吨（有无规格应说明）

2. 水泥____ 吨（标号应说明）

3. 木材______立方米（原木和锯材应说明）

（七）要求建设单位提供的配合条件

1. ________________________________。
2. ________________________________。
3. ________________________________。
4. ________________________________。
5. ________________________________。
6. ________________________________。
7. ________________________________。
8. ________________________________。

招标单位名称（盖章）

法定代表人（签字盖章）

电话：　　　　传真：　　　　联系人：

三、投标书附件一

（单位工程名）主要部分分项标价明细表

工程项目	单位	数量	直接费用（元）	
			单价	总价
土方工程				
混凝土工程				
砌砖工程				
……				
……				
其他				
直接费用	元			
独立费 %	元			
包干系数 %	元			
利润、技术装备费、劳保支出%	元			
标价合计	元			

四、投标书附件二

（单位工程名）主要材料、设备标价明细表

<table>
<tr><td rowspan="2">材料设备名称</td><td rowspan="2">单位</td><td rowspan="2">数量</td><td colspan="2">预算（元）</td><td colspan="2">标价（元）</td><td rowspan="2">差价（元）</td></tr>
<tr><td>单价</td><td>总价</td><td>单价</td><td>总价</td></tr>
<tr><td></td><td></td><td></td><td></td><td></td><td></td><td></td><td></td></tr>
<tr><td>合计</td><td></td><td></td><td></td><td></td><td></td><td></td><td></td></tr>
<tr><td colspan="3">材料设备差价合计（大写）</td><td colspan="5">元</td></tr>
<tr><td colspan="8">说明：</td></tr>
</table>

资料来源：李道魁. 财经应用文写作［M］. 成都：西南财经大学出版社，2002.

【例文一】

贵州省公安消防总队2016年度消防车辆采购招标公告

1. 项目名称：贵州省公安消防总队2016年度消防车辆采购
2. 项目编号：THZB2016－411CG
3. 项目序列号：S520000000006316001
4. 项目联系人：×××、×××
5. 项目联系电话：0851－85828196－207
6. 采购方式：公开招标
7. 采购货物或服务情况：（具体要求详见附表）

（1）采购主要内容：

品目	采购内容	数量(台)	预算价(万元)	备注
1	压缩空气泡沫消防车	8	3 200	军免车辆
2	工程机械车	3	600	进口车辆
3	高压大流量供水消防车	1	300	军免车辆
4	登高平台消防车（54米）	1	550	军免车辆

品目	采购内容	数量（台）	预算价（万元）	备注
5	水陆两栖运输车	15	600	进口产品
6	水罐消防车	3	450	军免车辆
7	通信先导车	1	135	进口车辆
8	饮食保障车	1	80	
9	油罐车	1	50	
10	水罐消防车	18	450	
11	专职队水罐消防车	13	260	
12	四轮消防摩托车	10	120	
13	装备检测车	1	170	
14	自装卸式运输车（含3个运输箱）	1	220	
采购预算合计			7 185	
15	多剂联用举高喷射消防车	3	495	
16	大吨位供水消防车	5	475	
17	供液消防车	3	270	
18	登高平台消防车（32米）	1	220	
19	水罐泡沫消防车	5	300	
20	通信指挥车	1	68	
21	报废更新（需要购置的其他车辆）	16	1 280	
22	专职队消防车	2	90	
采购预算合计			3 198	

注：①品目1~7各选择1名中标供应商；②品目8~14各选择3名供应商入围贵州省消防总队供应商库，由采购人在供应商库里选择供应商自行采购；品目15~22由各市、州、区公安消防支队在2015年省消防总队入围供应商库里选择供应商委托招标代理机构组织采购，不含在本次公开招标范围内。

（2）采购数量：1批。

（3）采购预算：103 830 000元。

（4）简要技术要求、服务和安全要求：具体要求详见招标文件。

（5）交货时间或服务时间：合同签订后，60个日历日内供货安装调试完成，办理军免车辆产品180个日历日内供货安装调试完成。

（6）交货地点或服务地点：采购人指定地点。

（7）其他事项（如样品提交、现场踏勘等）。

8．投标供应商资格要求

（1）一般资格要求：

a．符合《中华人民共和国政府采购法》第二十二条之供应商资格条件要求并能提供相应证明材料。

b．具有有效的企业法人营业执照、税务登记证、组织机构代码证。

c．所有产品须提供产品生产厂商或有效代理商针对本项目的销售授权书。提供国外生产厂商销售授权书的，应提供生产厂商销售授权书的彩色复印件及中文翻译件并加盖生产厂商印鉴；提供国内有效代理商出具的授权书的，需提供授权书原件及生产厂商对有效代理商的授权书彩色复印件，并加盖有效代理商公章。

d．品目1、4、5、7、11、14、15产品必须具有中华人民共和国公安部消防产品合格评定中心出具的产品认证（CCCF证书）。

e．本项目不接受联合体投标。

f．国内产品满足采购需求的，可以参与本项目投标。

（2）特殊资格要求：无。

9．获取招标文件信息

（1）购买招标文件时间：2016－10－21 09:00:00至2016－10－28 17:00:00。

（2）购买招标文件地点：在贵州省公共资源交易中心网站上进行网上报名，支付招标文件费用后自行下载。

（3）招标文件获取方式：登录网站报名成功后下载。

（4）招标文件售价：300元人民币（含电子文档）。

10．投标截止时间（北京时间）：2016－11－14 09:30:00（逾期递交的投标文件恕不接受）

11．开标时间（北京时间）：2016－11－14 09:30:00

12．开标地点：贵州省公共资源交易中心（贵州省贵阳市遵义路65号，具体开标室于当日在贵州省公共资源交易中心开标区获取）

13. 投标保证金情况

（1）投标保证金额（元）：560 000。

（2）投标保证金交纳时间：2016－10－21 09:00:00 至 2016－11－10 12:00:00。

（3）投标保证金交纳方式：按招标文件要求交纳。

（4）开户银行及账号：

单位名称：贵州省公共资源交易中心

开户银行：贵州银行股份有限公司贵阳展览馆支行

账　号：0109001400000182

14. PPP 项目：否

15. 采购人名称：贵州省公安消防总队

联系地址：贵州省贵阳市沙冲南路 231 号

项目联系人：×××

联系电话：××××××

16. 采购项目需要落实的政府采购政策：详见招标文件

17. 采购代理机构全称：贵州泰禾招标造价咨询有限公司

联系地址：贵阳市观山湖区诚信北路 8 号绿地联盛国际 3 栋（A 座 23 楼 2 号）

项目联系人：×××、×××

联系电话：0851－85828196－207

请供应商在汇款时务必注明本项目的项目编号，否则，因款项用途不明导致保证金无效等后果由投标人自行承担。

贵州××招标造价咨询有限公司

2016 年 10 月 21 日

来自中国政府采购网

（收录本书时个别表述有调整）

【例文二】

建筑安装工程投标书

________（建设单位或招标办公室）：

在研究了________建筑安装工程的招标条件和勘察、设计、施工图纸，以及参观了建筑安装工地以后，经我们认真研究核算，愿意承担上述全部工程的施工任务。我们的投标书（标函）内容如下：

____

____

标函内容	工程名称	建筑地点	工程内容
	建筑面积	建筑层数	包干形式
	结构形式	设计单位	
标价	总造价	每平方米造价	其他
	直接费用	间接费用	其他
	材料差价	材料差价	其他
工期	开工日期	竣工日期	合计天数
	形象进度	达到等级	
	保证质量主要措施	施工方法	选用施工机械

我们特此同意，在本投标书发出后的________天之内，我们都将受本投标书的约束。我们愿在这一期间（即从______年____月____日起至______年____月____日止）的任何时候接受贵单位的中标通知。一但我们的投标被接纳，我们将与贵单位共同协商，按招标书所列条款的内容正式签署__________________建筑安装工程施工合同，并切实按照合同的要求进行施工，保证按质、按量、按时完工。

我们承诺，本投标书（标函）一经寄出，不得以任何理由更改，中标后不得拒绝签订施工合同和施工；一旦本投标书中标，在签订正式合同之前，本投标书连同贵单位的中标通知，将构成我们与贵单位之间有法律约束力的协议文件（如果招标书要求投标方提供银行或上级部门担保的，投标方应在投标书 <标函> 中附上一份银行或上级部门的履约保证书）。

投标书发出日期：______年____月____日______时

投标单位：____________________（公章）

企业负责人：______________（盖章）

联系人：______________（盖章）

电话：____________________

地址：____________________

来自中国工程项目管理网

第十章
经济合同

第一节　经济合同的含义和特点

一、经济合同的含义

合同旧称契约，是当事人各方为达到某种目的经协商同意后订立的明确有关权利义务关系的协议。它有广义和狭义之分。广义的合同泛指发生一定权利义务的协议；狭义的合同专指当事人之间设立、变更、终止民事关系的协议。

1999 年 3 月 15 日第九届全国人民代表大会第二次会议通过的《中华人民共和国合同法》（以下简称《合同法》）规定：合同是“平等主体的自然人、法人、其他组织之间设立、变更、终止民事权利义务关系的协议”。由此可见，合同是签订合同的双方当事人为实现一定目的，经充分协商，对所确认的权利和义务达成的一种文字协议。而经济合同则是双方或多方当事人为了实现一定的经济目的，通过平等协商，明确相互的权利和义务而共同订立的一种具有经济关系的协议，确定了当事人表示见解一致的法律关系。

二、经济合同的特点

《合同法》明确规定了经济活动中的五项基本原则，即“平等原则”“自愿原则”“公平原则”“诚实信用原则”和“遵守法律、法规和尊重社会公德原则”。与此相应，经济合同有以下五个主要特点：

（一）合法性

合同的撰写要严格遵守《合同法》的规定。经济合同是具有法律效力的文书，它起作用要以合法为前提，内容不合法，就被视为无效合同。另外，对经济合同的订立和履行、变更和解除、违约责任等，国家都以法规的形式作了规定，从合同的签署、履行到纠纷的调节、仲裁，都必须依法进行。

（二）平等互利性

经济合同的平等性，首先表现为签订合同的双方或多方的法律地位是平等的，当事人之间应是平等互利的合作关系，没有上下从属之分。其次，合同是协商协作的产物，在合同条款中，权利和义务是相互的、对等的，不能将其建立在损害对方或他方的利益之上，合同内容也应是等价有偿的。

（三）公平性

经济合同的公平性是指合同的订立和履行以及纠纷的解决都应当公平合理，要求当事人订立合同的机会均等，要公平竞争，反对垄断和“霸王条约”，不允许以大压小、以强凌弱，任何一方均不得把自己的意志强加给对方。显失公平的合同、乘人之危情况下签订的合同、以胁迫手段签订的合同，都有被撤销的可能。

（四）诚信性

在签订合同时，当事人双方均应当诚实地表达自己的意思、实事求是；在履行合同时，均应当遵守自己的承诺。隐瞒真相、背离约定、制造销售假冒伪劣产品、拖欠供货或货款等，都是违背诚信性原则的。

（五）规范性

为了保证合同的合法性、公平性、完备性，撰写合同应当符合规范化的要求。《合同法》明文规定：“法律、行政法规规定采用书面形式的，应当采用书面形式。当事人约定采用书面形式的，应该采用书面形式。”合同的书面形式是较为统一、固定的，即内容的构成、先后顺序都有一定的要求。在语言方面，要求使用规范的表达方式，要准确、严谨，措辞力求精当，不可模棱两可、含混不清。为规范合同体式，国务院曾于 1990 年 3 月 20 日批准在全国推行合同统一文本格式。原国家工商行政管理局编制的“中国合同范本”为各类合同的正确制作提供了依据。

第二节　经济合同的种类和作用

一、经济合同的种类

经济合同的分类方式很多，不同的划分标准有不同的分类方法。

按时间划分，有长期合同、中期合同和短期合同。

按地域划分，可分为国内合同和涉外合同。

按双方权利和义务关系分，有劳务合同（双方都享有权利并承担义务，如买卖合同）和单务合同（仅对一方发生权利、对他方只发生义务，如信贷合同）。

按形式划分，有条款式合同、表格式合同和条款表格结合式合同。

按内容性质分，有买卖合同，供用电、水、气、热力合同，赠与合同，借款合同，租赁合同，融资租赁合同，承揽合同，建设工程承包合同，运输合同，技术合同，保管合同，仓储合同，委托合同，行纪合同，居间合同15种。

买卖合同，是指出卖人转移标的物的所有权于买受人，买受人支付价款的合同。

供用电、水、气、热力合同，是指供电、水、气、热力人向用电、水、气、热力人供电、水、气、热力，用电、水、气、热力人支付费用的合同。

赠与合同，是指赠与人将自己的财产无偿给予受赠人，受赠人表示接受赠与的合同。

借款合同，是指借款人向贷款人借款，到期返还借款并支付利息的合同。

租赁合同，是指出租人将租赁物交付承租人使用、受益，承租人支付租金的合同。

融资租赁合同，是指出租人根据承租人对出卖人、租赁物的选择，向出卖人购买租赁物，提供给承租人使用，承租人支付租金的合同。

承揽合同，是指承揽人按照定做人的要求完成工作，交付工作成果，定做人给付报酬的合同。承揽包括加工、定做、修理、复制、测试、检验等工作。

建设工程承包合同，是指承包人进行工程建设，建设单位支付给承包人价款的合同。建设工程承包合同包括勘察、设计、施工合同。

运输合同，是指承运人将旅客或货物从起运点运输到约定地点，旅客、托运人或收货人支付票款或者运输费用的合同。

技术合同，是指当事人就技术转让、开发、咨询或者服务订立的确立相互之间权利和义务的合同。

保管合同，是指保管人保管寄存人交付的保管物并返还该物的合同。

仓储合同，是指保管人储存存货人交付的仓储物，存货人支付仓储费的合同。

委托合同，是指委托人和受托人约定由受托人处理委托人事务的合同。

行纪合同，是指行纪人以自己的名义为委托人从事贸易活动，委托人支付报酬的合同。行纪合同又称信托合同。行纪人处理委托事务的费用，由行纪人负担，但与当事人另有约定的除外。行纪人与第三人订立合同的，行纪人对该合同直接享有权利，承担义务。

居间合同，是指居间人向委托人报告订立合同的机会或者提供订立合同的媒介服务，委托人支付报酬的合同。居间人未促成合同成立的，不得要求支付报酬，但可以要求委托人支付从事居间活动支出的必要费用。

二、经济合同的作用

（一）保障作用

合同的订立，使当事人的权益以法律的形式得到了保护。合同规定了当事各方的权利和义务，任何一方不履行合同都要受到经济或法律的制裁；同时，各方的利益又依赖合同条款所规定的法律关系得到有效的保障。任何当事人的权利受到侵害，都有权向司法部门提出申诉，司法部门则会依法调节当事人各方关系，制裁违法行为，保护受损害者的利益。

（二）约束作用

《合同法》第七条明文规定：“当事人订立、履行合同，应当遵守法律、行政法规。”所以，依法订立的合同一经签署就具有法律约束力，当事人既可以充分享受合同规定的权利，又必须全面履行合同所规定的义务。任何一方不得擅自变更合同的内容或解除合同。如果订立合同的某一方未经对方同意，单方面擅自变更合同内容或解除合同，使对方权益受到侵害，要罚以违约金，并赔偿因此给对方造成的经济损失。

第三节　经济合同的写法和写作要求

一、经济合同的写法

从结构上讲，经济合同的表现形式有两种，即条文式合同和表格式合同。《合同法》第十二条规定：合同的内容由当事人约定，一般包括以下条款：①当事人的名称或者姓名和住所；②标的；③数量；④质量；⑤价款或者报酬；⑥履行期限、地点和方式；⑦违约责任；⑧解决争议的方法。无论是条文式合同，还是表格式合同，一份完整的经济合同一般分为以下四个部分：

（一）标题

标题写在第一行的中间，字体要稍微大一些。经济合同的标题一般只写明合同的种类，如“供电合同”“承揽合同”。

此外，标题还有以下几种写法：

1. 将经营范围和经济合同名称写在一起，如“纺织品购销合同”。

2. 将经济合同有效期和经济合同名称写在一起，如“2011 年度购销合同”。

3. 将签约单位名称并列写在经济合同名称前面。

如：×××市××公司

××××厂　　　购销合同

为了进行合同登记，标题下还应写明合同的编号。

（二）签约当事人的名称或姓名

另起一行空两格，分行并列写明签订合同当事人双方的单位名称或者姓名和住所，有的在单位名称之前还写明合同的性质。如：

订立供销合同单位××××（甲方）代表×××

××××（乙方）代表×××

为了行文方便，常常在双方名称（或代表人姓名）后边注明“以下简称甲方”和“以下简称乙方”，有些合同不写甲方、乙方，而写“供方”“需方”。订立合同的双方单位名称要用全称，不能用容易引起混淆的简称，以免在执行合同过程中引起纠纷。

（三）正文

正文是合同的主要部分，一般包括两个方面的内容：

1. 双方签订经济合同的依据或目的。这部分的写法通常比较固定，如“为了××××××××，根据《中华人民共和国合同法》，经双方协商同意，特签订本合同”。如果合同目的很清楚，也可以不写。

2. 经济合同的内容。这一部分另起一段，逐条写明双方协议的具体条款。表格式经济合同通常事先印好，项目比较固定，只要往里填充内容即可；条文式经济合同内容可多可少，根据需要而定。合同内容根据合同法的规定主要包括：

（1）标的。经济合同的标的就是合同关系中确定的双方当事人权利和义务共同指向的对象。它可以是物，如购销合同中出售的商品；可以是行为，如运输合同中承运人将旅客和货物运达目的地的行为；还可以是技术和成果，如技术合同中的技术，出版合同中作者的作品。

（2）数量。数量是标的在量的方面的限度，是标的的计量。通常指商品的重量、个数、长度、面积、容积等的量，经济合同中必须明确规定标的的数量、计量单位和计量方法。数量通常用数字和计量单位来表示，有时有的商品还应写明数量的正负尾差、合理磅差、自然减量和增量的计量方法。

（3）质量。质量是标的在质的方面的规定，是标的的内在素质和外观形态的基本要求，即质的规定性。它不仅指标的物的优劣程度，还包括产品的品种、规格、成分、含量、纯度、色泽、不合格率、性能等。标的的质量标准力求规定详细、具体、明确，有规定标准的，如国际标准、国家标准等，按当事人双方认可的标准执行；没有规定标准的，由双方当事人协商确定。

（4）价款或报酬。价款或报酬是标的的价值，是取得对方产品、接受对方劳务或智力成果所支付的代价和报酬，多以货币数量表示。价款指商品交易中买方付给卖方的代价，包括单价和总金额，如购销合同中买卖商品的价款；报酬指接受服务一方付给提供服务一方的报酬，如雇佣合同中的劳动报酬。价款或报酬一般都以货币数量来表示。合同中还要明确价款或报酬的给付方式、银行账号等。

(5) 履行期限、地点和方式。履行期限是指经济合同的有效起讫时限，是合同当事人实现权利、履行义务的时间界限，包括合同有效期限和履行期限。超过期限未能履行合同，就应当承担由此产生的后果。履行合同的地点指经济合同履行时的具体地点，包括交货、验货或承建工程的具体地点，必须规定具体、明确，不能产生歧义。履行的方式指当事人以什么方式来履行合同、实现合同所规定的当事人的义务，包括时间方式和行为方式两方面。时间方式指的是一次性履行完毕还是分期履行；行为方式指当事人交付标的物的方式，如标的物的交付、运输、验收、价款结算等的方式。

(6) 违约责任。违约责任指当事人一方或双方因为自己的过错，造成合同不能履行或不能全部履行而应承担的责任。《合同法》规定当事人不履行合同义务或者履行合同义务不符合约定的，应承担继续履行、采取补救措施或赔偿损失等违约责任。承担违约责任的方式主要是支付违约金、赔偿金等。

(7) 解决争议的方法。解决争议的方法是指合同当事人事先约定的、在履行合同中双方发生争议时解决的方法。常用的解决方法有协商、仲裁、法院调解、审理等。

(四) 结尾

结尾包括署名、日期和附项。

1. 署名。签订经济合同的双方当事人单位名称、法定代表人的签名和单位盖章。如果需主管部门或公证机关审批、签证，还须写上主管部门或公证机关的名称、意见、日期，经办人签名，并加盖公章。

2. 日期。以签订合同的日期为准。

3. 附项。一般包括双方当事人的单位地址、电话号码、开户银行、银行账号、邮政编码等内容。

二、经济合同的写作要求

(一) 签订经济合同要遵循的原则

1. 必须符合国家的有关政策、法律、法规、法令。

2. 合同的当事人必须具备法人资格。

3. 必须坚持平等互利、协商一致、等价有偿原则。

4. 体现平等、自愿、公平、诚信的原则。

（二）内容具体明确，语言准确严密

文字不能模棱两可产生歧义。金额数字要采用大写，标点正确。如确需修改时，应将双方同意的修改意见作为附件附上。如在原件上修改，应加盖双方印章。

（三）格式规范，条文科学

《合同法》中规定了经济合同的具体写法和格式，订立经济合同时要严格遵循《合同法》及有关法律的具体要求。经济合同受国家法律的保护，当事人双方必须受其约束、严格履行，否则就要受到法律的制裁。此外，还要求经济合同的条款要具有科学性。

思考与练习

1. 什么是经济合同？它有哪些特点和作用？
2. 经济合同的内容一般包括哪些条款？
3. 签订经济合同要遵循哪些原则？
4. 请根据下面的材料写一份买卖合同。

大丰果品商店的代表杜云光，于2010年3月16日与光明园艺场的代表肖鹏飞签订了一份合同。双方协商时提到：大丰果品商店购买光明园艺场出产的水蜜桃8 000千克、鸭梨10 000千克和红富士苹果15 000千克。要求每种水果在八成熟采摘后，一星期内分三批交货，由光明园艺场负责用柳筐包装并及时运到大丰果品商店；包装筐费和运输费均由大丰果品商店负担。各类水果的价格视质量好坏，按国家规定当地收购牌价折算，货款在每批水果交货当日通过银行托付。如因突发自然灾害不能如数交货，光明园艺场应及时通知大丰果品商店，并相互协商修订合同。在正常情况下，如果大丰果品商店拒绝收货，应处以拒收部分价款20%的违约金；光明园艺场交货量不足，应处以不足部分价款30%的违约金。这份合同一式四份，双方各执一份，各自的上级单位备案一份。

相关链接

劳动合同与劳务合同

一、认定劳动关系

（一）双方具备建立劳动关系的条件：一方为单位，一方为个人；

（二）双方的合意应当属于建立劳动关系，不论是否已经签订书面劳动合同；

（三）劳动者在从属性条件下从事劳动；

（四）双方具有管理和被管理的特征；

（五）双方的权利义务调整劳动过程。

二、认定劳务关系

（一）双方为不具有从属性的平等关系；

（二）劳动过程中双方不具有管理和被管理的关系（即不存在具体的职务和岗位，无上下级）；

（三）双方的权利义务完全依据协议确定，为完整的平等有偿关系（即不受单位规章制度约束，而是受劳务协议约束）；

（四）双方的权利义务调整劳动结果。

三、劳动合同与劳务合同的区别

（一）从合同的性质来看：劳务合同是受雇人为雇佣人提供服务的合同；劳动合同是确定劳动关系的合同。

（二）从合同的目的来看：劳务合同以提供劳务为目的；劳动合同以劳动者成为用人单位内部成员为目的。

（三）从受国家干预的程度来看：劳务合同更多体现当事人意思自治，国家干预程度较小；劳动合同更多体现国家的干预，体现国家对劳动者的特别保护。

（四）主体不同：劳务合同适用于单位之间、个人之间或单位与个人之间；劳动合同仅限于单位用工，主体为单位和个人。

（五）法律关系不同：劳务合同两者是平等关系，不接受用人单位管理，不受规章制度约束，是平等的民事法律关系；劳动合同劳动者属于单位内部成员，遵守其内部规章制度，必须承担一定的工种或职务工作，两者是领导和被领导、管理与被管理、支配与被支配的隶属关系。兼具财产关系和人身关系。

（六）承担劳动风险责任的主体不同：劳务合同提供劳动一方有权自行支配劳动，以个人名义进行劳动，风险责任自行承担；劳动合同的劳动者必须服从用人单位的领导、管理、组织和支配，以单位名义进行劳动，风险责任由单位承担。

（七）从支付劳动报酬的形式来看：劳务合同的劳务费，由双方自行协商价格及支付方式，法律不过分干涉，一般是一次性结算或阶段性分批次支付，毫无规律可言；劳动合同的工资具有按劳分配性质，受法律法规约束，一般是有规律地按月支付。

（八）单位承担的义务不同：劳务合同无须缴纳社保，无须支付加班费，不受最低工资约束；劳动合同需缴纳社保，需支付加班费，受最低工资约束。

（九）从合同的内容来看：劳务合同单位并不为劳动者提供劳动条件；劳动合同单位应为劳动者提供劳动条件。

（十）单位侧重点不同：劳务合同的单位不再是管理者身份，而是用合同条款约束劳动者，侧重于劳动成果；劳动合同的单位侧重于对劳动过程的管理。

（十一）解除合同的方式不同：劳务合同双方可依约定随时解除劳务关系；劳动合同履行法定程序。

（十二）劳务合同不受民法和合同法调整，劳动合同受劳动合同法调整。

（十三）从争议处理的程序来看：劳务合同法院可直接受理；劳动合同法院不能直接受理，须仲裁前置。

四、签署劳务合同应注意以下问题和风险

（一）签订劳务协议时尽量避免出现符合劳动合同特征的条款和履行方式。

（二）签订劳务合同的工种主要是指在一定时期内完成相对独立的一定量工作的工种，故并不是所有的岗位都可以实行劳务用工模式。主要针对退休（指开始享受养老保险待遇）人员、返聘人员、临时项目用工、季节性用工、兼职人员等。

（三）劳务用工的劳务报酬结构应与劳动用工的工资结构分开，即劳务报酬结构中不能出现加班费、迟到扣款、应出勤天数、请假时数、固定加班、自由加班、奖金、补发社保费、房租、水电费、伙食费、工会费、应急基金、公司罚款等涉及公司相关规章制度管理的项目。双方的所有权利义务均需通过劳务协议来履行，而不是通过规章制度来规范。

（四）进行报酬结算时，为避免劳务报酬与工资混淆，应以劳务用工的部门为单位，对劳务费名义造册发放，结算时注明核发依据，如××元/小时（天、月、件）。这在一定程度上增加了公司的财务成本。

（五）涉及的风险是虽然名义是劳务用工，但实际上却按劳动用工进行管理，那么发生争议时，劳动保障部门会按劳动争议来处理。故用劳务用工的方式不便于公司进行管理。

（六）劳务用工解除合同的随意性强，不利于保持员工队伍的稳定性，员工不易产生归属感。

来自华律网

意向书与经济合同的异同

意向书的主要作用是传达“意向”，提请对方注意或供参考，可以约束双方的行为，维护双方的利益；意向书能反映业务工作上的关系，能保证业务朝着健康有利的方向发展；意向书可为正式签订协议或合同打下基础。与合同相比，意向书不具备法律效力，只是对各方信誉有约束力。意向书只表达谈判的初步成果，为进一步签订协议书和经济合同做铺垫，具有临时性，一旦合同签订，意向书就不需要了。意向书的内容具有概略性、轮廓性，不像经济合同那样具体。有时意向书可以是一方以广告的形式来征求合作单位。

协议书与经济合同的异同

协议书是社会生活中，协作的双方或数方，为保障各自的合法权益，经双方或数方共同协商达成一致意见后，签订的书面材料。它与合同具有相同的功能，但在使用中有一些细微的区别。其区别主要是：

1. 协议书的内容比较原则、单纯，往往是共同协商的原则性意见；而合同内容具体、详细。

2. 协议书的适用范围广泛。联营、经销、加工承揽、调解、仲裁、赔偿、保险、技术合作等凡当事人协商一致就可以签订协议书。企事业单位、社会团体、个人之间都可以订立协议书。而合同则是按照合同法的规定，法人和自然人之间订立的。

3. 协议书更具有灵活性，没有固定统一的写作格式，内容安排、条款形式由当事人协商议定。可以是签订正式合同之前的意向式协议书，也可以是补充合同条款不足而订立的补充协议书，也可以是合同式协议书。

【例文】

××物流公司运输合同

甲方：××公司

乙方：××××××

根据相关法律规定，经过双方充分协商，特订立本合同，以资共同遵守。

第一条　业务模式

甲方根据业务当天____采购实际情况以物流发货单的方式通知乙方去甲方指点供货单位提货，乙方根据甲方物流发货单、货物提单上的货物名称、规格、产地、数量与实物确认无误后进行装运货物，并运到甲方指定地点。

第二条　货物运输定价

定价自合同签订生效当年为____元/吨，以后年份运费随行就市。甲方除支付上述价格外，不再支付乙方任何其他费用（包括但不限于乙方装车、转运、卸货等产生的费用），但本合同另有约定的除外。

第三条　货物验收要求

乙方核实甲方物流发货单和货物提单与实物相符后，将物流发货单盖章后回传甲方指定地点，如发现其中单据跟实物不符应立即通知甲方相关负责人，否则相关损失由乙方全部承担。

第四条　货物起运地点

货物起运点：××

货物到达地：××

第五条　货物承运日期及到达时间

承运日期：乙方根据当天物流发货单上面的日期，将货物安全及时地运到甲方指定的地点，如逾期未将货物及时送达目的地，视为乙方违约，因此给甲方造成的损失（包括但不限于甲方另行组织运输工具所支付的运费的差额、甲方因违约给第三方的赔偿，实现债权的律师费、诉讼费等）由乙方承担；乙方派出的运输工具和人员的行为视为乙方的行为，因此给甲方或者第三人造成的损失由乙方承担。

货物运到期限：货物必须在拿取货物提单的第二天上午____之前送到货物指定地点。

第六条　运输质量及安全要求

乙方在货物运输过程中出现货物毁损、丢失、调换等，甲方有权根据该批货物的当时购买的市场价值提出全额赔偿，并由乙方承担由此引起的一切损失。此外，甲方可解除合同，乙方不得有异议。

第七条　运输费用、结算方式

乙方将货运到甲方指定地点，甲方仓库管理人员在物流发货单上签字盖章后，乙方司机凭物流发货单去甲方财务办公室结算，每月____日和____日为结算日（遇法定节假日顺延）。

第八条　各方的责任、义务

一、甲方的责任

1. 有权要求乙方按照合同规定的时间、地点，把货物运输到目的地。货物托运后，甲方需要变更到货地点或收货人，或者取消托运时，有权向乙方提出变更合同的内容或解除合同的要求，但必须在货物未运到目的地之前通知乙方，并相应支付给乙方所需费用。

2. 因甲方原因而引起的无法抵达目的地或找不到收货人的，乙方必须妥善保管好货物，并以书面通知甲方，否则造成的损失由乙方承担。

3. 甲方保证按合同要求在乙方向甲方提交相关单据时在结算日及时结算运费给乙方，乙方不得以甲方未支付运费或者甲方许可的费用为由对运输货物进行留置，必须将所运货物交付给甲方指定的人和指定的地方。

4. 货物到达甲方运输目的地后，在乙方运输司机的配合下，甲方应积极组织人员进行货物卸载，其吊装费用由甲方承担。

二、乙方的责任

1. 乙方收到甲方的物流发货单后，应根据物流发货单上的联系方式去甲方供货单位提货，提货时结合物流发货单上的名称、数量、规格清点货物，如发现数量、名称、规格、材质与实际不符，应及时通知甲方。

2. 乙方作为甲方运输合作单位，对甲方的货物有优先承运权，不得推托运输。

3. 在合同规定的期限内，将货物运到指定的地点，按时向收货人发出货物到达的通知，对托运的货物要负责安全，保证货物无短缺，无损坏，否则应承担由此引起的一切赔偿责任。

4. 司机把货物送达目的地后，若客户对货物有任何意见，司机绝对不可以与客户发生争执，应立即与乙方负责人联系，并将事件及时汇报给甲方。

5. 乙方必须严格按照附件中所列运输时间执行，若因特殊情况，货物没有按预定时间到达时，乙方应及时与甲方取得联系，并说明原因。若甲方调查发现有不属实的，有权要求乙方承担违约赔偿责任。

6. 乙方货物装运过程中应将该批货物的材质证明书、铭牌等随机文件交给甲方收货人员。

第九条　违约责任

1. 每次发货前，甲方提供准确的物流发货单，作为乙方去甲方供货单位提货的依据。如果乙方未按提单要求清点货物的数量、规格型号、材质及产地提货导致运输出现错误，其赔偿责任由乙方承担。

2. 因甲方提供资料不齐全而导致乙方无法送达或者延误送达，损失由甲方负责。乙方在运输过程中如果发现甲方所提供的收货人联系电话、地址有误，必须及时与甲方联系寻求解决办法，否则损失由乙方负责。

3. 乙方错运到达地点或收货人的，必须无偿将货物运到指定地点交付给收货人，由此造成的损失由乙方承担。

4. 由于乙方的过失造成货物过期到达，超过上述双方所约定的时间（且没有取得甲方的认可），每次乙方需支付给甲方____元的违约金，并承担由此引起的一切责任，但由于不可抗力造成乙方交货延误，乙方应及时通知甲方并采取措施防止事件的扩大，经双方协商可适当放宽到货时间。

5. 乙方如在一个月内有三次推托运输业务，甲方视为乙方单方终止本合同，乙方不得有异议。

第十条　变更与终止

1. 合同如有变更或者补充，经协商一致后，以补充协议形式确定，补充协议与原合同具有同等效力。

2. 本合同终止后，合同双方仍承担合同终止前本合同规定的双方应该履行而未履行完毕的一切责任与义务。

3. 合同如需提前终止，须双方书面同意。

第十一条　纠纷处理

若本合同在履行过程产生纠纷，双方应协商解决，协商不成的，由甲方注册地人民法院管辖。

第十二条　其他约定

1. 甲方的权限只是监督乙方履行本合同，无权对合同做出任何修改，更无权收取合同项下任何金额。如果确有必要对本合同做出修改或者签订补充协议，必须由授权代表签字并加盖甲方公章才具有法律效力。所有现金必须进入甲方的银行账户，所有票据必须有甲方行使票据权利方为有效，否则均不视为甲方收到此款项，由此产生的责任由乙方自行承担，不免除乙方付款的责任。

2. 本合同一式两份，甲乙双方各执一份，自双方签字、盖章之日起生效，传真件与原件有同等的法律效力，与本合同有关的补充协议、物流发货单作为履行本合同的有效组成部分。

甲方：××公司	乙方：××××××
地址：××××××	地址：××××××
电话：×××××××××	电话：×××××××××
开户银行：××××××	开户银行：××××××
银行账号：××××××	银行账号：××××××
日期：×年×月×日	日期：×年×月×日

来自列表网

第十一章
经济纠纷诉讼文书

第一节 经济纠纷诉讼文书概述

一、经济纠纷诉讼文书的概念

在当今社会生活中，由于社会经济的迅速发展而带来的财产、债权债务、保险、遗产、合同、商标使用权等的经济纠纷问题越来越多。如何解决这些经济纠纷问题，对当事人双方都是至关重要的。

解决经济纠纷的途径，可以协商，可以调解，可以诉讼。在经济活动中，双方当事人发生分歧，产生纠纷，如果双方本着互谅互让的原则，通过谈判、协商达成共识，找到双方都能接受的解决问题的办法，这就是协商解决经济纠纷问题。如果双方当事人自愿，人民法院在事实清楚的基础上，分清是非，可以进行调解。所达成的协议，必须双方自愿，内容不得违反法律规定。达成协议后，人民法院应当制作调解书。双方当事人签收后，调解书即具有法律效力。这就是调解解决经济纠纷问题。人民法院鼓励当事人多采用调解的办法来解决问题，这样可以节省宝贵的审判资源，对当事人双方来说也是比较节约时间、精力和金钱的办法。也有许多经济纠纷问题，通过双方协商或者法院调解都无法解决，在这种情况下，可以通过提起诉讼，请法院来审理解决。我们把发生经济纠纷的当事人向人民法院起诉，以及人民法院依法对经济纠纷进行审理和判决的过程，称为经济纠纷诉讼。

经济纠纷诉讼文书，是经济纠纷诉讼程序中使用的文书的总称。其中由当事人拟写的主要有起诉状、反诉状、上诉状、答辩状和申诉状等，统称为经济纠纷诉讼状；由人民法院拟写的主要有调解书、判决书、裁定书等。本章介绍的是经济纠纷诉讼状。

二、与经济纠纷诉讼有关的法律问题

在经济纠纷诉讼中要涉及许多法律概念、法律术语。法律上对这些概念和术语都有固定的解释和界定。在经济纠纷诉讼中当事人理解和掌握这些法律概念、法律术语，对于拟写诉讼文书、维护自己的合法权益有着非常重要的意义。

（一）民事诉讼和民事诉讼参加人

民事诉讼是人民法院根据一方当事人的请求，在双方当事人和其他诉讼参与人参加下，审理和解决民事案件、经济案件的活动，以及由这些诉讼活动所产生的诉讼法律关系。

民事诉讼参加人在诉讼活动中所处的地位不同，所使用的诉讼文书也不一样。但是，各种诉讼文书都要写明诉讼参加人的称谓及其基本情况。因此，在制作诉讼文书时，要明确诉讼参加人的范围，要掌握诉讼参加人在诉讼活动中的称谓，相互之间的关系，以及他们的诉讼权利和义务，以便于恰当准确地拟写诉讼文书。

1．当事人。民事诉讼当事人主要指公民、法人和其他组织。

（1）民事诉讼当事人的概念。民事诉讼当事人是指因民事权利义务发生纠纷或者民事权利受到侵犯，以自己的名义参加诉讼，并受人民法院判决裁定或调解协议约束的利害关系人。狭义的当事人即通常称的原告和被告，广义的当事人还包括诉讼中的第三人。

（2）民事诉讼当事人的资格。民事诉讼当事人的资格是指当事人的诉讼权利能力和诉讼行为能力。当事人必须具有诉讼权利能力。凡具有民事权利能力的人，也具有诉讼权利能力。具有民事行为能力的人，也具有诉讼行为能力。未成年人，被宣告为行为能力人，虽具有诉讼权利能力，但没有诉讼行为能力，应由其法定代理人或指定代理人代为进行诉讼。法人由其法定代表人进行诉讼。其他组织由其主要负责人进行诉讼。

（3）民事诉讼当事人的权利和义务。根据《中华人民共和国民事诉讼法》的有关条款（1991 年 4 月 9 日第七届全国人民代表大会第四次会议通过，根据 2007 年 10 月 28 日第十届全国人民代表大会常务委员会第三十次会议《关于修改〈中华人民共和国民事诉讼法〉的决定》第一次修正，根据 2012 年 8 月 31 日第十一届全国人民代表大会常务委员会第二十八次会议《关于修改〈中华人民共和国民事诉讼法〉的决定》第二次修正，以下简称《民事诉讼法》），当事人有权委托代理人，提出回避申请，收集、提供证据，进行辩论，请求调解，提起上诉，申请执行。当事人可以查阅本案有关材料，并可以复制本案有关材料和法律文书。查阅、复制本案有关材料的范围和办法由最高人民法院规定。当事人必须依法行使诉讼权利，遵守诉讼秩序，履行发生法律效力的判决书、裁定书和调解书。双方当事人可以自行和解。原告可以放弃或者变更诉讼请求。被告可以承认或者反驳诉讼请求，有权提起反诉。

（4）民事诉讼当事人的称谓。当事人在第一审程序中称原告和被告，在第二审程序中称上诉人和被上诉人；在审判监督程序中，如依第一审程序进行再审，称申诉人和被申诉人，如依第二审程序进行再审，仍称上诉人和被上诉人；在执行程序中称申请权利人和被申请权利人。

2. 共同诉讼。根据《民事诉讼法》的有关规定，当事人一方或者双方为二人以上，其诉讼标的是共同的，或者诉讼标的是同一种类、人民法院认为可以合并审理并经当事人同意的，为共同诉讼。

共同诉讼的一方当事人对诉讼标的有共同权利义务的，其中一人的诉讼行为经其他共同诉讼人承认，对其他共同诉讼人发生效力；对诉讼标的没有共同权利义务的，其中一人的诉讼行为对其他共同诉讼人不发生效力。

当事人一方人数众多的共同诉讼，可以由当事人推选代表人进行诉讼。代表人的诉讼行为对其所代表的当事人发生效力，但代表人变更、放弃诉讼请求或者承认对方当事人的诉讼请求，进行和解，必须经被代表的当事人同意。

诉讼标的是同一种类、当事人一方人数众多在起诉时人数尚未确定的，人民法院可以发出公告，说明案件情况和诉讼请求，通知权利人在一定期间向人民法院登记。向人民法院登记的权利人可以推选代表人进行诉讼；推选不出代表人的，人民法院可以与参加登记的权利人商定代表人。代表人的诉讼行为对其所代表的当事人发生效力，但代表人变更、放弃诉讼请求或者承认对方当事人的诉讼请求，进行和解，必须经被代表的当事人同意。人民法院做出的判决、裁定，对参加登记的全体权利人发生效力。未参加登记的权利人在诉讼时效期间提起诉讼的，适用该判决、裁定。

3. 第三人。对当事人双方的诉讼标的，有独立请求权或者案件的处理结果同他有法律上的利害关系，而参加到已经进行的诉讼中的人，称为第三人。

对当事人双方的诉讼标的，第三人认为有独立请求权的，有权提起诉讼。对当事人双方的诉讼标的，第三人虽然没有独立请求权，但案件处理结果同他有法律上的利害关系的，可以申请参加诉讼，或者由人民法院通知他参加诉讼。人民法院判决承担民事责任的第三人，有当事人的诉讼权利义务。

4．诉讼代理人。民事诉讼中，代理当事人一方，以被代理人名义，在被代理人授权范围内，代被代理人行使诉讼权利，进行诉讼的人，称诉讼代理人。

按照《民事诉讼法》的规定，诉讼代理人有法定代理人、指定代理人和委托代理人三种。

无诉讼行为能力人由他的监护人作为法定代理人代为诉讼。法定代理人之间互相推诿代理责任的，由人民法院指定其中一人代为诉讼。当事人、法定代理人可以委托一至二人作为诉讼代理人。律师、当事人的近亲属、有关的社会团体或者所在单位推荐的人、经人民法院许可的其他公民，都可以被委托为诉讼代理人。

委托他人代为诉讼，必须向人民法院提交由委托人签名或者盖章的授权委托书。授权委托书必须记明委托事项和权限。诉讼代理人代为承认、放弃、变更诉讼请求，进行和解，提起反诉或者上诉，必须有委托人的特别授权。诉讼代理人的权限如果变更或者解除，当事人应当书面告知人民法院，并由人民法院通知对方当事人。代理诉讼的律师和其他诉讼代理人有权调查搜集证据，可以查阅本案有关材料。查阅本案有关材料的范围和办法由最高人民法院规定。离婚案件有诉讼代理人的，本人除不能表达意志的以外，仍应出庭；确因特殊情况无法出庭的，必须向人民法院提交书面意见。

（二）管辖

管辖是指各级人民法院之间以及同级人民法院之间，行使国家审判权处理民事案件的职权范围。

1．级别管辖。民事案件的级别管辖，是指各级人民法院之间受理第一审案件的分工和权限。按照《民事诉讼法》的规定，基层人民法院管辖第一审民事案件，但本法另有规定的除外。

中级人民法院管辖下列第一审民事案件：重大涉外案件；在本辖区有重大影响的案件；最高人民法院确定由中级人民法院管辖的案件。

高级人民法院管辖在本辖区有重大影响的第一审民事案件。

最高人民法院管辖下列第一审民事案件：在全国有重大影响的案件；认为应当由本院审理的案件。

2. 地域管辖。按照《民事诉讼法》的规定，对公民提起的民事诉讼，由被告住所地人民法院管辖；被告住所地与经常居住地不一致的，由经常居住地人民法院管辖。对法人或者其他组织提起的民事诉讼，由被告住所地人民法院管辖。同一诉讼的几个被告住所地、经常居住地在两个以上人民法院辖区的，各自所在地的人民法院都有管辖权。

下列民事诉讼，由原告住所地人民法院管辖；原告住所地与经常居住地不一致的，由原告经常居住地人民法院管辖：对不在中华人民共和国领域内居住的人提起的有关身份关系的诉讼；对下落不明或者宣告失踪的人提起的有关身份关系的诉讼；对被采取强制性教育措施的人提起的诉讼；对被监禁的人提起的诉讼。

因合同纠纷提起的诉讼，由被告住所地或者合同履行地人民法院管辖。

因保险合同纠纷提起的诉讼，由被告住所地或者保险标的物所在地人民法院管辖。

因票据纠纷提起的诉讼，由票据支付地或者被告住所地人民法院管辖。

因公司设立、确认股东资格分配利润、解散等纠纷提起的诉讼，由公司住所地人民法院管辖。

因铁路、公路、水上、航空运输和联合运输合同纠纷提起的诉讼，由运输始发地、目的地或者被告住所地人民法院管辖。

因侵权行为提起的诉讼，由侵权行为地或者被告住所地人民法院管辖。

因铁路、公路、水上和航空事故请求损害赔偿提起的诉讼，由事故发生地或者车辆、船舶最先到达地，航空器最先降落地或者被告住所地人民法院管辖。

因船舶碰撞或者其他海事损害事故请求损害赔偿提起的诉讼，由碰撞发生地、碰撞船舶最先到达地、加害船舶被扣留地或者被告住所地人民法院管辖。

因海难救助费用提起的诉讼，由救助地或者被救助船舶最先到达地人民法院管辖。

因共同海损提起的诉讼，由船舶最先到达地、共同海损理算地或者航程终止地的人民法院管辖。

下列案件，由本条规定的人民法院专属管辖：因不动产纠纷提起的诉讼，由不动产所在地人民法院管辖；因港口作业中发生纠纷提起的诉讼，由港口所在地人民法院管辖；因继承遗产纠纷提起的诉讼，由被继承人死亡时住所地或者主要遗产所在地人民法院管辖。

两个以上人民法院都有管辖权的诉讼，原告可以向其中一个人民法院起诉；原告向两个以上有管辖权的人民法院起诉的，由最先立案的人民法院管辖。

3．移送管辖和指定管辖。按照我国《民事诉讼法》的规定，人民法院发现受理的案件不属于本院管辖的，应当移送有管辖权的人民法院，受移送的人民法院应当受理。受移送的人民法院认为受移送的案件依照规定不属于本院管辖的，应当报请上级人民法院指定管辖，不得再自行移送。

有管辖权的人民法院由于特殊原因，不能行使管辖权的，由上级人民法院指定管辖。人民法院之间因管辖权发生争议，由争议双方协商解决；协商解决不了的，报请它们的共同上级人民法院指定管辖。

上级人民法院有权审理下级人民法院管辖的第一审民事案件；确有必要将本院管辖的第一审民事案件交下级人民法院审理的，应当报请其上级人民法院批准。下级人民法院对它所管辖的第一审民事案件，认为需要由上级人民法院审理的，可以报请上级人民法院审理。

在拟写经济纠纷诉讼文书时除应特别注意以上几个法律问题外，还应注意民事诉讼的证据、诉讼的期限、诉讼的提起等有关问题。

第二节　经济纠纷诉讼文书的基本结构及写作

一、经济纠纷诉讼文书的基本结构

根据最高人民法院发布的《法院诉讼文书样式》，拟制式诉讼文书的结构由首部、正文和尾部三大部分组成，各部分的内容和排列次序也有明确的规定。现将拟制式诉讼文书的结构内容和排列顺序概括如下：

首部由标题、双方（或一方）当事人基本情况、案由组成；正文由请求事项、事实与理由、证据及其来源、证人姓名和住址组成；尾部由致送机关、署名和日期、附项组成。

在具体的拟制过程中，因经济纠纷诉讼文书的种类不同，需要不同，会有差异。经济纠纷诉讼文书的各种规范式样如下：

原告名称：__________ 地址：__________ 电话：__________

法定代表人：姓名：________________ 职务：______________

委托代理人：姓名：________ 性别：________ 年龄：______

民族：_____职务：________工作单位：________________

住址：__________________________电话：____________

被告名称：__________ 地址：____________ 电话：______

法定代表人：姓名：______________________ 职务：______

诉讼请求：____

事实和理由：______________________________________

此致

____________人民法院

原告：__________________（盖章）

法定代表人：______________（签章）

________年____月____日

附：合同副本____份。

本诉状副本____份。

其他证明文件____份。

民事反诉状

反诉人（本诉被告）：写明基本情况

被反诉人（本诉原告）：同上

反诉请求：

事实与理由：（写明事情具体起因、经过、内容，以及有关法律、政策依据等）

证据和证据来源：

此致

______人民法院

反诉人：______

________年____月____日

附：本反诉状副本______份。

民事答辩状

答辩人：

名称：________ 地址：__________ 电话：__________

法定代表人：______________________________ 职务：______

委托代理人：姓名：__________ 性别：______年龄：____

民族：______职务：________工作单位：____________

住所：___________________________ 电话：__________

因诉我单位__________________一案，答辩如下：

____

____

此致

__________人民法院

答辩人：____________（盖章）

法定代表人：__________（签章）

______年____月____日

附：答辩状副本______份。

其他证明文件______份。

民事上诉状

上诉人：名称：________ 住所：________ 电话：____

法定代表人：名称：______________ 职务：________

委托代理人：姓名：__________性别：________ 年龄：____

民族：________职务：__________工作单位：____

住所：____________________ 电话：__________

上诉人因________________一案，不服________ 法院于________ 年____ 月____ 日____ 字第 ________号判决，现提出上诉。

上诉理由及请求：________________________________

此致

______人民法院

上诉人：________________（盖章）

法定代表人：____________（签章）

______年____ 月____日

附：1. 本上诉状副本____份。

2. 有关证明材料______份。

民事申诉状

申诉人：姓名、性别、出生年月、民族、文化程度、工作单位、职业、住址。（申诉人如为单位，应写明单位名称、法定代表人姓名及职务、单位地址）

被申诉人：姓名、性别、出生年月、民族、文化程度、工作单位、职业、住址。（被申诉人如为单位，应写明单位名称、法定代表人姓名及职务、单位地址）

申诉人因××××（写明案由，即纠纷的性质）一案不服××××人民法院（写明原终审法院名称）×××××第×××号××判决，现提出申诉，申诉请求及理由如下：

请求事项：（写明提出申诉所要达到的目的）

事实和理由：（写明申诉的事实依据和法律依据，应针对原终审判决认定事实、适用法律或审判程序上存在的问题和错误陈述理由）

此致

______人民法院

申诉人：（签名或盖章）

____年____月____日

附：本申诉状副本____份（按被申诉人人数确定份数）。

二、经济纠纷诉讼文书的写作

经济纠纷诉讼文书的写作有严格的格式，特别是首部和尾部都有很明确的规定性。有些内容按格式填写即可。

（一）民事起诉状的写作

1. 首部。起诉状首部的写作应依次写明下列事项：

（1）标题。应在文书正中写上“民事起诉状”或“起诉状”。

（2）原告的身份等情况。如原告有委托代理人的，可以在原告的下一行写委托代理人的姓名、年龄、职务、住址及其与被代理人的关系。如委托律师为代理人的，则只写律师的姓名和律师事务所（或法律顾问处）的名称。其他的按照民事起诉状的规范式样填写即可。

（3）被告的身份等情况的写法与上相同。

2. 正文。起诉状的正文部分由“诉讼请求”“事实与理由”和“证据及其来源，证人姓名和住址”三个项目组成。

（1）诉讼请求。诉讼请求就是原告提起诉讼所要求解决的问题、所要求达到的目的。写作时内容要具体，目的要清楚，要求法院解决的事项要明白，如要求支付违约金的具体数额、要求赔偿损失的具体内容、要求违约方继续履行合同规定的义务等。诉讼请求是诉讼人的最终目的，写作时不能含糊不清。

（2）事实与理由。这是原告提出“诉讼请求”的依据，也是人民法院审理案件的依据，是整个诉讼的核心内容。起诉状仅有“诉讼请求”还不行，还必须写明赖以提出诉讼的事实与理由。

写事实时要实事求是地陈述纠纷发生的时间、地点、原因、经过，要着重把被告违约或侵权行为造成的后果、应承担的责任、双方争执的焦点等实质性问题写清楚。理由的诉说，主要是依据被告的行为，结合有关的法律条文论述“请求事项”的合法性、合理性，因此，理由部分必须在叙述案件事实的基础上，抓住要害，概括而精确地分析纠纷的性质和被告应负的责任，阐明自己提出诉讼请求的合法性和合理性。

叙述事实一般有两种写法：一种是按民事纠纷的顺序写，即以时间为线索进行写作；另一种是交代清楚当事人的关系之后，先写当事双方争执的标的情况，后写争执的原因和焦点。理由的常用写法也有两种：一种是先写案件事实，再写理由，最后援引法律条文作为理由的根据；另一种是在叙述事实的过程中进行概括，提出理由，最后援引法律条文作为根据。

写事实和理由，在行文上，可写："为此，特向贵院提起诉讼，请依法判决"，或者写："据上所述，要求……请依法判决"。

（3）证据及其来源，证人姓名和住址。这一部分一般不独立成段，通常把它写在附项里，在正文叙述时，如涉及哪个证据或证人，就加以说明"见附项×"。

3. 尾部。在正文之后，另起一行写明致送机关；而后在其右下方，由起诉人（又称具状人）签名或者盖章，注明起诉的年月日。具体写法是：

此致

××人民法院

起诉人（具状人）×××（签名或者盖章）

××××年×月×日

附项的写作在司法实践中一般都写在最后，其具体写法如下：

附：1. 本诉状副本×份

2. 物证×件

3. 书证×件

4. 证人姓名、住址

（二）民事反诉状的写作

其写法与起诉状的写法大致相同，只是当事人的称谓略有改变，即称为"反诉人""被反诉人"。

1. 首部。上诉状的首部应依次写明：

（1）标题。在文书正中写"民事上诉状"或"上诉状"。

（2）当事人的身份等情况。在上诉人与被上诉人之后，用括号注明是原审原告，还是原审被告。如："上诉人（原审原告）""被上诉人（原审被告）"。其他的写法与起诉状相同。

（3）案件来源。在当事人下面另起一行，写明第一审人民法院的全称、文书名称、文书编号和对第一审判决或裁定不服。如"上诉人因××（案名）一案，不服×××人民法院于（年度）×民字第×号民事判决（或者裁定），现提出上诉。上诉的请求和理由如下：……"。

2．正文。上诉状正文的内容有：

（1）上诉请求。针对原裁判的不当，向第二审人民法院提出撤销、变更原裁判的上诉请求。根据司法实践，上诉请求应针对下列情况提出：

①原判认定的事实不清，证据不足；

②原判适用的法律错误；

③原判诉讼程序不合法。

（2）上诉理由。根据事实和法律，针对第一审判决、裁定的不当，予以辩驳。具体说来，应从以下几个方面着手：

①从认定事实方面分析。指出原判决认定事实错误，或原判决认定事实不清、证据不足。

②从适用法律方面分析。如果原判决适用法律错误，其结果必然错误。

③从诉讼程序上进行分析。原判决如果违反民事诉讼程序，就有可能影响到裁判的公正。

3．尾部。尾部的写法与起诉状相同，只是将起诉人改为"上诉人"。送达机关为原审人民法院的上一级法院。

（三）民事答辩状的写作

1．首部。答辩状的首部要依次写明：

（1）标题。在文书开头正中写"答辩状"。

（2）答辩人身份等基本情况，与民事起诉状相同。

2．正文。答辩是针对起诉状或上诉状的答辩，具有针对性。因此，一审答辩状应针对原告的起诉状所列的事实、理由、证据进行答辩。二审的答辩状应针对上诉状所列各点进行答辩。

3．尾部。尾部的写法与起诉状相同，但应改称为"答辩人"；附项与起诉状相同，但应将起诉状副本改称为答辩状副本。

（四）民事申诉状的写作

申诉状的写法与上诉状基本相同。申诉，必须简明叙述原判决或原裁定的内容，针对其中的错误进行申诉，提出事实上、法律上的依据，必须有理有据。

第三节　经济纠纷诉讼文书的写作要求

一、以事实为根据，以法律为准绳

《民事诉讼法》规定，人民法院审理案件必须“以事实为根据，以法律为准绳”。因此，经济纠纷诉讼的当事人在撰写诉状时，必须选取真实客观的材料作为依据，绝不容许有半点的虚假。既不能夸大，也不能缩小，更不能编造。具体来说，要做到“六要六不要”：

第一，要实事求是，不要夸大缩小；

第二，要写具体、清楚，不要抽象、空洞；

第三，要把关键的地方交代清楚，不要含糊其辞；

第四，要和请求事项一致，不要相互矛盾；

第五，要心平气和地摆事实，不要刻薄、挖苦；

第六，要有理有据，不要捕风捉影。

拟写经济纠纷诉讼文书，在尊重事实的基础上，要准确适用法律条文。诉讼当事人在诉状中提出请求理由进行反驳，既要以事实为基础，又要符合有关的法律规定，准确援引有关法律条文，以体现其合法性。不可感情用事，强词夺理，乱扣帽子。同时，要遵守法定的诉讼程序，如当事人对一审法院的判决或裁定不服，一定要在上诉期限内提出上诉，否则，法院会拒绝受理。

二、要遵循规范的格式进行写作

经济纠纷诉讼文书的写作有固定的格式，一般分为首部、正文、尾部三部分。各部分的结构也是固定的，不能随意置换、取舍。同时，字迹要工整、清楚，以便于人民法院审阅、存档。

三、用语要准确

经济纠纷诉讼文书的语言除有程式化的承接、照应用语外，其他用语还有严格的法律要求，如当事人的称谓、身份、尾部的写法等，都有固定的用语。在拟写时，要准确使用各种不同的用语，不可任意改写。

思考与练习

1. 什么是经济纠纷诉讼文书？由当事人拟写的主要有哪些文书？

2. 诉讼文书的基本结构分为哪几部分？各部分的内容是什么？

3. 请用自己的话谈谈对于“以事实为根据，以法律为准绳”的理解。

4. 请从法院类网站上搜集一些你感兴趣的民事判决书，根据判决书中的材料，以原告的身份写一份起诉状。

【例文一】

民事起诉状

原告：北京××仪器有限公司贵阳分公司

住所：××市××路

邮政编码：××××××

电话：(0851) 587××××　584××××

负责人：林××

职务：经理

被告：熊××

住所：贵阳市花溪区××乡××村××组32号

电话：×××××××

案由：买卖合同欠款纠纷

诉讼请求：

1. 判令被告支付货款23 000元；

2. 判令被告支付滞纳金23 000元；

3. 判令被告承担本案所有诉讼费用。

事实和理由：

原被告于××××年×月×日签订买卖合同，被告向原告购买××××全站仪和××××铝合金脚架等配件，总价款27 000元。合同约定，被告在2007年7月25日付清货款。还约定逾期付款时，按每天1%支付滞纳金。被告熊××于2006年6月22日收取了全部合同标的物并出具签字盖章的合同货品签收单。

原告认为，“依法成立的合同，对当事人具有法律约束力。当事人应当按照约定履行自己的义务，不得擅自变更或者解除合同。”被告未能履行合同约定的付款义务，严重违反了合同。根据《中华人民共和国合同法》第一百零九条、第一百一十四条的规定，被告应当承担支付价款和支付违约赔偿金的法律责任。被告应当支付货款23 000元，还应按合同支付逾期滞纳金23 000元（已经大幅减少），并承担本案所有诉讼费用。

根据《中华人民共和国民事诉讼法》第二十四条、第一百零八条的规定，特向贵院起诉，请贵院依法维护原告的合法权益。

此致

××市××区人民法院

原　告：北京××仪器有限公司贵阳分公司

负责人：林××

××××年×月×日

附：1. 本状副本1份；

2. 书证3份。

【例文二】

民事答辩状

答辩人：××大学

住所：××市××区××庄××路×号

法定代表人：××

职务：校长

委托代理人：××，××大学××学院教师，联系方式为××××

××，××大学国际交流中心副总经理，联系方式为××××

因我校国际交流中心与××信息咨询有限公司的服务合同纠纷一案，提出答辩如下：

第一，被告主体不适格。原告在起诉状上所列被告为××大学（北京），起诉书副本送给的是××大学。××大学不是××大学（北京），因此，原告所告主体有误。

第二，我校国际交流中心与××信息咨询有限公司于××××年×月×日签订饭店预定合同及其后的一系列补充合同系无效合同，故没有法律效力。原告依据无效合同向被告主张违约金于法无据。××××年×月×日，中华人民共和国国务院以第412号令发布了《国务院对确需保留的行政审批项目设定行政许可的决定》，其中第36项明确规定旅馆业属于特种行业。××××年×月×日国务院批准、公安部颁布的《旅馆业治安管理办法》第四条规定：申请开办旅馆，应经主管部门审查批准，经当地公安机关签署意见，向工商行政管理部门申请登记，领取营业执照后，方准开业。××大学国际交流中心系内部接待，并没有办理特种行业许可证，也没有领取营业执照，因而不具有对外签订提供客房服务合同的民事行为能力。根据《中华人民共和国民法通则》第五十五条的规定，民事法律行为应当具备下列条件：（一）行为人具有相应的民事行为能力；（二）意思表示真实；（三）不违反法律或者社会公共利益。××大学既然没有对外签订客房服务合同的民事行为能力，故与原告所签订的饭店预定合同及其后的一系列补充合同系无效合同。

第三，假设原告与被告之间签订的合同有效，被告也是根据××市××公安局××分局的要求终止此合同的履行，此乃不可抗力。被告及时通知了原告，履行了自己应尽的义务，故不应承担任何责任。

第四，假设原告与被告之间签订的合同有效，合同中签订的高达200%、300%的违约金，也已经远远超出了原告的损失。《中华人民共和国合同法》第一百一十四条第二款规定：约定的违约金低于造成的损失的，当事人可以请求人民法院或者仲裁机构予以增加；约定的违约金过分高于造成的损失的，当事人可以请求人民法院或者仲裁机构予以适当减少。原告的诉讼请求也不应当得到支持。

基于上述事实，我方认为原告要求被告支付违约金缺乏法律依据。请法院依法驳回原告的诉讼请求。

此致

××市××区人民法院

答辩人：××大学

法定代表人：××

委托代理人：××

××××年×月×日

附：本答辩状副本×份。

第十二章
经济论文

第一节　经济论文概述

一、经济论文的概念

经济论文是研究经济现象、探讨经济问题、描述经济科学研究成果的论文。它是作者针对客观经济活动中的经济现象或经济问题，进行深入的调查研究、系统分析之后得出的结论，是研讨经济理论、推广研究成果、开展学术交流的工具，是论文作者对其研究成果的表述。这种论文或者具有理论价值，或者具有实用价值。

二、经济论文的种类

经济论文的种类，可以从不同角度，用不同标准划分。由于其涉及社会经济活动的各个领域，内容十分广泛，因此，种类也很多。这里我们介绍几种常见的划分方法。

（一）按研究对象的性质划分

可分为经验性经济论文和理论性经济论文。

经验性经济论文指针对实际经济活动中成熟的经验、方法或者是问题、教训等进行研究探讨，运用经济理论进行分析，概括经验、揭示本质，用以指导和推动经济工作。

理论性经济论文是对经济理论、经济形态、经济规律、经济政策、经济制度、经济思想、经济理论流派等的研究和探讨，用以总结经济活动的规律，从总体上和客观上指导经济实践的发展。

（二）按经济管理范围划分

可分为宏观经济论文和微观经济论文。

宏观经济论文是对宏观经济管理和运行状况进行探讨的论文。它对实现宏观经济决策的科学化，实现宏观经济运行目标有着十分重要的作用。

微观经济论文是研究局部性的或者是某一经济部门甚至是某一个具体企业的经济现象所形成的论文。其目的是分析具体问题，总结经验教训，推动微观经济的发展。

（三）按国民经济的部门划分

可分为农业经济论文、林业经济论文、牧业经济论文、渔业经济论文、工业经济论文、商业经济论文等。

三、经济论文的特点

经济论文与一般的论文相比，不但具有一般论文的特点，如论点正确鲜明，论据典型充分，论证严谨周密等，同时还有其自身内在的特点。

（一）专业性

由于经济论文的内容往往是和某一具体学科有关，如会计学、财政学、理论经济学等，这就要求在写作时尽量多用这一学科内较为规范的专业术语，而不要过多使用日常生活中口语化的表达方式。这样写出来的经济论文，文约而义丰，言简意赅，既节省了篇幅，又不影响作者的表达，还能使读者节省阅读时间。

（二）科学性

科学性是经济论文的基本特征，是经济论文的生命所在。一方面，经济论文的写作是在科学的世界观和方法论的指导下，运用经济学科的基本原理来研究经济现象和经济问题。另一方面，经济论文的写作目的不但要揭示经济发展的基本规律，而且要把这些规律用科学的语言、科学的方法，总结出科学的结论，用以指导经济实践。

（三）创造性

创造性是衡量经济论文价值的根本标准。科学研究的根本任务是发现世界未知的规律性和创造出新的东西，推动人类认识的发展。这就要求经济论文的作者应以科学的态度去探索新问题，提出新观点，找出新规律，而不能人云亦云，更不能照抄照搬前人的成果。

（四）指导性

经济论文写作的意义在于其能够指导经济实践、宣传经济政策、澄清经济问题、发现经济规律。经济论文既可以从宏观上为国家制定经济方针和经济政策提供理论依据，又可以从微观上对某一经济部门、某一经济行业出谋划策，提供科学论证，解决具体经济运行中存在的问题。

第二节 经济论文的写作程序

一、经济论文的选题

选题就是作者选择研究、论述的问题，选择探讨、研究的目标和方法，这是经济论文写作的第一步，也是决定经济论文价值高低和写作成败的关键。在选题时应注意把握好两个问题，一是选题的原则，二是选题的方法。

（一）选题的原则

1. 价值性原则。从经济学的观点来看，价值就是客体对于主体的有用性，是客体所能满足主体的属性。我们在写作经济论文时，首先要考虑的是它的价值性，即选题是否能满足社会经济发展的需要，是否有利于促进社会经济的发展。

2. 新颖性原则。这是指经济论文的选题要有新意，能进行新的探索，研究新问题，发表新见解，提出新观点，开辟新领域，使读者耳目一新，能解决许多不断出现的新问题。

3. 主观和客观相结合的原则。这是指在选题时要把主观和客观情况综合起来考虑，选择最优化的写作方案。主观方面，首先是自己的专业和研究方向，然后还要考虑自己的兴趣和爱好等；客观方面，主要考虑的是进行此项研究所需的科研经费、科研的时间、必要的设施、文献资料、同行的研究情况、专业的研究现状等。主观和客观相结合的原则，就是在选题时既要考虑自己的专业、兴趣，又要考虑客观条件是否允许，只有把两者结合起来，才能知道自己的选题能否研究下去。

（二）选题的方法

1. 怀疑法。这是指对已有的研究成果，对一些所谓定型的说法，对一些社会经济运行中常见的问题、现象等，要敢于和勇于质疑，这样才能发现新问题，提出新观点。如果囿于成见，墨守成“说”，是很难发现问题的，更谈不上去探索真理了。

2. 填补空白法。经济发展过程中的问题是多种多样、层出不穷的。

尽管经济领域中的绝大多数问题，都有人研究，但仍有许多问题没有被人们认识或发现，这就是通常讲的“空白”。去开垦处女地，才会使自己的研究更有意义，也更易出成果。

3．争鸣法。经济领域中的许多问题，有人已经探讨过，但说法不一，没有定论，这些问题也可能成为自己的选题。对这些问题，要选择自己感兴趣的进行研究，在众说纷纭的基础上，大胆探索，小心求证。只要言之成理，就要勇于立论，拿出自己新的观点、新的见解，从而取得新的突破。

4．材料新用法。对一些现有材料许多同行都取得了一致的看法，这些看法也是有一定道理的。我们如果能够从这些现成的材料中发现一些新的问题，得到一些新的观点，能够或多或少地修正以前的观点，或者使以前的观点更加正确鲜明，这就是材料新用法。

二、经济论文材料的收集

经济论文的选题确定之后，就应收集写作所需的材料了。材料的丰富、正确与否，直接关系到经济论文是否有价值。

（一）收集材料时要注意的几个问题

1．围绕选题，全面收集。与选题有关的材料要尽可能多地收集，材料越多，使用起来就越方便。

2．要纵横结合、正反结合。既要收集与选题有关的历史材料和现实材料，又要收集与选题有关的正反两方面的材料。这样可以避免只看历史不看现实，只看正面不看反面，也可避免只看现实忽略历史，只看反面忽略正面。

3．要准确、客观。收集材料时不能只从自己的好恶出发，选择自己有用的、喜欢的，而要客观、准确，一定要避免先入为主、围绕定论找材料。

（二）收集材料的方法

1．文献法。文献法是根据一定的目的和选题，通过调查文献来获得资料的一种方法。可以作为文献的材料主要指与研究课题有关的著作、论文、报刊、档案、视频、音频、图片等。通过文献法收集材料有助于了解有关问题的历史和现状，有助于形成对研究问题的一般印象，同时又可得到现实材料的比较材料，有利于作者从宏观上把握所要研究的问题。收集文献材料要特别注意两点：

（1）根据研究问题确定收集文献的内容和范围。收集文献材料时要紧紧围绕已定的选题来收集，不能毫无选择、盲目地收集。

（2）收集文献时要注意运用多种方法。要广泛运用卡片法、复印法、笔记法等方法，以确保文献材料的准确、全面。

2. 社会调查法。社会调查法是指针对选课，深入社会生活实践中，实地了解所要研究的对象，收集与课题有关的材料。社会调查法是经济论文重要的材料来源，是获取第一手材料的首要方法。社会调查的方法有：

（1）普查。普查是指对研究对象的总体中的每一个单位进行调查，如全国人口普查、全国企事业单位普查。

（2）个案调查。个案调查是指对一个团体、一个家庭或某一问题、事件进行详尽的调查研究的方法，如农民负担问题调查、吸毒者个案调查等。

（3）访问。访问是指根据研究目的拟定调查提纲和问卷，由调查者面对面地询问与研究课题有关的当事人，从而获得资料的一种方法。

社会调查的方法除了以上几种外，还有典型调查、抽样调查、观察法、实验法、问卷调查等，这些都是社会调查中常用的方法，限于篇幅，这里不一一介绍。

三、经济论文材料的整理和分析

通过文献法和社会调查法，可以得到许多与研究课题有关的材料，但是这些材料不可能也不必都用到经济论文中去。因此，还必须对这些材料进行审核、整理、归类、分析，通过这些工作才能达到去伪存真、去粗取精的目的。这里我们主要介绍如何整理和分析经济论文材料。

（一）材料的整理

整理是指根据研究课题，将收集到的材料进行分类汇总，使材料系统化、条理化，为写作经济论文做准备。审核工作主要是解决材料的真实性、准确性和完整性问题。但这些材料还是杂乱无章的、没有系统的，不便从中找到事物或现象的本质和规律，只有通过进一步的整理才能达到此目的。整理材料的原则主要有：

1. 条理化。对材料进行分类，使之条理化，为进一步的分析研究和最后的写作创造条件。通过分类，经济论文的作者可以进一步看清楚材料之间的逻辑关系，对材料的认识能够更进一层，这是写好经济论文的必要条件。

2. 系统化。从整体上来考虑收集到的材料满足研究目的的程度，有没有必要对这些材料进行新的补充。它是从综合的角度、整体的角度来考虑问题。它的目的是使材料更完整，更能为研究课题服务。

（二）材料的分析

对材料的分析离不开科学的逻辑思维方法和创造性思维方法。科学的逻辑思维方法是一个整体，它由一系列既相互联系又相互区别的方法组成，其中主要有归纳和演绎、分析和综合、抽象和具体等方法。

1. 归纳和演绎。归纳是由个别的事物或现象推出该类事物或现象的普遍性规律的推理。演绎正好与此相反，它是从一般的原理引申、推导出个别结论的方法，是前提与结论之间有必然性联系的推理。在逻辑思维中两者互为前提，互相促进。

2. 分析和综合。分析是在思维中把认识的对象分解为不同的组成部分、方面、特征等，对它们分别加以研究的方法。综合是把分解开来的不同部分、方面再组合为一个统一整体而加以研究的方法。通过分析可以从事物的许多属性和方面中发现主要的、本质的东西；通过综合，在思维中再把对象的各个本质的方面按其内在联系有机地结合为统一整体，两者相互依赖，并在一定的条件下可以相互转换，相互过渡。

3. 抽象和具体。具体和抽象在人们的认识过程中是不可分割的两个方面。对具体的事物，必须运用思维的想象力来形成这一事物的概念和判断，这就是从具体到抽象；然后再把得到的这一事物的概念、判断结合具体条件，进行系统的分析、考察，从而得到事物各方面之间的内在联系。

经济论文的撰写离不开创造性思维。创造性思维是以感知、记忆、联想、理解、分析、表达等能力为基础，以综合性、探索性和求新性为特征的高级心理活动。它主要表现为选择、突破和重新构建的统一。其思维形式主要有发散思维、聚合思维、立体思维、逆向思维、求异思维等。

总之，在材料的分析和经济论文的写作过程中，要综合运用多种思维方法，才能把握事物的本质和规律。

四、经济论文提纲的拟写和初稿的撰写

（一）拟提纲

写作提纲的作用是搭起经济论文的“骨架”，以便把经济论文的结果和材料填进去，层次分明地表达作者的观点。提纲的另一个作用是进一步明确作者的写作目的，通过作者的思路，确定论文的重点和各部分之间的逻辑关系。

提纲分条目提纲和观点提纲两大类。条目提纲就是从层次上列出经济论文的各个部分，把文章的结构层次化、段落化，安排每一层次或段落所用的材料。观点提纲是把文章的主题按一定的逻辑分解开来，使之成为一个个小的观点，把这些小的观点组织起来。

拟写提纲时，一般应先拟定粗略提纲，即把经济论文的几大部分先确定下来，然后再进一步充实各部分，并加入具体的材料。提纲写好之后还要进行认真的修改、补充和提高。

（二）定初稿

1. 要选择合适的写作顺序。经济论文的写作顺序一般有两种：一是自然顺序，即按照提出问题、分析问题、解决问题的自然思路，先写绪论，再写本论，最后写结论；二是先写本论，然后写结论，最后写绪论。至于采取哪一种写作顺序要根据论文所要表达的主题和所要解决问题的复杂程度来选择。

2. 思想要明确，重点要突出。在写作时，要紧紧围绕既定的主题，突出自己的研究成果。论文的各个部分以及各部分材料的取舍要为表现主题服务，各个分论点要立足于总论点，为总论点服务。

3. 材料取舍要得当。材料是为主题服务的，应根据主题的要求进行取舍。一般应做到主要材料详，次要材料略；分析问题详，叙述过程略；阐述自己观点的材料详，引述别人观点的材料略；读者生疏的材料详，读者熟悉的材料略。

4. 论证要充分，逻辑要严密。在经济论文的写作过程中，用于证明作者观点的材料要充分、要典型、要有说服力，同时论证过程又要严格按照科学的逻辑思维方法来组织材料、进行推理。这样得出的结论，才能令人信服。

五、经济论文的修改和完稿

任何经济论文的撰写都不是一次可以完成的，它要经过反复的审查、修改。正如人们常说的，文章不是“写”出来的，而是“改”出来的。修改论文的主要任务是：

第一，审查引用材料的合理性、内容的完整性；

第二，审查所用的概念和判断是否明确，其表达是否准确；

第三，审查整篇论文是否言之有理，持之有据，结构是否逻辑严密；

第四，审查语言是否准确、畅达，数据是否正确等。

通过详细认真的审查、修改之后才能完稿。通常，经济论文的修改比撰写更费时、费功，困难也更大。有时自己认为写得很好的论文，经有关方面的专家审阅后，要求大刀阔斧地修改，作者常常不愿割爱，但为了经济论文的质量和生命又必须下功夫进行推敲，必须“忍痛割爱”。只有如此，才能写出有生命力的经济论文。

第三节　经济论文的写法

一、标题

经济论文的标题是论文内容和观点的简明概括。有的用以揭示论题，有的用以概括论点，有的用以说明研究的结论。经济论文标题的拟定要精炼、准确、一目了然，还要为读者提供必要的信息量。经济论文的标题不能含糊其辞，不宜用艺术手法来表达。

经济论文的标题如太长或不能充分表达作者的意图，则可以用双标题。一般正标题点明主旨，副标题用以补充、说明或交代论题。

二、作者

作者也称之为署名，要求用真实姓名。如系多人合作，则按贡献大小排列顺序。如是集体研究成果，要署集体单位的名称。

三、摘要

摘要，即摘录要点。一般来说，经济论文都要求作者在正文之前用300字以内的一段话，简要概括经济论文的论点、论据和研究目的、对象、范围、方法意义等。摘要是整篇经济论文内容的高度浓缩，是读者了解经济论文内容的一个窗口，因此，摘要不但要忠实于原文，还要精炼、概括，突出重点。有时，还需要将中文摘要译成英文摘要，这主要取决于经济论文所要发表刊物的要求。英文摘要有时置于中文摘要之下，有时置于参考文献之后。

四、关键词

经济论文的关键词，相当于原公文中的主题词。它是用来说明全文内容的关键性词语，一般用3~8个能代表全文主题内容的名词或术语，以大于正文的字号排在摘要的下方。经济论文关键词的选择可参考“汉语主题词表”。

五、绪论

绪论也称前言、序、导论、引言等，相当于一般文书的开头。它用以说明研究此课题的起因、背景和现实情况，研究的指导思想、意义，研究中运用资料的来源及准确性，以及有关术语的界定，简要的结论等。绪论要求简明扼要、开门见山，有重点、有选择，不说废话、套话、题外话。

六、本论

经济论文的本论，即它的正文部分。它是经济论文的核心部分，用以全面地阐述论文作者的研究成果，是作者研究水平和论文价值的集中体现。其结构形式基本上有三种，即纵式结构、横式结构和纵横结合式结构。

（一）纵式结构（递进式结构）

这种结构以中心论点为主线贯穿全文，然后按照论题的逻辑关系选出分论点，层层论证、节节深入，使事物内部的必然联系由浅入深、由表及里地展现在读者面前。纵式结构层次的划分可以自然段落为准，也可以每个分论点为小标题。

（二）横式结构（并列式结构）

它是在中心论点确立以后，从不同的角度选取几个分论点来进行论证。几个分论点之间的关系是平行并列的。通过对这几个分论点的论述，最后总结得出结论，即中心论点。其层次的划分多以小标题为准。

（三）纵横结合式结构（混合式结构）

经济论文所论述的内容大多比较复杂，并且事物内部的联系用单一的纵式或横式结构也不一定能够揭示出来。通常，在经济论文的写作过程中为了体现思维的逻辑性、论辩性和事物发展的顺序性，为了更好地为表达主题服务，也多采用纵式和横式相结合的结构。即可在纵式结构中设立几个并列的分论点，也可在横式结构中进行逐层深入的论证。其层次的划分也大多采用设小标题的形式。

在本论部分除了要选择适当的结构之外，还要注意运用适当的论证方法。论证方法一般有立论、驳论、立论和驳论相结合等，要根据主题的需要来选择。

七、结论

经济论文的结论是本论部分的理论分析和逻辑发展的自然归宿，是通过本论的论证自然得出的结论，也是经济论文的结束部分。它可以是对本论的简要概括或是对中心论点的重申，或是对研究前景的展望，或者是作者根据本论提出的建议等。

这一部分的写作要求简洁明快，与绪论和本论相一致。

八、参考文献

经济论文中的参考文献，主要是指作者在写作过程中参考的著作、论文等资料。为了尊重他人的劳动成果和便于读者查阅，应该对参考文献进行注释。

注释的方法一般有三种：第一种是页下注，也称脚注，即将同一页引用的文献按顺序编号，然后集中在该页下端依序号标明。第二种是尾注，即将全文引用的文献统一编号，然后统一在文末加以注明。第三种是段中注，又称夹注，即在文章中用到引文的地方直接用括号加以注明。注释的内容主要包括原文标题、作者、刊物名称、期号或年月日，具体格式请参阅本书附录部分的《文后参考文献著录规则》。

经济论文的写作一般都要遵守以上基本格式，在此基础上也可以根据实际情况进行取舍。

学习本章可参考的相关网站有：中国知网和经济学类专业网站等。

思考与练习

1. 简述经济论文的概念与特点。
2. 经济论文选题的原则与方法有哪些？
3. 经济论文的基本格式包括哪些？
4. 注释的方法有哪些？
5. 阅读例文一，回答下列问题：

（1）文章的结构层次一共有几层？分别用什么符号表示？

（2）文章的语言有何特点？

（3）试用自己的话说说作者的写作思路。

（4）试用自己的话说说专业学习与经济论文写作能力的关系。

【例文一】

关于改革我国房地产税制的构想

石坚

摘　要：本文在分析我国现行房地产税制问题的基础上，从加强房地产税立法、完善房地产税制设计、建立健全房地产税制体系等角度，提出了改革我国房地产税制的整体构想。

关键词：房地产税；改革

作者简介：石坚，国家税务总局税收科学研究所（北京　100038）

原文出处：《涉外税务》（京），2011. 11. 32 - 35

一个体系完善、运转状态良好的房地产市场，需要一个能同市场经济相匹配，能将政府的宏观经济政策目标和调控取向贯穿其中的健全的房地产税收制度。它的有效运行，有利于增加税收收入，为城市建设筹集资金；有利于调整土地资源的配置，利用税收工具调控房地产市场；有利于调节国民经济运行，优化收入分配及再分配格局。因此，对我国现行房地产税制的基本问题进行判断，就现在税制设计进行完善具有重要的现实意义。

一、对我国现行房地产税制存在问题的基本判断

为了进一步推进我国房地产税制改革，充分发挥房地产税制的积极效应，首先需要全面分析房地产税制在税收立法、税收政策、税收征管等方面存在的问题，使房地产税制改革的路线更加清晰。从整体上考察，笔者认为，我国现行房地产税制主要存在以下问题：

（一）房地产主体税种设置重叠

（略）

（二）税基设计不合理

1. 房地产征税范围偏窄。（略）

2. 税收优惠范围过大。（略）

3. 关于房产余值的规定存在矛盾。（略）

（三）计税依据不尽合理

在计算房产税和城镇土地使用税的应纳税数额时，其计税依据均不能真实体现财产的市场价值，税收收入不能随经济总量增加、通货膨胀等因素而相应增加，难以发挥税收调节经济的作用，也不符合量能负担的课税原则。

1. 关于房产税计税依据的确定。（略）

2. 关于城镇土地使用税计税依据的确定。（略）

3. 关于土地增值税计税依据的确定。（略）

（四）税率体系存在结构性矛盾

1. 在房地产转让和收益所得环节设置的税负过高，而在房地产占有使用环节设置的税率较低，需要调整。

2. 在城镇土地使用税的规定中确定按照地理位置的不同设置差别税率，而对于所占用耕地的质量等级，以及房地产的不同用途，却没有给予应有的考虑，不能促使稀缺程度极高的土地资源得到有效利用。

3. 房地产收益所得环节的所得税、土地增值税对纳税人转让旧房及建筑物的，采用“一刀切”的做法，适用相同的税率，而没有区分房地产投资与投机的不同情况，不利于促进房地产市场的健康发展。

二、改革我国房地产税制的政策建议

（一）完善房地产税收立法体系

要加快完善房地产税法体系。（略）

（二）全面调整房地产税收政策

应有针对性地建立适合不同阶段的房地产税收政策安排，按照房地产行业土地批租、房地产开发、房地产经营、房地产保有四个不同阶段采取不同的税收政策。

1. 加强整体统筹，不断提高宏观决策水平。（略）

2. 充分发挥土地增值税在土地批租阶段的政策作用。（1）抓紧建立规范严密的地籍管理制度……实行严格的地籍管理。（2）推进房地产市场税费改革……并逐步形成规范的城镇土地使用税，使其成为地方财政的主要来源之一，并成为加强土地监控管理的主要抓手。

3. 完善与房地产开发经营阶段相关的房地产营业税和所得税政策。（略）

4. 把重点放在整合房地产保有环节的税收上。（略）

5. 调整房地产税收优惠政策。（略）

（三）建立分环节的房地产税制体系

1. 对土地开发环节的税收政策进行改革。（1）分步进行税费改革……（2）取消耕地占用税……（3）考虑到商业地产开发对城市发展、促进就业、带动产业结构升级等方面的积极作用……

2. 对房地产流转环节的税收政策进行重建。（1）改革契税制度……（2）改革土地增值税……（3）调整租赁市场税收政策……

3. 建立健全房地产保有环节的税收制度。（1）界定征税对象……（2）明确计税依据……（3）确定税率形式……（4）完善税收优惠政策。

The Reform on the Real Estate Tax System in China

Shi Jian

Abstract: Based on an analysis of issues in current real estate tax system in China , this paper proposes an overall plan for real estate tax reform from the viewpoints of strengthening legislation of real estate tax, improving the design of real estate tax system, establishing and perfecting real estate tax system.

Key words: real estate tax; reform

参考文献:

[1] 岳树民. 我国房地产市场调控政策与房地产课税 [J]. 涉外税务, 2010 (7).

[2] 孙健夫. 关于物业税负担水平设计的几个问题 [J]. 税务研究, 2010 (4).

[3] 曹明星, 石坚. 高房价视角下的房地产税制改革 [J]. 税务研究, 2010 (4).

[4] 张青. 我国开征物业税的意义及现实评述 [J]. 涉外税务, 2010 (7).

[5] 杨金亮, 杨鹏. 试论我国物业税的功能定位 [J]. 涉外税务, 2010 (7).

来自中国人民大学复印报刊资料《财政与税务》2012 年第 2 期

【例文二】

房产税试点改革影响评析和建议

尹煜　巴曙松

摘要: 2011 年 1 月 28 日, 上海、重庆作为试点城市, 开始进行房产税改革, 对部分居民住房开始实征房产税。但是分析其对完善房地产税收制度、合理调节居民收入、调控房地产市场价格等的影响, 发现当前的试点改革方案与预期目标的实现, 可达性不高。导致这种背离的原因主要包括: 改革的根本目标未尽明确; 未对房地产税收制度进行整合和完善; 征收范围仅限于增量房, 将存量房排除在外; 计税依据为市场交易价格而非市场评估价格。物业税未来的改革，应该从以上角度加以改进。同时，应该坚持试点方案中利用差别税率更好地调节贫富差距，尊重地区差异，允许地方政府拥有较大自主权等做法，使未来的改革取得更好的效果。

关键词：房产税试点；物业税；差别税率

作者简介：尹煜，苏州大学东吴商学院博士研究生（江苏 苏州 215000），首都经济贸易大学出版社编辑（北京 100026），主要从事财政与金融理论研究。巴曙松（1969— ），男，湖北新洲人，国务院发展研究中心金融研究所副所长，主要从事金融市场与经济政策等方面的研究（北京 100010）。

房产税是新中国成立早期就有的税种。但是在计划经济时期，由于绝大部分房地产属于国家和集体所有，土地的市场交易被禁止，房屋的出租也受严格限制，房产税可谓名存实亡。(略)

一、房产税改革试点办法解读

2011 年 1 月 28 日，上海、重庆作为试点城市实施了由国务院制定和颁布的房产税改革试点办法，正式开始对部分个人住房征收房产税。(略)

1. 上海

《上海市开展对部分个人住房征收房产税试点的暂行办法》规定……

2. 重庆

《重庆市人民政府关于进行对部分个人住房征收房产税改革试点的暂行办法》规定……

二、试点城市房产税改革实施的影响效果评析

房产税试点改革实施刚过半年，虽然许多数据资料还不充足，客观而详细地评价试点城市的房产税改革效果尚有难度，但是试点本身就包含有不断分析和总结之义。在数据不充足下的研究尽管有缺陷，但仍然可以从恰当的理论和逻辑推导中，得出一些比较有价值的结论。因此在现阶段对房产税试点改革情况进行分析和总结，是非常重要和必要的。

1. 试点城市房产税改革对税收制度的影响效果

我国现行房地产税收体系的税种包括：(略)

2. 试点城市房产税改革对房地产市场价格的影响

2011 年上半年，全国楼市总体低迷，主要城市中，近半数商品房成交均价同比小幅下降。但是，和人们对房产税改革试点对房价影响预期相反的是，重庆、上海两市的房价却在同比上涨，其中重庆的涨幅，据统计甚至高达30.1%。从这一结果来看，试点城市房产税改革对房地产市场价格的调控作用尚未达到预期效果。

（1）试点城市房产税改革对房地产市场价格影响的经济学分析。（略）

（2）试点城市房产税改革对房地产市场价格影响的财务分析。（略）

（3）试点城市房产税改革对房地产市场价格影响的信号作用分析。（略）

3. 试点城市房产税改革对财政收支的影响效果

（1）对地方财政收入的影响。（略）

（2）对地方财政支出的影响。（略）

（3）对财政收支缺口的影响。（略）

4. 试点城市房产税改革对调节收入分配的影响效果

三、房产税改革的方向和建议

试点城市试行的房产税改革，当前来看实施效果与预期目标有一定背离，分析造成这种背离的原因，关键有以下几点：

1. 明确房产税改革的根本目的是完善房地产税收制度

房产税改革的作用……

2. 整合税费制度，改变房地产税费繁杂及不合理的现状

我国目前的房地产税制税目繁多……促进税收公平和效率的实现。[1]

3. 扩大征税对象，对增量房和存量房同时征收物业税

从房产税改革试点来看，对存量房和增量房同时征收物业税有以下优点：第一……第二……第三……造成房地产市场的不合理波动。[2]第四……第五……

4. 推进评估体制建设，坚持以市场估值为征收基准

从国际经验来看……

5. 实行差别税率，完善其他收入分配体系，不伤害中产阶级利益

一般认为，房地产具有保值增值的作用。（略）

6. 在统筹规划基础上，因地制宜、分散决策，给予地方政府适当的税收自主权，缓解地方与中央税收博弈的矛盾

一方面，房产税改革涉及的利益相关者较多……

参考文献：

[1] 巴曙松，刘孝红，尹煜. 物业税改革对房地产市场的影响研究[M]. 北京：首都经济贸易大学出版社，2011.

[2] 谷成. 房产税改革再思考 [J]. 财经问题研究，2011（4）.

来自中国人民大学复印报刊资料《财政与税务》2012年第2期

附录

一、党政机关公文处理工作条例

（中办发〔2012〕14号）

（2012年4月16日由中共中央办公厅和国务院办公厅联合印发）

第一章　总则

第一条　为了适应中国共产党机关和国家行政机关（以下简称党政机关）工作需要，推进党政机关公文处理工作科学化、制度化、规范化，制定本条例。

第二条　本条例适用于各级党政机关公文处理工作。

第三条　党政机关公文是党政机关实施领导、履行职能、处理公务的具有特定效力和规范体式的文书，是传达贯彻党和国家的方针政策，公布法规和规章，指导、布置和商洽工作，请示和答复问题，报告和交流情况等的重要工具。

第四条　公文处理工作是指公文拟制、办理、管理等一系列相互关联、衔接有序的工作。

第五条　公文处理工作应当坚持实事求是、准确规范、精简高效、安全保密的原则。

第六条　各级党政机关应当高度重视公文处理工作，加强组织领导，强化队伍建设，设立文秘部门或者由专人负责公文处理工作。

第七条　各级党政机关办公厅（室）主管本机关的公文处理工作，对下级机关的公文处理工作进行业务指导和督促检查。

第二章　公文种类

第八条　公文种类主要有：

（一）决议。适用于会议讨论通过的重大决策事项。

（二）决定。适用于对重要事项做出决策和部署、奖惩有关单位和人员、变更或者撤销下级机关不适当的决定事项。

（三）命令（令）。适用于公布行政法规和规章、宣布施行重大强制性措施、批准授予和晋升衔级、嘉奖有关单位和人员。

（四）公报。适用于公布重要决定或者重大事项。

（五）公告。适用于向国内外宣布重要事项或者法定事项。

（六）通告。适用于在一定范围内公布应当遵守或者周知的事项。

（七）意见。适用于对重要问题提出见解和处理办法。

（八）通知。适用于发布、传达要求下级机关执行和有关单位周知或者执行的事项，批转、转发公文。

（九）通报。适用于表彰先进、批评错误、传达重要精神和告知重要情况。

（十）报告。适用于向上级机关汇报工作，反映情况，回复上级机关的询问。

（十一）请示。适用于向上级机关请求指示、批准事项。

（十二）批复。适用于答复下级机关请示事项。

（十三）议案。适用于各级人民政府按照法律程序向同级人民代表大会或者人民代表大会常务委员会提请审议事项。

（十四）函。适用于不相隶属机关之间商洽工作、询问和答复问题、请求批准和答复审批事项。

（十五）纪要。适用于记载会议主要情况和议定事项。

第三章　公文格式

第九条　公文一般由份号、密级和保密期限、紧急程度、发文机关标志、发文字号、签发人、标题、主送机关、正文、附件说明、发文机关署名、成文日期、印章、附注、附件、抄送机关、印发机关和印发日期、页码等组成。

（一）份号。公文印制份数的顺序号。涉密公文应当标注份号。

（二）密级和保密期限。公文的秘密等级和保密的期限。涉密公文应当根据涉密程度分别标注“绝密”“机密”“秘密”和保密期限。

（三）紧急程度。公文送达和办理的时限要求。根据紧急程度，紧急公文应当分别标注“特急”“加急”，电报应当分别标注“特提”“特急”

“加急”“平急”。

（四）发文机关标志。由发文机关全称或者规范化简称加“文件”二字组成，也可以使用发文机关全称或者规范化简称。联合行文时，发文机关标志可以并用联合发文机关名称，也可以单独用主办机关名称。

（五）发文字号。由发文机关代字、年份、发文顺序号组成。联合行文时，使用主办机关的发文字号。

（六）签发人。上行文应当标注签发人姓名。

（七）标题。由发文机关名称、事由和文种组成。

（八）主送机关。公文的主要受理机关，应当使用机关全称、规范化简称或者同类型机关统称。

（九）正文。公文的主体，用来表述公文的内容。

（十）附件说明。公文附件的顺序号和名称。

（十一）发文机关署名。署发文机关全称或者规范化简称。

（十二）成文日期。署会议通过或者发文机关负责人签发的日期。联合行文时，署最后签发机关负责人签发的日期。

（十三）印章。公文中有发文机关署名的，应当加盖发文机关印章，并与署名机关相符。有特定发文机关标志的普发性公文和电报可以不加盖印章。

（十四）附注。公文印发传达范围等需要说明的事项。

（十五）附件。公文正文的说明、补充或者参考资料。

（十六）抄送机关。除主送机关外需要执行或者知晓公文内容的其他机关，应当使用机关全称、规范化简称或者同类型机关统称。

（十七）印发机关和印发日期。公文的送印机关和送印日期。

（十八）页码。公文页数顺序号。

第十条　公文的版式按照《党政机关公文格式》国家标准执行。

第十一条　公文使用的汉字、数字、外文字符、计量单位和标点符号，按照有关国家标准和规定执行。民族自治地方的公文，可以并用汉字和当地通用的少数民族文字。

第十二条　公文用纸幅面采用国际标准 A4 型。特殊形式的公文用纸幅面，根据实际需要确定。

第四章　行文规则

第十三条　行文应当确有必要，讲求实效，注重针对性和可操作性。

第十四条　行文关系根据隶属关系和职权范围确定。一般不得越级行文，特殊情况需要越级行文的，应当同时抄送被越过的机关。

第十五条　向上级机关行文，应当遵循以下规则：

（一）原则上主送一个上级机关，根据需要同时抄送其他相关上级机关和同级机关，不抄送下级机关。

（二）党委、政府的部门向上级主管部门请示、报告重大事项，应当经本级党委、政府同意或者授权，属于部门职权范围内的事项应直接报送上级主管部门。

（三）下级机关的请示事项，如需以本机关名义向上级机关请示，应当提出倾向性意见后上报。不得原文转报上级机关。

（四）请示应当一文一事，不得在报告等非请示性公文中夹带请示事项。

（五）除上级机关负责人直接交办事项外，不得以本机关名义向上级机关负责人报送公文，也不得以本机关负责人名义向上级机关报送公文。

（六）受双重领导的机关向一个上级机关行文，必要时应当抄送另一个上级机关。

（七）不符合行文规则的上报公文，上级机关的文秘部门可退回下级呈报机关。

第十六条　向下级机关行文，应当遵循以下规则：

（一）主送受理机关，根据需要抄送相关机关。重要行文应当同时抄送发文机关的直接上级机关。

（二）党委、政府的办公厅（室）根据本级党委、政府授权，可以向下级党委、政府行文，其他部门和单位不得向下级党委、政府发布指令性公文或者在公文中向下级党委、政府提出指令性要求。需经政府审批的具体事项，经政府同意可由政府职能部门行文，文中需注明已经政府同意。

（三）党委、政府的部门在各自职权范围内可以向下级党委、政府的相关部门行文。

（四）涉及多个部门职权范围内的事务，部门之间未协商一致的，不得向下行文；擅自行文的，上级机关应当责令其纠正或者撤销。

（五）上级机关向受双重领导的下级机关行文，必要时抄送该下级机关的另一个上级机关。

第十七条　同级党政机关、党政机关与其他同级机关必要时可以联合行文。属于党委、政府各自职权范围内的工作，不得联合行文。党委、政府的部门依据职权可以相互行文。部门内设机构除办公厅（室）外不得对外正式行文。

第五章　公文拟制

第十八条　公文拟制包括公文的起草、审核、签发等程序。

第十九条　公文起草应当做到：

（一）符合国家的法律法规和党的路线方针政策，完整准确体现发文机关意图，并同现行有关公文相衔接。

（二）一切从实际出发，分析问题实事求是，所提政策措施和办法切实可行。

（三）内容简洁，主题突出，观点鲜明，结构严谨，表述准确，文字精练。

（四）文种正确，格式规范。

（五）公文涉及其他部门职权范围事项的，起草单位必须征求相关部门意见，力求达成一致。

（六）深入调查研究，充分进行论证，广泛听取意见。

（七）机关负责人应当主持、指导重要公文起草工作。

第二十条　公文文稿签发前，应当由发文机关办公厅（室）进行审核。审核的重点是：

（一）行文理由是否充分，行文依据是否准确。

（二）内容是否符合国家法律法规和党的路线方针政策；是否完整准确体现发文机关意图；是否同现行有关公文相衔接；所提政策措施和办法是否切实可行。

（三）涉及有关地区或者部门职权范围的事项是否经过充分协商并达成一致意见。

（四）文种是否正确，格式是否规范；人名、地名、时间、数字、段落顺序、引文等是否准确；文字、数字、计量单位和标点符号等用法是否符合规定。

（五）其他内容是否符合公文起草的有关要求。

需要发文机关审议的重要公文文稿，审议前由发文机关办公厅（室）进行初核。

第二十一条　经审核不宜发文的公文文稿，应当退回起草单位并说明理由；符合发文条件但内容需作进一步研究和修改的，由起草单位修改后重新报送。

第二十二条　公文应当经本机关负责人审批签发。重要公文和上行文由机关主要负责人签发。党委、政府的办公厅（室）根据党委、政府授权制发的公文，由受权机关主要负责人签发或者按照有关规定签发。签发人签发公文，应当签署意见、姓名和完整日期；圈阅或者签名的，视为同意。联合行文由所有联署机关的负责人会签。

第六章　公文办理

第二十三条　公文办理包括收文办理、发文办理和整理归档。

第二十四条　收文办理主要程序是：

（一）签收。对收到的公文应当逐件清点，核对无误后签字或者盖章，并注明签收时间。

（二）登记。对公文的主要信息和办理情况应当详细记载。

（三）初审。对收到的公文应当进行初审。初审的重点是：是否应当由本机关办理，是否符合行文规则，文种、格式是否符合要求，涉及其他地区或者部门职权范围的事项是否已经协商、会签；是否符合公文起草的其他要求。经初审不符合规定的公文，应当及时退回来文单位并说明理由。

（四）承办。阅知性公文应当根据公文内容、要求和工作需要确定范围后分送。批办性公文应当提出拟办意见报本机关负责人批示或者转有关部门办理；需要两个以上部门办理的，应当明确主办部门。紧急公文应当明确办理时限。承办部门对交办的公文应当及时办理，有明确办理时限要求的应当在规定时限内办理完毕。

（五）传阅。根据领导批示和工作需要将公文及时送传阅对象阅知或者批示。办理公文传阅应当随时掌握公文去向，不得漏传、误传、延误。

（六）催办。及时了解掌握公文的办理进展情况，督促承办部门按期办结。紧急公文或者重要公文应当由专人负责催办。

（七）答复。公文的办理结果应当及时答复来文单位，并根据需要告知相关单位。

第二十五条　发文办理主要程序是：

（一）复核。已经发文机关负责人签批的公文，印发前应当对公文的审批手续、内容、文种、格式等进行复核；需作实质性修改的，应当报原签批人复审。

（二）登记。对复核后的公文，应当确定发文字号、分送范围和印制份数并详细记载。

（三）印制。公文印制必须确保质量和时效。涉密公文应当在符合保密要求的场所印制。

（四）核发。公文印制完毕，应当对公文的文字、格式和印刷质量进行检查后分发。

第二十六条　涉密公文应当通过机要交通、邮政机要通信、城市机要文件交换站或者收发件机关机要收发人员进行传递，通过密码电报或者符合国家保密规定的计算机信息系统进行传输。

第二十七条　需要归档的公文及有关材料，应当根据有关档案法律法规及机关档案管理规定，及时收集齐全、整理归档。

两个以上机关联合办理的公文，原件由主办机关归档，相关机关保存复制件。机关负责人兼任其他机关职务的，在履行所兼职务过程中形成的公文，由其兼职机关归档。

第七章　公文管理

第二十八条　各级党政机关应当建立健全本机关公文管理制度，确保管理严格规范，充分发挥公文效用。

第二十九条　党政机关公文由文秘部门或者专人统一管理。设立党委（党组）的县级以上单位应建立机要保密室和机要阅文室，并按有关保密规定配备工作人员和必要的安全保密设施。

第三十条　公文确定密级前，应当按照拟定的密级先行采取保密措施。确定密级后，应当按照所定密级严格管理。绝密级公文应当由专人管理。公文的密级需要变更或者解除的，由原确定密级的机关或者其上级机关决定。

第三十一条　公文的印发传达范围应当按照发文机关的要求执行；需要变更的，应当经发文机关批准。涉密公文公开发布前应当履行解密程序。公开发布的时间、形式和渠道，由发文机关确定。经批准公开发布的公文，同发文机关正式制发的公文具有同等效力。

第三十二条　复制、汇编机密级、秘密级公文，应当符合有关规定并经本机关负责人批准。绝密级公文一般不得复制、汇编，确有工作需要的，应当经发文机关或者其上级机关批准。复制、汇编的公文视同原件管理。

复制件应当加盖复制机关戳记。翻印件应当注明翻印的机关名称、日期。汇编本的密级按照编入公文的最高密级标注。

第三十三条　公文的撤销和废止，由发文机关、上级机关或者权力机关根据职权范围和有关法律法规决定。公文被撤销的，视为自始无效；公文被废止的，视为自废止之日起失效。

第三十四条　涉密公文应当按照发文机关的要求和有关规定进行清退或者销毁。

第三十五条　不具备归档和保存价值的公文，经批准后可以销毁。销毁涉密公文必须严格按照有关规定履行审批登记手续，确保不丢失、不漏销。个人不得私自销毁、留存涉密公文。

第三十六条　机关合并时，全部公文应当随之合并管理；机关撤销时，需要归档的公文整理后按照有关规定移交档案管理部门。

工作人员调离岗位时，所在机关应当督促其将暂存、借用的公文按照有关规定移交、清退。

第三十七条　新设立的机关应当向党委、政府的办公厅（室）提出发文立户申请。经审查符合条件的，列为发文单位，机关合并或者撤销时，相应进行调整。

第八章　附则

第三十八条　党政机关公文含电子公文。电子公文处理工作的具体办法另行制定。

第三十九条　法规、规章方面的公文，依照有关规定处理。外事方面的公文，依照外事主管部门的有关规定处理。

第四十条　其他机关和单位的公文处理工作，可以参照本条例执行。

第四十一条　本条例由中共中央办公厅、国务院办公厅负责解释。

第四十二条　本条例自2012年7月1日起施行。1996年5月3日中共中央办公厅印发的《中国共产党机关公文处理条例》和2000年8月24日国务院发布的《国家行政机关公文处理办法》停止执行。

二、文后参考文献著录规则

（GB/T 7714—2015）

1　范围

本标准规定了各个学科、各种类型信息资源的参考文献的著录项目、著录顺序、著录用符号、著录用文字、各个著录项目的著录方法以及参考文献在正文中的标注法。

本标准适用于著者和编辑著录的文后参考文献，而不能作为图书馆员、文献目录编制者以及索引编辑者使用的文献著录规则。

2　规范性引用文件

下列文件中对于本文件的应用是必不可少的。凡是注日期的引用文件，仅注日期的版本适用于本文件。凡是不注日期的引用文件，其最新版本（包括所有的修改版）适用于本文件。

GB/T 7408—2005　数据元和交换格式 信息交换 日期和时间表示法

GB/T 28039—2011　中国人名汉语拼音字母拼写规则

ISO 4　信息与文献 出版物题名和标题缩写规则（Information and documentation - Rules for the abbreviation of title words and titles of publications）

3 术语和定义

下列术语和定义适用于本文件。

3.1

参考文献 reference

对一个信息资源或其中一部分进行准确和详细著录的数据,位于文末或文中的信息源。

3.2

主要责任者 creator

主要负责创建信息资源的实体,即对信息资源的知识内容或艺术内容负主要责任的个人或团体。主要责任者包括著者、编者、学位论文撰写者、专利申请者或专利权人、报告撰写者、标准提出者、析出文献的著者等。

3.3

专著 monograph

以单行本或多卷册(在限定的期限内出齐)形式出版的印刷型或非印刷型出版物,包括普通图书、古籍、学位论文、会议文集、汇编、标准、报告、多卷书、丛书等。

3.4

连续出版物 serial

通常载有年卷期号或年月日顺序号,并计划无限期连续出版发行的印刷或非印刷形式的出版物。

3.5

析出文献 contribution

从整个信息资源中析出的具有独立篇名的文献。

3.6

电子文献 electronic resource

以数字方式将图、文、声、像等信息存储在磁、光、电介质上,通过计算机、网络或相关设备使用的记录有知识内容或艺术内容的信息资源,包括电子公告、电子图书、电子期刊、数据库等。

3.7

顺序编码制 numeric references method

一种引文参考文献的标注体系,即引文采用序号标注,参考文献表按引文的序号排序。

3.8

著者-出版年制　first element and date method

一种引文参考文献的标注体系，即引文采用著者-出版年标注，参考文献表按著者字顺和出版年排序。

3.9

合订题名　title of the individual works

由2种或2种以上的著作汇编而成的无总题名的文献中各部著作的题名。

3.10

阅读型参考文献　reading reference

著者为撰写或编辑论著而阅读过的信息资源，或供读者进一步阅读的信息资源。

3.11

引文参考文献　cited reference

著者为撰写或编辑论著而引用的信息资源。

3.12

数字对象唯一标识符　digital object identifier;DOI

针对数字资源的全球唯一永久性标识符，具有对资源进行永久命名标识、动态解析链接的特性。

4　著录项目与著录格式

本标准规定参考文献设必备项目与选择项目。凡是标注“任选”字样的著录项目系参考文献的选择项目，其余均为必备项目。本标准分别规定了专著、专著中的析出文献、连续出版物、连续出版物中的析出文献、专利文献以及电子文献的著录项目和著录格式。

4.1　专著

4.1.1　著录项目

主要责任者

题名项

　题名

　其他题名信息

文献类型标识(任选)

其他责任者(任选)

版本项

出版项

出版地

出版者

出版年

引文页码

引用日期

获取和访问路径(电子资源必备)

数字对象唯一标识符(电子资源必备)

4.1.2 著录格式

主要责任者. 题名:其他题名信息[文献类型标识/文献载体标识]. 其他责任者. 版本项. 出版地:出版者, 出版年:引文页码[引用日期]. 获取和访问路径. 数字对象唯一标识符.

示例:

[1]陈登原. 国史旧闻:第1卷[M]. 北京:中华书局,2001: 29.

[2]哈里森,沃尔德伦. 经济数字与金融数学[M]. 谢远涛,译. 北京:中国人民大学出版社,2012:235-236.

[3]北京市政协民族和宗教委员会,北京联合大学民族与宗教研究所. 历代王朝与民族宗教[M]. 北京:民族出版社,2012:112.

[4]全国信息与文献标准化技术委员会. 信息与文献　都柏林核心元数据元素集: GB/T 25100—2010[S]. 北京: 中国标准出版社,2010:2-3.

[5]徐光宪,王祥云. 物质结构[M]. 北京:科学出版社,2010.

[6]顾炎武. 昌平山水记:京东考古录[M]. 北京:北京古籍出版社,1992.

[7]王夫之. 宋论[M]. 刻本. 金陵: 湘乡曾国荃,1865(清同治四年).

[8]牛志明,斯温兰德,雷春光. 综合湿地管理国际研讨会论文集[C]. 北京:海洋出版社,2012.

[9]中国第一历史档案馆,辽宁省档案馆. 中国明朝档案总汇[A]. 桂林:广西师范大学出版社,2001.

[10]杨保军. 新闻道德论[D/OL]. 北京:中国人民大学出版社,2010[2012-11-01]. http://apabi. lib. pku. edu. cn/usp/pku/pub/mvc? pid = book. detail&metaid = m.

20101104-BPO-1023&cult = CN.

[11]赵学功.当代美国外交[M/OL].北京:社会科学文献出版社,2001[2014-06-11].http://www.cadal.zju.edu.cn/book/trySinglePage/33023884/1.

[12]同济大学土木工程防灾国家重点实验室.汶川地震震害研究[M/OL].上海:同济大学出版社,2011:5-6[2013-05-09].http://apabi.lib.puk.edu.cn/usp/pku/pub.mvc? pid = book.detail&metaid = m.20120406-YPT-889-0010.

[13]中国造纸学会.中国造纸年鉴:2003[M/OL].北京:中国轻工业出版社,2003[2014-04-25].http://www.cadal.zju.edu.cn/book/view/25010080.

[14] PEEBLES P Z, Jr. Probability, random variable, and random signal principles [M]. 4thed. New York: McGraw Hill,2001.

[15]YUFIN S A. Geoecology and computers: proceedings of the Third International Conference on Advances of Computer Methods in Geotechnical and Geoenvironmental Engineering, Moscow, Russia, February 1-4, 2000[C]. Rotterdam: A. A. Balkema, 2000.

[16]BALDOCK P. Developing early childhood services:past,present and future[M/OL]. [S. l.]: Open University Press, 2011: 105 [2012-11-27]. http://lib.myilibrary.com/Open.aspx? id = 312377.

[17]FAN X,SOMMERS C H. Food irradiation research and technology. 2nd ed. Ames,Iowa:Blackwell Publishing, 2013: 25-26 [2014-06-26]. http://onlinelibrary.wiley.com/doi/10.1002/9781118422557.ch2/summary.

4.2 专著中的析出文献

4.2.1 著录项目

析出文献主要责任者

析出文献题名项

  析出文献题名

  文献类型标识(任选)

析出文献其他责任者(任选)

出处项

  专著主要责任者

  专著题名

  其他题名信息

版本项

出版项

　出版地

　出版者

　出版年

　析出文献的页码

　引用日期

获取和访问路径(电子资源必备)

数字对象唯一标识符(电子资源必备)

4.2.2 著录格式

析出文献主要责任者. 析出文献题名[文献类型标识/文献载体标识]. 析出文献其他责任者//专著主要责任者. 专著题名:其他题名信息. 版本项. 出版地:出版者,出版年:析出文献的页码[引用日期]. 获取和访问路径. 数字对象唯一标识符.

示例:

[1]周易外传:卷5[M]//王夫之. 船山全书:第6册. 长沙:岳麓书社,2011:1109.

[2]程根伟. 1998年长江洪水的成因与减灾对策[M]//许厚泽,赵其国. 长江流域洪涝灾害与科技对策. 北京:科学出版社,1999:32-36.

[3]陈晋镳,张惠民,朱士兴,等. 蓟县震旦亚界研究[M]//中国地质科学院天津地质矿产研究所. 中国震旦亚界. 天津:天津科学技术出版社,1980:56-114.

[4]马克思. 政治经济学批判[M]//马克思,恩格斯. 马克思恩格斯全集:第35卷. 北京:人民出版社,2013:302.

[5]贾东琴,柯平. 面向数字素养的高校图书馆数字服务体系研究[C]//中国图书馆学会. 中国图书馆学会年会论文集:2011年卷. 北京:国家图书馆出版社,2011:45-52.

[6] WEINSTEIN L, SWERTZ M N. Pathogenic properties of invading microorganism [M] //SODEMAN W A, Jr, SODEMAN W A. Pathologic physiology: mechanisms of disease. Philadelphia: Saunders, 1974:745-772.

[7]ROBERSON J A,BURNESON E G. Drinking water standards, regulations and goals [M/OL]//American Water Works Association. Water quality & treatment: a handbook on drinking water. 6th ed. New York: McGraw-Hill, 2011:1.1-1.36[2012-12-10]. http://lib.myilibrary.com/Open.aspx? id=291430.

4.3 连续出版物

4.3.1 著录项目

主要责任者

题名项

题名

其他题名信息

文献类型标识(任选)

年卷期或其他标识(任选)

出版项

出版地

出版者

出版年

引用日期

获取和访问路径(电子资源必备)

数字对象唯一标识符(电子资源必备)

4.3.2 著录格式

主要责任者. 题名:其他题名信息[文献类型标识/文献载体标识]. 年,卷(期)-年,卷(期). 出版地:出版者,出版年[引用日期]. 获取和访问路径. 数字对象唯一标识符.

示例:

[1]中华医学会湖北分会. 临床内科杂志[J]. 1984,1(1)-. 武汉:中华医学会湖北分会,1984-.

[2]中国图书馆学会. 图书馆学通讯[J]. 1957(1)-1990(4). 北京:北京图书馆,1957-1990.

[3]American Association for the Advancement of Science. Science[J]. 1883,1(1)-. Washington, D. C.: American Association for the Advancement of Science, 1883-.

4.4 连续出版物中的析出文献

4.4.1 著录项目

析出文献主要责任者

析出文献题名项

析出文献题名

文献类型标识(任选)

出处项

连续出版物题名

其他题名信息

年卷期标识与页码

引用日期

获取和访问路径(电子资源必备)

数字对象唯一标识符(电子资源必备)

4.4.2 著录格式

析出文献主要责任者. 析出文献题名[文献类型标识/文献载体标识]. 连续出版物题名:其他题名信息, 年,卷(期):页码[引用日期]. 获取和访问路径. 数字对象唯一标识符.

示例:

[1]袁训来,陈哲,肖书海,等. 蓝田生物群:一个认识多细胞生物起源和早期演化的新窗口[J]. 科学通报,2012,55(34):3219.

[2]余建斌. 我们的科技一直在追赶:访中国工程院院长周济[N/OL]. 人民日报,2013-01-12(2)[2013-03-20]. http://paper. people. com. cn/rmrb/html/2013-01/12/nw. D110000renmrb_20130112_5-02. htm.

[3]李炳穆. 韩国图书馆法[J/OL]. 图书情报工作,2008,52(6):6-12[2013-10-25]. http://www. docin. com/p-400265742. html.

[4]李幼平,王莉. 循证医学研究方法:附视频[J/OL]. 中华移植杂志(电子版),2010,4(3):225-228[2014-06-09]. http://www. cqvip. com/Read/Read. aspx? id = 36658332.

[5]武丽丽,华一新,张亚军,等. "北斗一号"监控管理网设计与实现[J/OL]. 测绘科学,2008,33(5):8-9[2009-10-25]. http://vip. calis. edu. cn/CSTJ/Sear. dll?OPAC_CreateDetail. DOI:10. 3771/j. issn. 1009-2307. 2008. 05. 002.

[6]KANAMORI H. Shaking without quaking [J]. Science, 1998,279(5359): 2063.

[7]CAPLAN P. Cataloging internet resources [J]. The public access computer systems review, 1993, 4(2):61-66.

[8]FRESE K S, KATUS H A, MEDER B. Next-generation sequencing:form understanding biology to personalized medicine[J/OL]. Biology,2013,2(1):378-398[2013-03-19]. http://www. mdpi. com/2079-7737/2/1/378. DOI:10. 3390/biology2010378.

[9]MYBURG A A, GRATTAPAGLIA D, TUSKAN G A, et al. The genome of Eucalyptus grandis[J/OL]. Nature, 2014, 510: 356-362 (2014-06-19)[2014-06-25]. http://www.nature.com/nature/journal/v510/n7505/pdf/nature13308.pdf. DOI: 10.1038/nature13308.

4.5 专利文献

4.5.1 著录项目

专利申请者或所有者

题名项

专利题名

专利号

文献类型标识(任选)

出版项

公告日期或公开日期

引用日期

获取和访问路径(电子资源必备)

数字对象唯一标识符(电子资源必备)

4.5.2 著录格式

专利申请者或所有者. 专利题名: 专利号[文献类型标识/文献载体标识]. 公告日期或公开日期[引用日期]. 获取和访问路径. 数字对象唯一标识符.

示例:

[1]邓一刚. 全智能节电器: 200610171314.3[P]. 2006-12-13.

[2]西安电子科技大学. 光折变自适应光外差探测方法: 01128777.2[P/OL]. 2002-03-06[2002-05-28]. http://211.152.9.47/sipoasp/zljs/hyjs-yx-new.asp?recid=01128777.2&leixin=0.

[3]TACHIBANA R, SHIMIZU S, KOBAYSHI S, et al. Electronic watermarking method and system: US6915001[P/OL]. 2005-07-05[2013-11-11]. http://www.google.co.in/patents/US6915001.

4.6 电子资源

凡属电子专著、电子专著中的析出文献、电子连续出版物、电子连续出版物中的析出文献以及电子专利的著录项目与著录格式分别按 4.1 ~4.5 中的有关规则处理。除此而外的电子资源根据本规则著录。

4.6.1 著录项目

主要责任者

题名项

题名

其他题名信息

文献类型标识(任选)

出版项

出版地

出版者

出版年

引文页码

更新或修改日期

引用日期

获取和访问路径

数字对象唯一标识符

4.6.2 著录格式

主要责任者.题名:其他题名信息[文献类型标识/文献载体标识].出版地:出版者,出版年:引文页码(更新或修改日期)[引用日期].获取和访问路径.数字对象唯一标识符.

示例:

[1]中国互联网络信息中心.第29次中国互联网络发展现状统计报告[R/OL].(2012-01-16)[2013-03-26].http://www.cnnic.net.cn/hlwfzyj/hlwxzbg/201201/P020120709345264469680.pdf.

[2]北京市人民政府办公厅.关于转发北京市企业投资项目核准暂行实施办法的通知:京政办发[2005]37号[A/OL].(2005-07-12)[2011-07-12].http://china.findlaw.cn/fagui/p_1/39934.html.

[3]BAWDEN D. Origins and concepts of digital literacy[EB/OL].(2008-05-04)[2013-03-08].http://www.soi.city.ac.uk/~dbawden/digital%20literacy%20chapter.pdf.

[4]Online Computer Library Center, Inc. About OCLC:history of cooperation[EB/OL].[2012-03-27].http://www.oclc.org/about/cooperation.en.html.

[5]HOPKINSON A. UNIMARC and metadata:Dublin core[EB/OL].(2009-04-22)

[2013-03-27]. http://archive. ifla. org/IV/ifla64/138-161e. htm.

5 著录信息源

参考文献的著录信息源是被著录的信息资源本身。专著、论文集、学位论文、报告、专利文献等可依据题名页、版权页、封面等主要信息源著录各个著录项目；专著、论文集中析出的篇章与报刊上的文章依据参考文献本身著录析出文献的信息，并依据主要信息源著录析出文献的出处；电子资源依据特定网址中的信息著录。

6 著录用文字

6.1 参考文献原则上要求用信息资源本身的语种著录。必要时，可采用双语著录。用双语著录参考文献时，首先应用信息资源的原语种著录，然后用其他语种著录。

示例1：用原语种著录参考文献

[1]周鲁卫. 软物质物理导论[M]. 上海：复旦大学出版社，2011：1.

[2]常森.《五行》学说与《荀子》[J]. 北京大学学报(哲学社会科学版)，2013，50(1)：75.

[3]김세훈，외. 도서관및독서진흥법 개정안 연구[M]. 서울：한국문화관광정책연구원，2003：15.

[4]図書館用語辞典編集委員会. 最新図書館用語大辭典[M]. 東京：柏書房株式會社，2004：154.

[5]RUDDOCK L. Economics for the modern built environment[M/OL]. London：Taylor & Francis，2009：12[2010-06-15]. http://lib. myilibrary. com/Open. aspx? id = 179660.

[6]. Кочетков А Я. Молибдено-эолотопорфиовое месторождение Рябиновсе[J/OL]. Отечественная гелогия，1993(7)：50-58.

示例2：用韩中2种语种著录参考文献

[1]이병목. 도서관법규총람：제 1 권[M]. 서울：구미무역 출판부，2005：67-68.

李炳穆. 图书馆法规总览：第1卷[M]. 首尔：九美贸易出版部，2005：67-68.

[2]도서관정보정책위원회 발족식 및 도서관정보정책기획단 신설[J]. 圖書館文化，2007，48(7)：11-12.

图书馆信息政策委员会成立仪式与图书馆信息政策规划团[J]. 图书馆文化，

2007,48(7):11-12.

示例3:用中英2种语种著录参考文献

[1]熊平,吴颉.从交易费用的角度谈如何构建药品流通的良性机制[J].中国物价,2005(8):42-45.

XIONG P,WU X. Discussion on how to construct benign medicine circulation mechanism from tranaction cost perspective[J]. China price,2005(8):42-45.

[2]上海市食品药品监督管理局课题组.互联网药品经营现状和监管机制的研究[J].上海食品药品监管情报研究,2008(1):8-11.

Research Group of Shanghai Food and Drug Administration. A study on online pharmaceutical operating situation and supervision mechanism[J]. Shanghai food and drug information research,2008(1):8-11.

6.2 著录数字时,须保持信息资源原有的形式。但是,卷期号、页码、出版年、版次、更新或修改日期、引用日期、顺序编码制的参考文献序号等应用阿拉伯数字表示。外文书的版次用序数词的缩写形式表示。

6.3 个人著者,其姓全部著录,字母全大写,名可缩写为首字母(见8.1.1);如用首字母无法识别该人名时,则用全名。

6.4 出版项中附在出版地之后的省名、州名、国名等(见8.4.1.1)以及作为限定语的机关团体名称可按国际公认的方法缩写。

6.5 西文期刊刊名的缩写可参照ISO 4的规定。

6.6 著录西文文献时,大写字母的使用要符合信息资源本身文种的习惯用法。

7 著录用符号

7.1 本标准中的著录用符号为前置符。按著者-出版年制组织的参考文献表中的第一个著录项目,如主要责任者、析出文献主要责任者、专利申请者或所有者前不使用任何标识符号。按顺序编码制组织的参考文献表中的各篇文献序号可用方括号,如:[1]、[2]…。

7.2 参考文献使用下列规定的标识符号:

. 用于题名项、析出文献题名项、其他责任者、析出文献其他责任者、连续出版物的“年卷期或其他标识”项、版本项、出版项、连续出版物中析出文献的出处项、获取和访问路径以及数字对象唯一标识符前。每一条参考文献的结尾可用“.”号。

: 用于其他题名信息、出版者、引文页码、析出文献的页码、专利号前。

, 用于同一著作方式的责任者、“等”“译”字样、出版年、期刊年卷期标识中的年和卷号前。

; 用于同一责任者的合订题名以及期刊后续的年卷期标识与页码前。

// 用于专著中的析出文献的出处项前。

( ) 用于期刊年卷期标识中的期号、报纸的版次、电子资源的更新或修改日期以及非公元纪年的出版年。

[ ] 用于文献序号、文献类型标识、电子文献的引用日期以及自拟的信息。

/ 用于合期的期号间以及文献载体标识前。

- 用于起讫序号和起讫页码间。

8 著录细则

8.1 主要责任者或其他责任者

8.1.1 个人著者采用姓在前名在后的著录形式。欧美著者的名可用缩写字母,缩写名后省略缩写点。欧美著者的中译名可以只著录其姓;同姓不同名的欧美著者,其中译名不仅要著录其姓,还需著录其名的首字母。依据GB/T 28039—2011 有关规定,用汉语拼音书写的人名,姓全大写,其名可缩写,取每个汉字拼音的首字母。

示例1:李时珍	原题:(明)李时珍
示例2:乔纳斯	原题:(瑞士)伊迪斯·乔纳斯
示例3:昂温	原题:(美)S. 昂温(Stephen Unwin)
示例4:昂温 G,昂温 P S	原题:(英)G. 昂温(G. Unwin),P. S. 昂温(P. S. Unwin)
示例5:丸山敏秋	原题:(日)丸山敏秋
示例6:凯西尔	原题:(阿拉伯)伊本·凯西尔
示例7:EINSTEIN A	原题:Albert Einstein
示例8:WILLIAMS ELLIS A	原题:Amabel Williams Ellis
示例9:DE MORGAN A	原题:Augustus De Morgan
示例10:LI Jiangning	原题:Li Jiangning
示例11:LI J N	原题:Li Jiangning

8.1.2 著作方式相同的责任者不超过3个时,全部照录。超过3个时,著录前3个责任者,其后加“,等”或与之相应的词。

示例1 :钱学森,刘再复　　　　原题:钱学森　刘再复

示例2 :李四光,华罗庚,茅以升　　原题:李四光　华罗庚　茅以升

示例3:印森林,吴胜和,李俊飞,等　原题:印森林　吴胜和　李俊飞　冯文杰

示例4:FORDHAM E W,ALI A,TURNER D A,et al.

原题:Evenst W. Fordham　Amiad Ali　David A. Turner　John R. Charters

8.1.3　无责任者或者责任者情况不明的文献,"主要责任者"项应注明"佚名"或与之相应的词。凡采用顺序编码制组织的参考文献可省略此项,直接著录题名。

示例:Anon. 1981. Coffee drinking and cancer of the pancreas [J]. Br Med J, 283 (6292):628.

8.1.4　凡是对文献负责的机关团体名称,通常根据著录信息源著录。机关团体名称由上至下分级著录,上下级间用"."分隔,用汉字书写的机关团体名称除外。

示例1:中国科学院物理研究所

示例2: 贵州省土壤普查办公室

示例3: American Chemical Society

示例4:Stanford University. Department of Civil Engineering

8.2　题名

题名包括书名、刊名、报纸名、专利题名、报告名、标准名、学位论文名、档案名、舆图名、析出的文献名等。题名按著录信息源所载的内容著录。

示例1:王之夫"乾坤并建"的诠释面向

示例2:张子正蒙注

示例3:化学动力学和反应器原理

示例4 :袖珍神学,或,简明基督教词典

示例5:北京师范大学学报(自然科学版)

示例6:Gases in sea ice 1975-1979

示例7:J Math & Phys

8.2.1　同一责任者的多个合订题名,著录前3个合订题名。对于不同责任者的多个合订题名,可以只著录第一个或处于显要位置的合订题名。在参考文献中不著录并列题名。

示例 1:为人民服务;纪念白求恩;愚公移山

原题:为人民服务　纪念白求恩　愚公移山　　毛泽东著

示例2:大趋势　　　　　原题:大趋势　　Megatrends

8.2.2　文献类型标识(含文献载体标识)宜依附录 B《文献类型与文献载体标识代码》著录。电子资源既要著录文献类型标识,也要著录文献载体标识。本标准根据文献类型及文献载体的发展现状作了必要的补充。

8.2.3　其他题名信息根据信息资源外部特征的具体情况决定取舍。其他题名信息包括副题名,说明题名文字,多卷书的分卷书名、卷次、册次,专利号,报告号,标准号等。

示例 1:地壳运动假说:从大陆漂移到板块构造[M]

示例 2:三松堂全集:第 4 卷[M]

示例 3:世界出版业:美国卷[M]

示例 4:ECL 集成电路:原理与设计[M]

示例 5:中国科学技术史:第 2 卷　科学思想史[M]

示例 6:商鞅战秋菊:法治转型的一个思想实验[J]

示例 7:中国科学:D 辑　地球科学[J]

示例 8:信息与文献—都柏林核心元数据元素集:GB/T 25100—2010[S]

示例 9:中子反射数据分析技术:CNIC-01887[R]

示例 10:Asian Pacific journal of cancer prevention:e-only

8.3　版本

第 1 版不著录,其他版本说明应著录。版本用阿拉伯数字、序数缩写形式或其他标识表示。古籍的版本可著录“写本”“抄本”“刻本”“活字本”等。

示例 1:3 版　　原题:第三版

示例 2:新 1 版　　原题:新 1 版

示例 3:明刻本　　原题:明刻本

示例 4:5th ed.　　原题: Fifth edition

示例 5:Rev. ed.　　原题:Revised edition

8.4　出版项

出版项按出版地、出版者、出版年顺序著录。

示例 1: 北京:人民出版社,2013

示例 2: New York: Academic Press, 2012

8.4.1　出版地

8.4.1.1　出版地著录出版者所在地的城市名称。对同名异地或不为人们熟悉的城市名,应在城市名后附省名、州名或国名等限定语。

示例 1: Cambridge, Eng .

示例2：Cambridge，Mass.

8.4.1.2 文献中载有多个出版地，只著录第一个或处于显要位置的出版地。

示例1：北京科学出版社，2013

原题：科学出版社 北京 上海 2013

示例2：London：Butterworths，2000

原题：Butterworths London Boston Durban Syngapore Sydney Toronto Wellington 2000）

8.4.1.3 无出版地的中文文献著录“出版地不详”，外文文献著录“S.1.”，并置于方括号内。无出版地的电子资源可以省略此项。

示例1：[出版地不详]：三户图书刊行社，1990

示例2：[S.1.]：MacMillan，1975

示例3：Open Oniversity Press，2011：105[2014-06-16]. http://lib.myilibrary.com/Open.aspx? id-312377

8.4.2 出版者

8.4.2.1 出版者可以按著录信息源所载的形式著录，也可以按国际公认的简化形式或缩写形式著录。

示例1：中国标准出版社 原题：中国标准出版社

示例2：Elsevier Science Publishers 原题：Elsevier Science Publishers

示例3：IRRI 原题：International Rice Research Institute

8.4.2.2 文献中载有多个出版者，只著录第一个或处于显要位置的出版者。

示例：Chicago：ALA，1978

原题：American Library Association/Chicago Canadian Library Association/Ottawa 1978

8.4.2.3 无出版者的中文文献著录“出版者不详”，外文文献著录“s.n.”，并置于方括号内。无出版者的电子资源可以省略此项。

示例1：哈尔滨：[出版者不详]，2013

示例2：Salt Lake City：[s.n.]，1964

8.4.3 出版日期

8.4.3.1 出版年采用公元纪年，并用阿拉伯数字著录。如有其他纪年形式时，将原有的纪年形式置于“（ ）”内。

示例1：1947（民国三十六年）

示例 2：1705(康熙四十四年)

8.4.3.2 报纸的出版日期按照“YYYY -MM-DD”格式，用阿拉伯数字著录。

示例：2013-01-08

8.4.3.3 出版年无法确定时，可依次选用版权年、印刷年、估计的出版年。估计的出版年需置于方括号内。

示例 1：c1988

示例 2：1995 印刷

示例 3：[1936]

8.4.4 公告日期、更新日期、引用日期

8.4.4.1 依据 GB/T 7408—2005 专利文献的公告日期或公开日期按照“YYYY-MM-DD”格式，用阿拉伯数字著录。

8.4.4.2 依据 GB/T 7408—2005 电子资源的更新或修改日期、引用日期按照“YYYY-MM-DD”格式，用阿拉伯数字著录。

示例：(2012-05-03)[2013-11-12]

8.5 页码

专著或期刊中析出文献的页码或引文页码，要求用阿拉伯数字著录(参见 8.8.2、10.1.3、10.2.4)。引自序言或扉页题词的页码，可按实际情况著录。

示例 1：曹凌. 中国佛教疑伪经综录[M]. 上海：上海古籍出版社，2011：19.

示例 2：钱学森. 创建系统学[M]. 太原：山西科学技术出版社，2001：序 2-3.

示例 3：冯友兰. 冯友兰自选集[M]. 2 版. 北京：北京大学出版社，2008：第 1 版自序.

示例 4：李约瑟. 题词[M]//苏克福，管成学，邓明鲁. 苏颂与《本草图经》研究. 长春：长春出版社，1991：扉页.

示例 5：DUNBAR K L, MITCHELL D A. Revealing nature's synthetic potential through the study of ribosomal naturol product biosynthesis[J/OL]. ACS chemical biology, 2013, 8：473-487 [2013-10-06]. http://pubs. acs. org/doi/pdfplus/10. 1021/cb3005325.

8.6 获取和访问路径

根据电子资源在互联网中的实际情况，著录其获取和访问路径。

示例 1：储人冋. 恶性肿瘤个体化治疗靶向药物的临床表现[J/OL]. 中华肿瘤杂志，2010，32(10)：721-724[2014-06-25]. http://vip. calis. edu. cn/asp/Detail. asp.

示例 2：WEINER S. Microarchaeology：beyond the visible archaeological record[M/OL].

Cambtidge,Eng. :Cambridge University Press Textbooks,2010:38[2013-10-14]. http://lib. myilibrary. com/Open. aspx? id =253897.

8.7 数字对象唯一标识符

获取和访问路径中不含数字对象唯一标识符时,可依原文如实著录数字对象唯一标识符。否则,可省略数字对象唯一标识符。

示例1:获取和访问路径中不含数字对象唯一标识符

刘乃安.生物质材料热解失重动力学及其分析方法研究[D/OL].安徽:中国科学技术大学,2000:17-18[2014-08-29]. http://wenku. baidu. com/link? url =GJDJxb4lxBUXnIPmq1XoEGSIr1H8TMLbidW_LjlYu33tpt707u624Kliyp U_FB-GUmox7ovPNaVIVBALAMd5yfwuKUUOAGYuB7cuZ-BYEhXa. DOI: 10. 7666/d. y351065.

(该书数字对象唯一的标识符为:DOI:10. 7666/d. y351065)

示例2:获取和访问路径中含数字对象唯一标识符

DEVERELL W, IGLER D. A companion to California history [M/OL]. New York:John Wiley & Sons,2013:21-22(2013-11-15)[2014-06-24]. http://onlinelibrary. wiley. com/doi/10. 1002/9781444305036. ch2/summary.

(该书数字对象唯一标识符为:DOI:10. 1002/9781444305036. ch2)

8.8 析出文献

8.8.1 从专著中析出有独立著者、独立篇名的文献按4.2的有关规定著录,其析出文献与源文献的关系用"//"表示。凡是从报刊中析出具有独立著者、独立篇名的文献按4.4的有关规定著录,其析出文献与源文献的关系用" ."表示。关于引文参考文献的著录与标注参见10.1.3与10.2.4。

示例1:姚中秋.作为一种制度变迁模式的"转型"[M]//罗卫东,姚中秋.中国转型的理论分析:奥地利学派的视角.杭州:浙江大学出版社,2009:44.

示例2:关立哲,韩纪富,张晨珏.科技期刊编辑审读中要注重比较思维的科学运用[J].编辑学报,2014,26(2):144-146.

示例3:TENOPIR C. Online databases:quality control [J]. Library journal, 1987, 113(3):124-125.

8.8.2 凡是从期刊中析出的文章,应在刊名之后注明其年、卷、期、页码。阅读型参考文献的页码著录文章的起讫页或起始页,引文参考文献的页码著录引用信息所在页。

示例1: 2001, 1(1): 5-6

年 卷 期 页码

示例2：2014，510：356-363
　　　年　　卷　　页码

示例3：2010(6)：23
　　　年　期　页码

示例4：2014，22(增刊2)：81-86
　　　年　卷　期　　页码

8.8.3　对从合期中析出的文献，按8.8.2的规则著录，并在圆括号内注明合期号。

示例：2001(9/10)：36-39
　　　年　期　　页码

8.8.4　凡是在同一期刊上连载的文献，其后续部分不必另行著录，可在原参考文献后直接注明后续部分的年、卷、期、页码等。

示例：2011，33(2)：20-25；2011，33(3)：26-30
　　　年　卷期　页码　年　卷期　页码

8.8.5　凡是从报纸中析出的文献，应在报纸名后著录其出版日期与版次。

示例：2013-03-16 (1)
　　　年 月 日 版次

9　参考文献表

参考文献表可以按顺序编码制组织，也可以按著者-出版年制组织。引文参考文献既可以集中著录在文后或书末，也可以分散著录在页下端。阅读型参考文献著录在文后、书的各章节后或书末。

9.1　顺序编码制

参考文献表采用顺序编码制组织时，各篇文献应按正文部分标注的序号依次列出(参见10.1)。

示例：

[1] BAKER S K. JACKSON M E. The future of resource sharing[M]. New York：The Haworth Press，1995.

[2] CHERNIK B E. Introduction to library services for library technicians [M]. Littleton，Colo.：Libraries Unlimited，Inc.，1982.

[3]尼葛洛庞帝.数字化生存[M]. 胡泳，范海燕，译. 海口：海南出版社，1996.

[4]汪冰. 电子图书馆理论与实践研究[M]. 北京：北京图书馆出版社，1997：16.

[5]杨宗英. 电子图书馆的现实模型[J]. 中国图书馆学报,1996 (2):24-29.

[6]DOWLER L. The research university's dilemma; resource sharing and research in a transinstitutional environment[J]. Journal of library administration, 1995, 21(1/2): 5-26.

9.2 著者-出版年制

参考文献表采用著者-出版年制组织时,各篇文献首先按文种集中,可分为中文、日文、西文、俄文、其他文种 5 部分;然后按著者字顺和出版年排列。中文文献可以按汉语拼音字顺排列(参见 10.2),也可以按著者的笔画笔顺排列。

示例:

尼葛洛庞帝. 1996. 数字化生存[M]. 胡泳,范海燕,译. 海口:海南出版社.

汪冰. 1997. 电子图书馆理论与实践研究[M]. 北京:北京图书馆出版社:16.

杨宗英. 1996. 电子图书馆的现实模型[J]. 中国图书馆学报(2):24-29.

BAKER S K, JACKSON M E. 1995. The future of resource sharing [M]. New York: The Haworth Press.

CHERNIK B E. 1982. Introduction to library services for library technicians [M]. Littleton, Colo.: Libraries Unlimited, Inc.

DOWLER L. 1995. The research university's dilemma: resource sharing and research in a transinstitutional environment [J]. Journal of library administration, 21(1/2):5-26.

10 参考文献标注法

正文中引用的文献的标注方法可以采用顺序编码制,也可以采用著者-出版年制。

10.1 顺序编码制

10.1.1 顺序编码制是按正文中引用的文献出现的先后顺序连续编码,将序号置于方括号中。如果顺序编码制用脚注方式时,序号可由计算机自动生成圈码。

示例 1:引用单篇文献,序号置于方括号中

……德国学者 N. 克罗斯研究了瑞士巴塞尔市附近侏罗山中老第三纪断裂对第三系褶皱的控制[235];之后,他又描述了西里西亚第 3 条大型的近南北向构造带,并提出地槽是在不均一的块体的基底上发展的思想[236]。

…………

示例2:引用单篇文献,序号由计算机自动生成圈码

……所谓"移情",就是"说话人将自己认同于……他用句子所描写的事件或状态中的一个参与者"①。《汉语大词典》和张相②都认为"可"是"痊愈",侯精一认为是"减轻"③。……另外,根据侯精一,表示病痛程度减轻的形容词"可"和表示逆转否定的副词"可"是兼类词④,这也说明二者应该存在着源流关系。

……

10.1.2 同一处引用多篇文献时,应将各篇文献的序号在方括号内全部列出,各序号间用","。如遇连续序号,起讫序号间用短横线连接。此规则不适用于计算机自动编码的序号。

示例:引用多篇文献

裴伟[570,83]提出……

莫拉德对稳定区的节理格式的研究[255-256]……

10.1.3 多次引用同一著者的同一文献时,在正文中标注首次引用的文献序号,并在序号的"[ ]"外著录引文页码。如果用计算机自动编序号时,应重复著录参考文献,但参考文献表中的著录项目可简化为文献序号及引文页码,参见本条款的示例2。

示例1:多次引用同一著者的同一文献的序号

……改变社会规范也可能存在类似的"二阶囚徒困境"问题:尽管改变旧的规范对所有人都好,但个人理性选择使得没有人愿意率先违反旧的规范[1]。……事实上,古希腊对轴心时代思想真正的贡献不是来自对民主的赞扬,而是来自对民主制度的批评,苏格拉底、柏拉图和亚里士多德3位贤圣都是民主制度的坚决反对者[2]260。……柏拉图在西方世界的影响力是如此之大以至于有学者评论说,一切后世的思想都是一系列为柏拉图思想所作的脚注[3]。……据《唐会要》记载,当时拆毁的寺院有4 600余所,招提、兰若等佛教建筑4万余所,没收寺产,并强迫僧尼还俗达260 500人。佛教受到极大的打击[2]326-329。……陈登原先生的考证是非常精确的,他印证了《春秋说题辞》"黍者绪也,故其立字,禾入米为黍,为酒以扶老,为酒以序尊卑,禾为柔物,亦宜养老",指出:"以上谓等威之辨,尊卑之序,由于饮食荣辱。"[4]

参考文献:

[1]SUNSTEIN C R. Social norms and social roles[J/OL]. Columbia law review,1996,96:903[2012-01-26]. http://www.heinonline.org/HOL/Page? handle = hein.journals/clr96&id = 913&collection = journals&index = journals/clr.

[2]MORRI I. Why the west rules for now:the patterns of history,and what they reveal about the future[M]. New York:Farrar,Straus and Giroux,2010.

[3]罗杰斯. 西方文明史:问题与源头[M]. 潘惠霞,魏婧,杨艳,等译. 大连:东北财经大学出版社,2011:15-16.

[4]陈登原. 国史旧闻:第1卷[M]. 北京:中华书局,2000:29.

示例2:多次引用同一著者的同一文献的脚注序号

……改变社会规范也可能存在类似的"二阶囚徒困境"问题:尽管改变旧的规范对所有人都好,但个人理性选择使得没有人愿意率先违反旧的规范①。……事实上,古希腊对轴心时代思想真正的贡献不是来自对民主的赞扬,而是来自对民主制度的批评,苏格拉底、柏拉图和亚里士多德3位贤圣都是民主制度的坚决反对者②。……柏拉图在西方世界的影响力是如此之大以至于有学者评论说,一切后世的思想都是一系列为柏拉图思想所作的脚注③。……据《唐会要》记载,当时拆毁的寺院有4 600余所,招提、兰若等佛教建筑4万余所,没收寺产,并强迫僧尼还俗达260 500人。佛教受到极大的打击④。……陈登原先生的考证是非常精确的,他印证了《春秋说题辞》"黍者绪也,故其立字,禾入米为黍,为酒以扶老,为酒以序尊卑,禾为柔物,亦宜养老",指出:"以上谓等威之辨,尊卑之序,由于饮食荣辱。"⑤

参考文献:

① SUNSTEIN C R. Social norms and social roles[J/OL]. Columbia law review,1996,96:903[2012-01-26]. http://www. heinonline. org/HOL/Page? handle = hein. journals/clr96&id = 913&collection = journals&index = journals/clr.

② MORRI I. Why the west rules for now:the patterns of history,and what they reveal about the future[M]. New York:Farrar,Straus and Giroux,2010:260.

③ 罗杰斯. 西方文明史:问题与源头[M]. 潘惠霞,魏婧,杨艳,等译. 大连:东北财经大学出版社,2011:15-16.

④ 同②326-329.

⑤ 陈登原. 国史旧闻:第1卷[M]. 北京:中华书局,2000:29.

10.2 著者-出版年制

10.2.1 正文引用的文献采用著者-出版年制时,各篇文献的标注内容由著者姓氏与出版年构成,并置于"( )"内。倘若只标注著者姓氏无法识别该人名时,可标注著者姓名,例如中国人、韩国人、日本人用汉字书写的姓名。集体著者著述的文献可标注机关团体名称。倘若正文中已提及著者姓名,则在其后的"( )"内只需著录出版年。

示例:引用单篇文献

The notion of an invisible college has been explored in the sciences (Crane 1972). Its absence among historians was noted by Stieg(1981)…

参考文献：

CRANE D. 1972. Invisible college[M]. Chicago: Univ. of Chicago Press.

STIEG M F. 1981. The information needs of historians [J]. College and Research Libraries, 42(6) : 549-560.

10.2.2　在正文中引用多著者文献时，对欧美著者只需标注第一个著者的姓，其后附“et al”；对中国著者应标注第一著者的姓名，其后附“等”字。姓氏与“et al”“等”之间留适当空隙。

10.2.3　在参考文献表中著录同一著者在同一年出版的多篇文献时，出版年后应用小写字母 a，b，c……区别。

示例1：引用同一著者同年出版的多篇中文文献

王临惠，等，2010a. 天津方言的源流关系刍议[J]. 山西师范大学学报(社会科学版)，37(4):147.

王临惠，2010b. 从几组声母的演变看天津方言形成的自然条件和历史条件[C]//曹志耘. 汉语方言的地理语言学研究：首届中国地理语言学国际学术研讨会论文集. 北京：北京语言大学出版社:138.

示例2：引用同一著者同年出版的多篇英文文献

KENNEDY W J, GARRISON R E. 1975a. Morphology and genesis of nodular chalks and hardgrounds in the Upper Cretaceous of southern England[J]. Sedimentology, 22: 311.

KENNEDY W J, GARRISON R E. 1975b. Morphology and genesis of nodular phosphates in the Cenomanian of South-east England[J]. Lethaia, 8: 339.

10.2.4　多次引用同一著者的同一文献，在正文中标注著者与出版年，并在“(　)”外以角标的形式著录引文页码。

示例：多次引用同一著者的同一文献

主编靠编辑思想指挥全局已是编辑界的共识(张忠智，1997)，然而对编辑思想至今没有一个明确的界定，故不妨提出一个构架……参与讨论。由于“思想”的内涵是“客观存在反映在人的意识中经过思维活动而产生的结果”(中国社会科学院语言研究所词典编辑室，1996)[1194]，所以“编辑思想”的内涵就是编辑实践反映在编辑工作者的意识中，“经过思维活动而产生的结果”。……《中国青年》杂志创办人追求的高格调——理性的成熟与热点的凝聚(刘彻东，1998)，表明其读者群的文化的品位的高层次……“方针”指“引导事业前进的方向和目标”(中国社会科学院语言研究所词典编辑室，1996)[354]。…… 对编辑方针，1981 年中国科协副主席裴丽生曾有过科学的论断——“自然科学学术期刊必须坚持以马列主义、毛泽东思想为指导，贯彻为国民经济发展服务，理论与实践相结合,普及与提高相结合,‘百花齐放,百家争鸣’的方针。”(裴丽生,1981)它完整地回答了为谁服务,怎样服务,如何服务得更好的问题。

…………

参考文献:

裴丽生. 1981. 在中国科协学术期刊编辑工作经验交流会上的讲话[C]//中国科学技术协会. 中国科协学术期刊编辑工作经验交流会资料选. 北京:中国科学技术协会学会工作部:2-10.

刘彻东. 1998. 中国的青年刊物:个性特色为本[J]. 中国出版(5):38-39.

张忠智. 1997. 科技书刊的总编(主编)的角色要求[C]//中国科学技术期刊编辑学会. 中国科学技术期刊编辑学会建会十周年学术研讨会论文汇编. 北京:中国科学技术期刊编辑学会学术委员会:33-34.

中国社会科学院语言研究所词典编辑室. 1996. 现代汉语词典[M]. 修订本. 北京:商务印书馆.

…………

参考文献

[1] 李道魁，朱江天．财经应用文写作［M］．成都：西南财经大学出版社，2002.

[2] 张树义．财经应用文模型写作教程［M］．广州：华南理工大学出版社，2011.

[3] 杨文丰．高职应用写作［M］．北京：高等教育出版社，2010.

[4] 杨凤琴．财经应用文写作［M］．北京：北京交通大学出版社，2010.

[5] 杨巧云，钟德玲．现代应用文写作［M］．北京：清华大学出版社，2010.

[6] 李杰虎，吉素芬．新编应用文写作教程［M］．郑州：河南科学技术出版社，2008.

[7] 洪雷，王颖．应用文写作学新论［M］．武汉：武汉大学出版社，2001.

[8] 李化德．现代常用公文导写［M］．重庆：重庆出版社，2004.

[9] 倪浓水，黄雅玲．应用文书写作［M］．北京：海洋出版社，2012.

[10] 陈才俊，宾静．现代秘书写作［M］．广州：华南理工大学出版社，2004.

[11] 程连昌．公务员公文写作与处理读本［M］．北京：中国人事出版社，2004.

[12] 向国敏．现代秘书学与秘书实务［M］．上海：华东师范大学出版社，2006.

[13] 张严明，陈卿．应用文写作教程［M］．郑州：郑州大学出版

社，2007.

［14］黄荣态. 应用公文写作［M］. 广州：暨南大学出版社，2007.

［15］李学景. 巧用背景材料增强新闻深度［N］. 中新报，2011-12-14.

后　记

为了给从事财经工作的同志、文秘人员和大中专院校财经类专业的学生提供标准化、规范化的财经应用写作文体及写法，我们编写了本书。

本书的突出特点是内容新、重实用。本书站在学科发展的前沿，结合经济活动的最新动态，选取最新颖的材料，力争与时俱进，注重突出各种财经应用文的格式和写作要求，并且每章之后都附有思考与练习、经典例文，以方便读者学习写作知识之后进行印证，巩固提高。

本书由李道魁、杨晓丽、贺予新、李霞共同编著。具体分工是：李道魁撰写第一章第三节，第五章第一节；杨晓丽撰写第一章第一节、第二节，第三章第五节、第六节，第四章，第五章第二节，第九章，第十章；贺予新撰写第二章第一节、第二节、第三节、第四节，第三章第一节、第二节、第三节，第六章，第十一章，第十二章；李霞撰写第二章第五节、第六节，第三章第四节、第七节，第七章，第八章。全书由李道魁审阅并提出修改意见，最后由各位编者共同定稿。

本书在编写过程中参考、借鉴、辑录了有关的优秀研究成果和著述，在此向原作者、出版者、相关网站深表谢意。同时，还要特别感谢西南财经大学出版社的高玲和田园为本书所付出的辛劳。

由于我们水平有限，书中难免有错讹之处，敬请方家和读者批评指正。

编者

2016 年 11 月